中国再制造产业发展报告

中国物资再生协会再制造分会　组编

罗健夫　主编

机械工业出版社
CHINA MACHINE PRESS

本书对截至 2019 年年底的中国再制造产业发展情况进行总结梳理，全书分为五篇十一章。基础篇（第一、二章）介绍了再制造的定义、特点、发展历史和关键技术等。行业篇（第三～七章）分别介绍了汽车零部件再制造、工程机械再制造、机床再制造、盾构机再制造以及办公设备再制造的概况、产业特点、发展现状和产业分析等。园区篇（第八章）简要介绍了国内七个国家级再制造产业示范基地或集聚区。法规篇（第九、十章）汇总了再制造国家政策和地方政策。标准篇（第十一章）汇总了目前国内再制造相关国家标准。

本书可为再制造产业政策研究、管理和投资提供参考，对再制造企业的产业规划和技术水平提升提供指导，也可作为再制造产业的科普读物。阅读本书后，读者能快速了解中国再制造产业发展的全貌。

图书在版编目（CIP）数据

中国再制造产业发展报告／中国物资再生协会再制造分会组编；罗健夫主编 . —北京：机械工业出版社，2019.9
ISBN 978-7-111-63237-5

Ⅰ.①中… Ⅱ.①中… ②罗… Ⅲ.①制造工业-工业发展-研究报告-中国 Ⅳ.①F426.4

中国版本图书馆 CIP 数据核字（2019）第 147625 号

机械工业出版社（北京市百万庄大街 22 号　邮政编码 100037）
策划编辑：母云红　　责任编辑：母云红　谢　元
责任校对：佟瑞鑫　　责任印制：张　博
三河市国英印务有限公司印刷

2020 年 1 月第 1 版第 1 次印刷
169mm×239mm・20 印张・266 千字
标准书号：ISBN 978-7-111-63237-5
定价：149.00 元

电话服务　　　　　　　　　网络服务
客服电话：010-88361066　　机　工　官　网：www.cmpbook.com
　　　　　010-88379833　　机　工　官　博：weibo.com/cmp1952
　　　　　010-68326294　　金　　书　　网：www.golden-book.com
封底无防伪标均为盗版　　　机工教育服务网：www.cmpedu.com

《中国再制造产业发展报告》编委会

名誉顾问 解振华 徐滨士

顾　　问 赵家荣 周长益 刘坚民 朱 胜 周宏春 刘文强 龙少海
　　　　　　高延莉 黄 倩 陆冬森 华 林 秦训鹏 邢 敏 孙奎崧
　　　　　　于 光 吴义苗 阮 霞 张 伟（北京） 李 臣 韩临曦
　　　　　　周 剀 周 儆 蒯正红 陈飞荣 黄雪元 卢懂平 张 跃
　　　　　　曹鹰飞 滕国平 黄志勇 蒋柏伦 曹顺勤 李明波 顾龙生
　　　　　　郑 郧 田富钛 陆 敏 游忠源

主　　任 罗健夫

副 主 任 冷欣新 何杰朗 董金聪 王 骞 王 倩 吴孟武

委　　员（排名不分先后）

王圣斌　王守见　王利群　王建军　王 睿　王 彬　中山尚登　边立华
石 强　叶 云　田作新　冯 伟　司宁博　成薛峰　刘宇丹　刘 娟
闫 冬　闫 晗　许子鸣　许世雄　朱双全　朱顺全　牟 星　李尤强
李先广　李 卓　李宪国　李贺军　李 桐　李 萌　李聪波　吴洪波
林 丛　杨志芳　杨君玉　杨满东　吴冬鸣　邱祖健　何敏佳　佟 鑫
张 伟（天津）　张军鹏　张海纯　张 静　陈 谦　陈卫权　陈 光
陈 琴　易法坤　罗 玲　周正兵　周馥隆　赵少华　赵金社　赵晨海
赵嘉琨　侯欢欢　真岛敏彦　郑博文　唐国华　殷劲松　黄士杰　黄金辉
曹华军　曹 武　梁建国　蒋成林　董 萌　童 平　蒋 洁　曾树深
谢秋元　谢勇红　蔡梧州　潘陈强

序
Preface

资源、能源、环境,是当今经济社会可持续发展的三大主要问题。

生态文明建设关系人民福祉,关乎民族未来,事关中华民族永续发展、实现伟大复兴的中国梦。加快生态文明建设必须转变传统的发展方式、生活方式、消费方式,通过发展路径创新、技术创新解决人口、资源、环境与经济社会发展的突出矛盾。发展循环经济是实现资源高效循环利用、生态环境严格保护、经济高质量发展,以及满足人民美好生活需求的必然选择,是治本之策。

再制造是循环经济的重要内容,是指将废旧汽车零部件、工程机械、机床等产品进行专业化修复的批量化生产过程,使其达到与原型新品相同的质量和性能。再制造作为绿色制造的典型形式,是实现制造业循环式发展的唯一选择。再制造作为国家战略性新兴产业,是循环经济3R(减量化、再利用、资源化)原则中"再利用"的最高级形式,是落实《中华人民共和国循环经济促进法》和推动经济发展方式转变的重要措施,是发展循环经济,建设资源节约型、环境友好型社会的有效手段;是推进绿色、循环、低碳发展,促进生态文明建设、建设美丽中国的重要载体。

再制造起源于20世纪30年代的美国。我国的再制造概念最早由中国工程院徐滨士院士提出,后逐步得到国家主管部门的重视和推动。2006年4月,时任国务院副总理曾培炎在国家发展和改革委员会资源节约和环境保护司完成的《关于对推进我国汽车零部件再制造产业发展进行研究及有关对策措施的建议报告》做出批示:"同意以汽车零部件为再制造产业试点,探索经验,研发技术。同时要考虑适时修订有关法律法规。"同年9月,国家发展和改革委员会在上海召开了汽车零部件再制造研讨会,研讨加快推进中国再制造产业发展的对策措施；10月，中国物资再生协会再制造专业委员会成立。

2008年3月，国家发展和改革委员会在北京举行了我国汽车零部件再制造试点启动仪式。此后，随着工作的深入，国家发展和改革委员会、工业和信息化部分别开展汽车零部件、机电产品再制造试点和认定工作。截至2019年年底，国家发展和改革委员会、工业和信息化部分别发布了两批试点企业和试点基地名单，全国共有33家汽车零部件、86家机电产品再制造试点企业，7个国家级再制造试点示范基地或园区、产业集聚区，71家企业的一万多个产品型号成为国家再制造认定产品，我国再制造产业逐步发展。

2019年，由中国物资再生协会牵头，联合国内再制造行业相关单位，委托机械工业出版社出版《中国再制造产业发展报告》，对我国近20年再制造产业发展的实际情况进行了梳理总结，特别是对一些典型行业、典型技术和产品及典型案例进行了介绍。

这是一本具有较强实践价值和应用价值、值得从事再制造工作的有关人员阅读的行业书籍，希望通过此书的出版，有更多的人士越来越关注再制造行业，为发展我国生态文明、建设美丽中国贡献自己的力量！

中国气候变化事务特别代表

国家发展和改革委员会原副主任

原国家环保总局局长

前 言
Foreword

2015年年底，由中国物资再生协会再制造分会发起，由张家港清研再制造产业发展研究院有限公司和武汉理工大学汽车工程学院负责组织编撰，针对汽车零部件再制造产业发展、技术和现状，结合我国汽车零部件再制造试点企业的实践经验整理、分析和编写，旨在为汽车零部件再制造产业发展提供指导和参考，拟编写此书。书稿完成后，中国物资再生协会再制造分会征询了已开展再制造工作的部分高校、科研院所、实验室和社团等相关单位的意见。

2018年，为了充实书稿内容，联合中国文化办公设备制造行业协会、中国内燃机工业协会、中国机电装备维修与改造技术协会、中国工程机械工业协会维修及再制造分会、北京盾构工程协会等单位，在汽车零部件再制造的基础上，增加了工程机械、机床、盾构机、办公设备再制造的内容。

2019年年中完成书稿的编撰工作，2019年年底又对相关资料和数据进行了补充和更新。

再制造并不是一个新兴的概念。随着全球经济的不断增长，资源负载越来越重，废旧产品问题日益突出，国内外专家学者在对废旧工业产品高层次的再利用的产业形态进行研究和总结的基础上，提出了再制造理论。再制造是很多产品全生命周期的重要组成部分，可以成为产品售后服务市场的重要支撑。各种各类产品的工作原理、产品构造、用途和使用方式不同，决定了各种各类产品再制造的目标、要求、方式和方法不同。为适应循环经济的发展要求，已有的再制造实践仍在不断发展创新，更多行业进入再制造领域开展探索和研究，技术和观念的成熟终究是相对的，前行永无止境。

本书分为五篇十一章。基础篇两章。第一章概述，介绍了再制造的定义、特点及历史沿革。第二章再制造关键技术，结合再制造技术体系，对废旧产品回收拆解与清洁技术、再制造表面处理技术、再制造机械加工技术、装配技术及质量控制等各个环节进行了描述。行业篇五章，分别介绍了汽车零部件再制造、工程机械再制造、机床再制造、盾构机再制造及办公设备再制造的概况、产业特点、发展现状和产业分析等。园区篇一章，简要介绍了国内八个国家级再制造产业示范基地或集聚区。法规篇两章，搜集了再制造主要相关国家政策和地方政策。标准篇一章，汇总了目前国内再制造主要相关标准。

本书是一部综合性图书，对国内外再制造产业多年的发展成果进行了梳理和总结，提出了一些共性问题，也给出了一些意见和建议。本书可为政策研究、管理和投资提供一定的参考，对再制造企业的产业规划和技术水平提升提供一定的指导。本书也可作为再制造的科普读物，能帮助读者快速了解再制造产业发展的全貌。

本书由中国物资再生协会副会长兼再制造分会主任罗健夫主编，中国文化办公设备制造行业协会副秘书长冷欣新、中国物资再生协会再制造分会何杰朗参与编写。

在此，要特别感谢中国气候变化事务特别代表、国家发展和改革委员会原副主任、原国家环保总局局长解振华同志亲自为本书作序并担任名誉顾问。还要感谢中国工程院徐滨士院士，国家发展和改革委员会原副秘书长、中国循环经济协会名誉会长赵家荣，中国物资再生协会名誉会长刘坚民等众多领导、专家顾问给予我们的指导与帮助！

在本书的编写过程中，还得到了许多企业给予的帮助与支持，特别是湖北力帝机床股份有限公司、广州市花都全球自动变速箱有限公司、广州全速汽车科技发展有限公司、柏科（常熟）电机有限公司、三立（厦门）汽车配件有限公司、河北长立汽车电器有限公司、路沃特（张家港）动力再制造科技有限公司、江苏优佩易动力科技有限公司、湖南法则尔动力再制造有限公司、富士施乐爱科制造苏州有限公司、东北理光（福州）印刷设备有限公司、湖南至简复印机再制造有限公司、北海琛航电子科技有限公司、珠海名图科技有限公司、珠海联合天润打印耗材有限公司、北海绩迅电子科技有限公司、上海宜胜达科贸股份有限公司及上海锦持汽车零部件再制造有限公司等。武汉理工大学汽车工程学院秦训鹏教授、张家港清研再制造产业发展研究院董金聪副院长等专家也给予了大力支持，在此一并表示感谢！

由于水平有限，书中难免有疏漏之处，恳请各位读者批评指正。

编　者

目录
Contents

序
前言

基础篇 / 001

第一章 概述   003
第一节 什么是再制造   003
一、再制造的定义   003
二、再制造与维修、传统制造和再循环的区别   006
三、再制造的特点   010
第二节 再制造的发展   012
一、国外再制造产业发展   012
二、中国再制造产业发展   014

第二章 再制造关键技术   019
第一节 再制造技术体系   019
第二节 废旧产品回收拆解与清洗技术   020
一、回收拆解技术与设备   020
二、废旧零部件清洗技术   022
第三节 再制造表面处理技术   025
一、表面镀层再制造技术   026
二、表面涂层再制造技术   032
三、表面覆层再制造技术   038

四、表面改性再制造技术　　043
第四节　新兴再制造技术　　046
　　一、虚拟再制造技术　　046
　　二、智能自修复技术　　051
　　三、柔性再制造技术　　052
　　四、网络化再制造技术　　055
　　五、快速响应再制造技术　　057
　　六、在役再制造技术　　059
　　七、增材再制造技术　　062
第五节　再制造机械加工技术　　064
　　一、再制造涂层切削加工的特点　　065
　　二、再制造涂层的加工方法　　066
第六节　再制造装配技术　　068
　　一、再制造装配技术分类　　070
　　二、再制造装配工艺规程的制订方法　　073
第七节　再制造产品的质量控制　　077
　　一、再制造毛坯的质量控制　　077
　　二、再制造旧件剩余寿命评估技术　　080
　　三、再制造成形过程的质量控制　　086
　　四、再制造工序的质量控制　　086
　　五、再制造生产过程的质量控制　　087
　　六、再制造产品的质量控制　　088
　　七、再制造产品的磨合与试验　　088

行业篇　　/ 091

第三章　汽车零部件再制造　　093
第一节　汽车及主要零部件再制造概况　　093

一、汽车零部件回收拆解　　095
　　二、汽车发动机再制造　　101
　　三、汽车变速器再制造　　102
　　四、汽车转向器再制造　　104
　　五、汽车起动机和发电机再制造　　104
　　六、汽车涡轮增压器再制造　　106
　　七、汽车外观件再制造　　106
第二节　汽车零部件再制造产业特征　　108
　　一、汽车零部件再制造旧件来源　　108
　　二、汽车零部件再制造的特点　　109
　　三、汽车零部件再制造的意义　　110
第三节　汽车零部件再制造发展现状　　111
　　一、国外汽车零部件再制造产业现状　　112
　　二、我国汽车零部件再制造产业现状　　116
第四节　汽车零部件再制造产业分析　　118
　　一、国外汽车零部件再制造产业发展经验　　118
　　二、中国汽车零部件再制造产业发展趋势　　120
　　三、国际汽车零部件再制造产业发展趋势　　126

第四章　工程机械再制造　　129

第一节　工程机械再制造概述　　129
第二节　工程机械再制造产业特征　　131
　　一、工程机械再制造的对象　　132
　　二、工程机械再制造的主体　　133
　　三、工程机械再制造产业链的构成　　133
第三节　工程机械再制造发展现状　　135
第四节　工程机械再制造产业分析　　136
　　一、工程机械再制造基本模式　　136

二、工程机械再制造发展趋势　　137

第五章　机床再制造　　139
　第一节　机床再制造概述　　139
　第二节　机床再制造产业特征　　140
　第三节　机床再制造发展现状　　141
　　一、国外机床再制造发展现状　　141
　　二、中国机床再制造发展现状　　144
　第四节　机床再制造产业分析　　146
　　一、机床再制造典型模式　　146
　　二、机床再制造发展趋势　　148
　　三、机床再制造面临的问题　　149
　　四、机床再制造应采取的措施　　150

第六章　盾构机再制造　　155
　第一节　盾构机再制造概述　　155
　第二节　盾构机再制造产业特征　　156
　　一、盾构机再制造基本指导原则　　156
　　二、盾构机再制造主要部件　　157
　第三节　盾构机再制造发展现状　　160
　第四节　盾构机再制造产业分析　　162
　　一、盾构机再制造的必要性　　162
　　二、盾构机再制造存在的问题　　163
　　三、盾构机再制造产业发展展望　　164

第七章　办公设备再制造　　166
　第一节　办公设备再制造概述　　166
　　一、办公设备和耗材的定义与分类　　166

二、办公设备整机与耗材再制造定义　　171
　　三、再制造原材料的判别　　174
　　四、生产过程中原材料的检测与评估　　175
　　五、生产过程中拆解与清洗　　177
第二节　办公设备再制造产业特征　　187
　　一、办公设备再制造旧件来源　　187
　　二、办公设备再制造产业特征　　188
　　三、办公耗材产业特征　　192
　　四、办公设备再制造的基本特征　　199
　　五、办公设备再制造的意义　　200
第三节　办公设备再制造发展现状　　201
　　一、办公设备主要品牌　　201
　　二、我国办公设备市场现状　　205
　　三、办公耗材与零部件再制造　　208
　　四、办公设备与耗材再制造管理　　212
　　五、办公设备质量再制造率　　217
第四节　办公设备再制造产业分析　　220
　　一、办公设备再制造模式　　220
　　二、办公设备产品比较分析　　221
　　三、办公设备的动态变化与分析　　225
　　四、办公设备再制造知识产权　　227
第五节　我国办公设备与办公耗材再制造实践　　231
　　一、富士施乐（中国）有限公司的生产者责任延伸　　231
　　二、福州理光公司在中国的复印机再制造实践　　233
　　三、湖南至简复印机再制造有限公司复印机再制造　　236
　　四、北海琛航电子科技有限公司办公设备再制造　　238

五、威海康威智能设备有限公司复印机再制造　　240

　　六、武汉必胜复科技有限公司复印机再制造　　241

　　七、珠海名图/联合天润静电成像卡盒再制造　　241

　　八、北海绩迅喷墨墨盒再制造　　249

园区篇　　/253

第八章　示范基地及产业园区　　255

　　一、长沙（浏阳、宁乡）国家再制造产业示范基地　　256

　　二、上海临港再制造产业示范基地　　256

　　三、张家港国家再制造产业示范基地　　257

　　四、彭州航空动力产业功能区　　258

　　五、马鞍山市雨山经济开发区　　258

　　六、合肥再制造产业集聚区　　259

　　七、河间市京津冀国家再制造产业示范基地　　259

　　八、北海综合保税区　　260

法规篇　　/261

第九章　再制造相关国家政策　　263

第十章　再制造相关地方政策　　277

标准篇　　/299

第十一章　再制造相关标准名录　　301

参考文献　　304

基础篇

第一章 概述

第一节 什么是再制造

一、再制造的定义

再制造是把传统模式下到达使用寿命的产品,通过再制造技术及工艺(如修复技术、技术改造或再生等),使其质量或性能达到甚至超过原产品的技术措施或工程活动。宏观上讲,再制造是以废旧产品全生命周期设计和管理为指导,以实现其性能跨越式提升为目标,以优质、高效、节能、节材、环保为准则,以先进技术和产业化生产为手段,对废旧产品实施回收、拆解、清洗、检测、修复、改造或再生、装配、测试检验等一系列技术措施或工程活动的总称;微观而言,再制造是指在全生命周期内对失效零部件进行专业化修复、改造或再生的工序过程环节。

国家标准 GB/T 28619—2012《再制造 术语》规定,再制造是对再制造毛坯进行专业化修复或升级改造,使其质量特性不低于原型新品水平的过程。其中质量特性包括产品功能、技术性能、绿色性、经济性等。再制造过程一般包括再制造毛坯的回收、检测、拆解、清洗、分类、评估、修复加工、再装配、检测、标识及包装等。

GB/T 28618—2012《机械产品再制造 通用技术要求》规范了机械产品再制造流程，如图1-1所示。

但是随着再制造生产实践活动的推进，发现很大一部分再制造产品只需性能达到或超过新品，就足以满足使用需要和寿命要求，无须强制所有再制造产品的质量达到或超过新品的质量，这样体现不出再制造的成本优势，反而会阻碍再制造产业的发展。

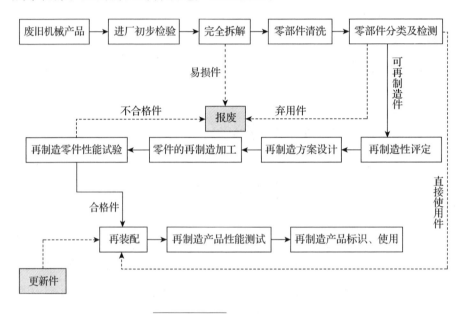

图1-1 机械产品再制造流程

再制造的出现完善了全生命周期的内涵，使得产品在使用周期的末端（报废阶段）不再成为固体垃圾，从而使传统、开放式生命周期（研制—使用—报废）转变为闭环式（研制—使用—退役—再生）的理想绿色产品生命周期，如图1-2所示。再制造不仅可以使废旧产品起死回生，而且还能更好地解决资源节约和环境污染问题。因此，再制造是对产品全生命周期的延伸和拓展，赋予了废旧产品新的寿命，形成了产品的多生命周期循环。

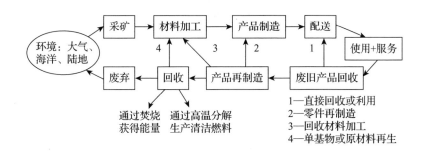

图1-2 闭环式生命周期

再制造的理念应该贯穿产品的全生命周期，如图1-3所示。在产品设计阶段，要考虑产品的再制造性设计；在产品的服役至报废阶段，要考虑产品的全生命周期信息跟踪；在产品的报废阶段，要考虑产品的非破坏性拆解、低排放式物理清洗，要进行零部件的失效分析及剩余寿命演变规律的探索，要完成零部件失效部位的具有高结合强度和良好摩擦学性能的表面涂层的设计、制备与加工，以及对表面涂层和零部件尺寸超差部位的机械平整加工及质量控制等。

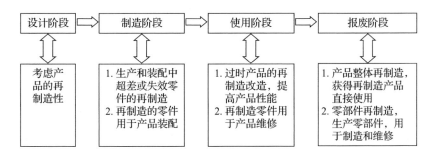

图1-3 再制造在产品全生命周期中的地位

再制造的对象是"废旧产品"，既可以是设备、系统、设施，也可以是其零部件；既包括硬件，也包括软件。产品报废是指其寿命的终结，可分为物质寿命、技术寿命和经济寿命，通过对产品的维护和修理能延长其物质寿命和经济寿命，对其进行改造、升级可延长其技术寿命和经济寿命。在科技高速发展的今天，为适应产品更新换代、工艺改进、材料更新等需要，原生产线上的设备往往提前报废，一些耗能高、排污大的旧式产品（如一些老型号的电动机、锅炉）有时被企业或政府部门强制淘汰，诸多性能和科技含量低的过时产品会被市场抛弃，在这种情况下报废的产品一般都没有达到它的物质寿命，有些是半新甚至是全新产品，大部分零部件可直接使用或可通过再制造加工、改造成为新的产品。此外，来自不同渠道的旧品，主要包括更换下来的高品质的零部件，同样可通过再制造被重新使用。可见，再制造的对象是多种多样的，构成极其广泛。

再制造根据其加工范围可分为恢复性再制造、升级性再制造和综合性再制造。恢复性再制造，主要针对达到物理寿命和经济寿命的产品，在失效分析和寿命评估的基础上，把蕴含使用价值、由于功能性损坏或技术性淘汰等原因不再使用的产品作为再制造毛坯，采用表面工程等先进技术进行加工，使其尺寸和性能得以恢复。升级性再制造，主要针对已达到技术寿命的装备、不符合当前使用要求的装备或不符合节能减排要求的产品，通过技术改造、局部更新，特别是通过新材料、新技术、新工艺等的使用，改善和提升装备技术性能，延长装备的使用寿命，减少环境污染。综合性再制造主要是针对失效零部件在性能恢复的同时实现升级再制造，即所谓对失效零部件"控形控性"的修复，比如在役再制造，就是以装备健康能效检测诊断理论为基础指导，以在役老旧和性能低下的机电装备实现提升健康能效和智能化水平为目标，以再制造后装备更适应生产为需求准则，以先进技术和再设计为手段，进行改造机电装备的一系列技术措施或工程活动。

二、再制造与维修、传统制造和再循环的区别

传统的产品生命周期是从开发到报废的开环系统，这时的产品在报废阶段只是固体垃圾，其主要表现为以下三个特性。

1）单向性。产品生命周期的物流、信息流方向是从产品规划至报

废单向流动的,前后段相互影响不大。

2)阶段性。产品生产企业的全部工作只涉及产品生命周期的部分阶段,用户则是全链条中的终端主体。

3)孤立性。产品周期中各阶段的行为主体相互关联性不强,生产企业不对产品循环再利用负责,也不与开展产品再利用业务的第三方发生直接关系。

再制造开启了一个从本轮生命周期进入下一轮生命周期的多生命周期循环过程,形成了一个闭环系统,延长了产品的使用寿命。产品全/多生命周期理论认为,从原材料、产品设计、制造、使用与维修到回收处理再利用、再循环,构成了一个产品的生命周期全过程。基于这种全生命周期理论,产品产业链沿着其零部件的生命过程得到了延伸,形成了闭环式结构。以汽车全生命周期为例(图1-4),在这个闭环系统里,包含了再制造、传统制造、维修和再循环,但再制造有别于传统制造、维修和再循环。

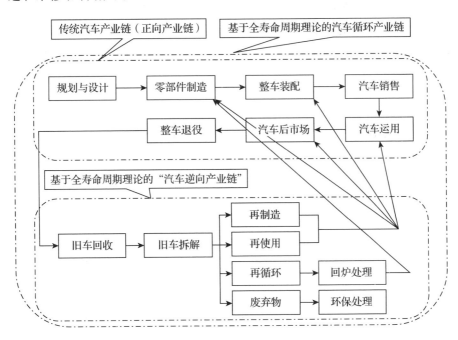

图1-4 汽车全生命周期

1. 再制造与传统制造的区别

再制造属于制造的范畴,但不等同于制造。两者之间的区别体现在以下四方面。

(1) 对象不同

制造的对象是原材料。再制造的对象则是不合格品、损坏的零部件及报废品等,属于半成品,零部件具有各自不同的技术状态和剩余寿命,每个零部件毛坯可能来源于不同的废旧产品,需要经历不同的再制造修复技术,毛坯状态、失效形式和再制造修复方法都有高度的随机性和不确定性。

(2) 生产过程不同

制造过程是原材料到产品,而再制造生产过程是从再制造毛坯到再制造产品的过程。再制造过程主要包括五个重要阶段:一是废旧产品回收、拆解、清洗等;二是零件质量检测及其寿命评估;三是失效零件表面尺寸恢复至可供加工的毛坯尺寸;四是再制造坯料的加工,实现几何尺寸、精度和机械性能的新品化;五是再制造部件的装配、试验和验收。

(3) 质量控制体系不同

由于再制造产品的生产过程体现了回收、拆解、清洗、再制造加工、再装配和再检测等生产节点,其过程较传统制造更为复杂,因此其质量控制体系也愈加复杂。

(4) 生产成本不同

再制造的原材料可以通过废旧零部件回收获得,与传统制造的原材料相比,具有较高的资源利用率,生产成本也比传统制造低。一般来讲,再制造零部件产品在价格上有较强的优势。

因此,制造过程中输入的毛坯原材料多属于初级制成品,质量单一,易于保证产品的生产一致性和可靠性,而原材料的采购成本随着生产过程的不同而变化。而再制造的输入对象为已处于失效状态的退役产品零部件,通过采用一定的技术措施使这些失效的退役零部件质量或性能恢复至新品水平,即要求所有零部件经过再制造加工后,必须恢复其原始新品的设计集合要素,不能丧失其装配互换性。

2. 再制造与维修的区别

再制造过程起源于维修,但与维修存在明显的本质上的区别,见表1-1。

(1) 对象不同

维修主要针对出现故障的在役产品,而再制造主要针对达到寿命或技术落后的产品。

(2) 生产内容不同

维修主要以更换零部件为主,以单件或小批量零部件的性能修复为辅,对在使用过程中因磨损或折旧不能正常使用的个别零件所进行的修复,为产品在使用阶段继续保持其良好技术状况及正常运行而采取的技术措施,其生产过程具有明显的随机性、原位性和应急性。

再制造主要是通过新技术对废旧机电产品进行专业化和批量化修复使其达到新品性能的生产过程,包含产品批量拆解、回收、清洗、修复、再装配等工艺过程。

(3) 技术标准不同

维修的技术标准主要是执行目标对象的维修标准,其修复后的产品质量和性能无法达到新产品的水平,维修后的产品仍然是旧产品。

再制造生产过程各个环节具有规范的技术标准,再制造产品的技术性能和质量可靠性不低于原型号的新品。再制造产品的可靠性建模和分析方法也将不同于新产品制造和维修。经过再制造形成的不是二手产品,而完全是新产品。

因此,由再制造质量或性能达到甚至超过原型新品质量或性能、再制造过程充分吸纳高新技术,以及规模化的生产方式这三个特点可以看出,再制造是机电产品修复发展的高级阶段。

3. 再制造与再循环的区别

再循环是一种低级、低效的再利用工艺,主要针对的是经过前期使用后,其原材料已经丧失了新品的物理、化学性质,不能满足制造新品所需的基本条件的废旧产品,通过再循环工艺过程,失效零件通过回炉、重熔等方式回归至初级材料原始状态,零件的附加加工值随之消失,一般只能实现降级再利用,但随着材料改性、改形新技术在再利用工程中的应用,再循环原材料恢复其物理和化学性能、实现同级再利用成为可能。

再制造与维修、传统制造、再循环的区别主要体现在制造对象、生产过程和输出产品性能及质量三个方面(表1-1)。

表1-1 再制造与维修、传统制造、再循环的区别

项目	再制造	维修	传统制造	再循环
制造对象	到达寿命或技术落后的产品	运行中的故障产品	原材料	废旧产品及包装材料
生产过程	完全拆解 零部件再制造 再制造产品重新装配	故障诊断 故障部件拆解 故障部件修理或替换 部件重新装配	专业化 批量生产	回炉冶炼
输出产品性能及质量	恢复到新品的性能,形成的是新品	维修后的零部件	性能好	获得原材料本身的价值

三、再制造的特点

机电产品与人类社会生活息息相关,如生活中的电器、电子设备和生产中的机械、各类农具、电器、电子设备等生产设备与生活用机具等。

废旧机电产品与环境的关系有以下三个特点。

(1) 废旧机电产品处理不当将会对环境造成严重污染

废旧机电产品大部分材料由金属、塑料、玻璃等固体无机物成分构成，产品退役报废后不易降解。甚至有部分电子元器件还具有重金属毒性，对环境危害大。因此，机电产品报废后的主要表现形式与生活垃圾有明显区别。机电产品报废后采用传统的掩埋、焚烧、堆肥等普通垃圾处理方法，不但占用大量土地，破坏自然环境，还会对空气、土壤和水质造成严重污染，影响人类生活质量，威胁人们的身体健康，不利于综合利用资源。

(2) 废旧机电产品蕴含大量的可再利用资源

废旧机电产品大多含有金属材料，因此蕴含丰富的可再利用资源。据统计，1t 电脑及其部件含有约 0.9kg 黄金、270kg 塑料、128.7kg 铜、58.5kg 铅、39.6kg 锡、36kg 镍、19.8kg 锑等资源。每回收 200 万辆汽车，仅对其中的废旧发动机进行资源化利用，可节约钢材 80 万 t，节电 30 亿 kW·h。而每回收利用 1t 废钢铁，可炼钢 850kg，相当于节约成品铁矿石 2t，节能 0.4t 标准煤。

(3) 废旧机电产品蕴含丰富的剩余附加值

机电产品大多由多个部件或零件组成。每个零部件在其制造过程中均注入了劳动力、资金、技术等附加值，其价值往往要大于产品材料本身的价值。以废旧汽车为例，汽车发动机作为核心零部件，本身的材料价值仅占全部价值的 5%，却是汽车再制造的主要对象、附加值最高的汽车零部件再制造产品。

据估计，原厂商如果能够回收再利用已退役产品，只要再多付出 20% 的努力，就可以节省 40%~60% 的生产成本。

因此，废旧机电产品再制造的特点总结如下。

(1) 环保和经济效益突出

废旧产品再制造与废旧产品回炉相比，其节能减排效果十分突出。据美国 Argonne 国家实验室统计结果表明，再制造 1 辆汽车的能耗只是制造

1 辆新车的 1/6，再制造 1 台汽车发动机的能耗是 1 台新发动机的 1/11。

装备再制造的基础是对装备中失效的零件进行再制造，再制造的对象是经过使用的成形零件，这些零件中蕴含着从采矿、冶炼到加工一系列的附加值（包括了全部制造活动中的劳动成本、能源消耗成本、设备工具损耗成本等），再制造能极大地保留和利用这些附加值，降低加工成本、减少能耗。

(2) 质量稳定可靠

再制造的对象是由于功能性损坏或技术性淘汰等原因不再使用的机电产品及其零部件，该机电产品在使用过程中，科学技术迅速发展，新材料、新工艺、新检测手段、新控制装置不断涌现。在对旧机电产品实施再制造时，可以吸纳最新的成果，既可以提高易损零件的使用寿命，又能对老旧设备进行技术改造，还可以弥补原设计和制造中的不足，使产品质量得到提升。

再制造过程中采用批量化的生产方式，再制造企业从事再制造生产需要获得认证，出售的再制造产品应有明确的标识，确保废旧装备及其零部件在全面性能质量恢复过程中有健全的质量保障体系保证，质量稳定可靠。

第二节
再制造的发展

一、国外再制造产业发展

早在 20 世纪 90 年代，美国就系统建立了 3R 体系，即 Reuse（再利用）、Remanufacture（再制造）、Recycle（再循环）。日本也建立了关于环境保护 3R 体系，即 Reduce（减量化）、Recycle（再循环）、Reuse（再利用)。欧洲通过了有利于再制造工程的相关法律和法规,近年来,欧盟通过发布法律指令,推动了欧盟再制造的发展。这些发达国家的再制造产业经过多年发展,已经渗入到汽车、工程机械、航空、医疗设备等众多领域。

美国再制造产业已有一百多年历史,目前已经发展成熟,为美国经济、就业作出重要贡献,尤其是汽车产品再制造。第二次世界大战时期,美军大量车辆用于作战,损坏率非常高,汽车制造和配件生产厂为满足战争需求而转产军品,致使美国汽车零部件供应严重不足,许多车辆因为配件缺乏无法继续使用。这迫使一些汽车修理商不得不拆下报废汽车的零部件修理后继续使用,从而逐步发展形成汽车零部件再制造产业。第二次世界大战结束后,得益于旧件的收集和再制造产品的加工,零部件再制造企业能够得以生存和快速发展。据此,美国的再制造从国防起步,逐渐发展转到民用,丰厚的利润和社会效益成为再制造产业快速发展的原动力。美国政府宽松的财税政策和法律是推动再制造产业发展的另一重要因素,1989年美国通过《再制造法案》,极大地推动了美国再制造产业的发展。

近年来,欧盟通过发布法律指令,推动了欧盟再制造的发展。2015年,欧盟颁布了《循环经济实施方针》,肯定了再制造在欧洲循环经济发展中的重要作用。德国是欧洲主要国家中再制造产业发展成熟的典型,其再制造产业涉及汽车零部件、工程机械、机床、铁路机车、电子电器、医疗器械等多个领域。德国再制造产业绝大多数为大型企业控制,工艺水平高,再制造产品质量好,整体效率和质量保证更加完善,有利于产业结构的优化组合。

日本政府部门通过完善法律规定,统筹和规范再制造企业的生产、销售、回收等各个环节。1970年,日本颁布了《废弃物处理法》,旨在促进报废汽车、家用机器等的循环利用,对非法抛弃有用废旧物采取罚款、征税等惩戒措施。1991年,日本国会签订了《废弃物处理法》,并通过了《资源有效利用促进法》,确定了报废汽车、家用电器等的循环利用需进行基准判断、事前评估信息提供等。2000年,日本颁布了《建立循环型社会基本法》。2002年,日本国会审议通过了《汽车回收利用法》,引导汽车用户将废旧汽车零部件交由再制造汽车企业,并对汽车再制造行业加强监管力度。

二、中国再制造产业发展

我国再制造产业发展经历了以下三个主要阶段。

1. 第一阶段:再制造产业萌生阶段

自20世纪90年代初开始,我国相继出现了一些再制造企业,如中国重汽集团济南复强动力有限公司(中英合资)、上海大众汽车有限公司的动力再制造分厂(中德合资)等,分别在重型货车发动机、乘用车发动机、车用电机等领域开展再制造。产品均按国外标准加工,质量符合再制造的要求。但是,为取缔汽车非法拼装市场,2001年国务院307号令规定报废汽车五大总成一律回炉,切断了这些企业再制造毛坯来源,产量严重下滑。

2. 第二阶段:学术研究、科研论证阶段

1999年6月,中国工程院院士徐滨士在西安召开的"先进制造技术"国际会议上发表了《表面工程与再制造技术》的学术论文,在国内首次提出了"再制造"的概念。

2001年5月,总装备部批准立项建设我国首家再制造领域的国家级重点实验室——装备再制造技术国防科技重点实验室,于2003年6月正式投入使用。

2002年9月及2007年9月,国家自然科学基金委员会先后批准了两项关于再制造基础理论与关键技术研究的重点项目。

2003年8月起,国务院组织了2000多位科学家从国家需求、发展趋势、主要科技问题及目标等方面对"国家中长期科学和技术发展规划"进行了论证研究,其中第三专题《制造业发展科学问题研究》将"机械装备

的自修复与再制造"列为19项关键技术之一。

2003年12月，中国工程院咨询报告《废旧机电产品资源化》完成，研究结果表明，废旧机电产品资源化的基本途径是再利用、再制造和再循环，其目标是使再利用、再制造部分最大化，使再循环部分最小化，使安全处理的部分趋零化。

2006年12月，中国工程院咨询报告《建设节约型社会战略研究》中把机电产品回收利用与再制造列为建设节约型社会的17项重点工程之一。

3. 第三阶段：人大颁布法律、政府全力推进阶段

2005年，国务院颁发的21号、22号文件均明确指出国家"支持废旧机电产品再制造"，并"组织相关绿色再制造技术及其创新能力的研发"。同年11月，国家发展和改革委员会（以下简称国家发展改革委）等六部委联合颁布了《关于组织开展循环经济试点（第一批）工作的通知》，其中再制造被列为四个重点领域之一，我国发动机再制造企业济南复强动力有限公司被列为再制造重点领域中的试点单位。

2006年，中国物资再生协会成立再制造专业委员会，这是中国第一个再制造行业协会。后续多个国家级协会陆续成立了再制造分支机构或部门，共同推进再制造产业发展。

2008年，国家发展改革委组织了"全国汽车零部件再制造产业试点实施方案评审会"，对全国各省市40余家申报单位中筛选出来的14家汽车零部件再制造试点企业进行了评审，包括一汽、东风、上汽、重汽、奇瑞等整车制造企业和潍柴、玉柴等发动机制造企业纷纷开始实施再制造项目。

2009年1月，《中华人民共和国循环经济促进法》正式生效，第2条、40条、56条中6次阐述再制造，为推进再制造产业发展提供了法律依据。同年4月，国家发展改革委组织了"全国循环经济座谈会暨循环经济专家行启动仪式"。

2009年11月，工业和信息化部启动了包括工程机械、矿采机械、

机床、船舶、再制造产业集聚区等在内的 8 大领域 35 家企业参加的再制造试点工作。

2010 年 2 月 20 日，国家发展改革委和国家工商行政管理总局（以下简称国家工商总局）确定启用汽车零部件再制造产品标志，目的在于更好地加强监管再制造产品的力度，进一步推进汽车零部件再制造产业的健康发展。

2010 年 5 月，国家发展改革委等 11 个部委联合下发《关于推进再制造产业发展的意见》，指导全国加快再制造的产业发展，并将再制造产业作为国家新的经济增长点予以培育。

2010 年 10 月，国务院国发 [2010] 32 号文件《国务院关于加快培育和发展战略性新兴产业的决定》指出：要加快资源循环利用关键共性技术研发和产业化示范，提高资源综合利用水平和再制造产业化水平。

2012 年，国家发展改革委启动了汽车零部件再制造试点单位的验收工作，公布了第一批验收试点单位。

2013 年 8 月，国家发展改革委、财政部、工业和信息化部、商务部、国家质量监督检验检疫总局（以下简称国家质检总局）五部委联合发布《关于印发再制造产品"以旧换再"试点实施方案的通知》，启动"以旧换再"试点工作，表示年内率先以汽车发动机、变速器等再制造产品为试点，以后视实施情况逐步扩大试点范围。

2014 年 12 月，国家发展改革委、财政部、工业和信息化部、商务部、质检总局将共同在全国实施再制造产品"以旧换再"，对符合条件的汽车发动机、变速器等再制造产品，按照置换价格的 10% 进行补贴，再制造发动机最高补贴 2000 元，再制造变速器最高补贴 1000 元。国家发展改革委发布公告，要求推广产品质量应当达到原型新品标准，具备由依法获得资质认定（CMA）的第三方检测机构出具的性能检测合格报告，产品合格证书中的质保期承诺不低于原型新品；推广置换价格为产品扣除旧件残值后的价格，不得超过原型新品的 60%，即企业的最高销售限价。同时，国家标准化管理委员会发布 GB/T 31208—2014《再制造毛坯质量检验方法》、GB/T 31207—2014《机械产品再制造质量管理要求》。与此同时，国家发展改革委联合工业和信息化部等四部委公示了具备再制造产品推广试点企业资格 10 家企业名单及再制造产品型号、推广价格。同时，国家发展改革委、工业和信息化部、财政部等部委共同在全国开展再制造产品"以旧换再"活动。根据活动要求，对符合条件的汽车发动机、变速器等再制造产品，按照置换价格的 10% 进行补贴。与此同时，工业和信息化部办公厅印发《关于进一步做好机电产品再制造试点示范工作的通知》，明确具备条件的地区应积极推进再制造产品享受资源综合利用产品增值税减免政策，积极支持"以旧换再"产品补贴政策落实。

2015 年 1 月 20 日，国家发展改革委资源节约和环境保护司等部门发布了关于再制造产品推广试点企业资格名单及产品型号、推广价格的公告。

2015 年 4 月，国务院印发《中国制造 2025》，全面推行绿色制造，开展再制造产业化示范，到 2025 年，制造业绿色发展和主要产品单耗达到世界先进水平，绿色制造体系基本建立。为贯彻落实《中国制造 2025》，工业和信息化部节能与综合利用司于 2016 年 7 月 18 日发布《工业绿色发展规划（2016—2020 年）》，于 2016 年 9 月 14 日发布《绿色制造工程实施指南（2016—2020 年）》，进一步对绿色制造体系建设的工作任务进行了细化。2017 年 11 月，工业和信息化部进一步制定了《高端智能再制造行动计划（2018—2020 年）》，提升机电产品再制造技术管理水平和产业发展质量，推动形成绿色发展方式，实现绿色增长，使再制造向高端化、智能化发展。

2015 年 5 月，《国务院办公厅关于印发加快海关特殊监管区域整合优化方案的通知》发布，要求促进区内产业向研发、物流、销售、维修、再制造等产业链高端发展，鼓励区内企业开展高技术含量、高附加值项目的境内外维修、再制造业务。

2018年7月，《国务院办公厅转发商务部等部门关于扩大进口促进对外贸易平衡发展意见的通知》发布，积极推进维修、研发设计、再制造业务试点工作。

2018年12月，国家发展改革委发布《汽车产业投资管理规定》，支持汽车零部件再制造投资项目。

2019年1月，《国务院关于促进综合保税区高水平开放高质量发展的若干意见》发布，允许综合保税区内企业开展高技术含量、高附加值的航空航天、工程机械、数控机床等再制造业务。

2019年2月，国家发展改革委发布《关于印发〈绿色产业指导目录（2019年版）〉的通知》，鼓励发展汽车零部件及机电产品再制造装备制造。

2019年5月，国务院发布《报废机动车回收管理办法》，拆解的报废机动车"五大总成"具备再制造条件的，可以按照国家有关规定出售给具有再制造能力的企业经过再制造予以循环利用。

2019年10月，国务院常务会议指出要加快保税维修再制造先行先试。

第二章 再制造关键技术

随着我国再制造产业的不断发展壮大，再制造技术、工艺以及配套装备的研究与开发也取得了长足进展。一些企业、高等院校、科研机构从产、学、研不同角度，在传统机械工程、材料科学与工程、信息科学与工程等学科领域，围绕逆向制造工程中的装配、表面工程、无损检测、产品生命评估、再制造性能测试与质量控制等技术方向开展了卓有成效的工作，取得的科研成果得到了充分的应用，形成了一批得到政府和社会认可的、经济效益和社会效益良好的、具有国际先进水平的科研基地和专业化生产企业。

第一节 再制造技术体系

再制造过程，是将由不同渠道回收的旧件经过拆解、清洁、检测后作为毛坯进行性能和几何结构要素的恢复，使其质量（或性能）达到或超过新品，然后进行再装配，满足出厂性能测试的工艺过程。在实现废旧零部件高效再利用的同时，充分挖掘废旧产品中蕴含的资源、能源、劳动付出等方面的剩余价值，实现节约资源、降低消耗、减少排放。由于用作毛坯的再制造旧件来源复杂，且经过长期使用后均处于不同的失效进程之中，需要获得质量不低于新品的再制造产品，一般要经历回收拆解、清洁、检测评估、性能和尺寸恢复、加工与改性、装配与检测等阶段,与之相匹配的再制造技术体系构成情况如图 2-1 所示。

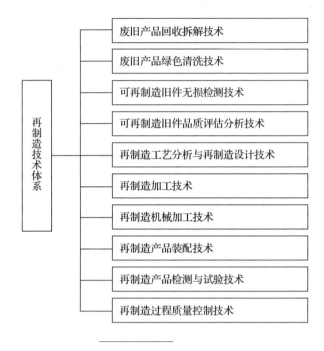

图 2-1 再制造技术体系

第二节
废旧产品回收拆解与清洗技术

一、回收拆解技术与设备

不同渠道回收的废旧产品经过回收分类、环保处理与深度拆解等过程后,一般要达到最小单元(组成零件),并将拆解过程中的损害程度降至最小,甚至是无损化拆解,为后续再制造加工创造条件,回收拆解过程要有效地控制可能造成的二次污染,实现有毒有害物质的有效管控与处理,拆解下的零部件按照直接再使用件、降级再使用件、可再制造件、再循环件以及废弃物的形式分类分级，其中获得可再制造件是整个回收拆解过程中的重点。

国内外对拆解的研究主要在可拆解性设计、拆解规划（包括拆解的模型、拆解序列算法、序列的优化、智能拆解等）、拆解的评估体系软硬件开发以及拆解装备研发等方面。国外在可拆解性设计理论与方法研究、拆解模型建立与拆解序列优化算法研究方面开展了大量开创性工作，并针对一些重点行业领域开发了部分自动化拆解装备。国内在该领域的研究相对较晚，在可拆解性设计研究，特别是在实际产品设计的应用方面尚处于起步阶段。

GB/T 32810—2016《再制造　机械产品拆解技术规范》中总结了常用的再制造拆解工艺方法，见表 2 - 1。

表 2 - 1　常用再制造拆解工艺方法

拆解方法	拆解原理	特点	适用范围
击卸法	利用敲击或撞击产生的冲击能量将零件拆解分离	使用工具简单，操作灵活方便，使用范围广	容易产生锈蚀的零件，如万向传动十字轴、转向摇臂、轴承等
拉拔法	利用通用或专用工具与零部件相互作用产生的静拉力拆卸零部件	拆解件不受冲击力，零件不易损坏	拆解精度要求较高或无法敲击的零件
顶压法	利用手压机、油压机等工具进行的一种静力拆解方法	施力均匀缓慢，力的大小和方向容易控制，不易损坏零件	拆卸形状简单的过盈配合件
温差法	利用材料热胀冷缩的性能，使配合件在温差条件下失去过盈量，实现拆解	需要专门加热或冷却设备和工具，对温度控制要求较高	尺寸较大、配合过盈量较大及精度较高的配合件，如电机轴承、液压压力机套筒等

(续)

拆解方法	拆解原理	特点	适用范围
破坏法	采用车、锯、錾、钻、割等方法对固定连接件进行物理分离	拆解方式多样,拆解效果存在不确定性	使用其他方法无法拆解的零部件,如焊接件、铆接件或互相咬死件等
加热渗油法	将油液渗入零件结合面,增加润滑,实现拆解	不易擦伤零件的配合表面	需经常拆解或有锈蚀的零部件,如齿轮联轴节、止推盘等零部件

二、废旧零部件清洗技术

废旧产品被拆解到最小单元后,需根据形状、材料、类别、损坏情况等进行分类,然后采用相应的方法进行清洁化处理。零件表面清洗是再制造过程中的一道重要工序,是开展后续再制造加工的基础性工艺。零件表面清洗的质量,直接影响零件性能分析、表面检测、再制造加工及装配,对再制造产品的质量具有全面影响。

与经过再制造后的零件或新品零件清洗工艺不同的是,经过长期服役后的废旧产品表面附着了大量的油脂、锈蚀、泥垢、水垢、积炭等污物,这些污物具有不同的物理和化学属性,清洗难度较大,需要采用不同的工艺进行清洗并去除,目前常用的清洗方法有物理法、化学或电化学方法。

可再制造零件的清洁度要求主要体现在四个方面:一要充分保证零件内外彻底清洁化,其清洁度达到与新品一样的质量水平;二在清洁过程中不能造成零件表面的损伤或磨损;三要尽可能采用绿色化清洁方法,减少清洁过程对原辅材料造成的污染;四要对清洁后留下的污物进行无害化处理,以防止造成二次污染。

随着我国再制造产业规模的不断扩大,针对不同的清洁方法,相关企业、研究机构开发出一批再制造零部件清洗工具、设备或清洗生产线,形成了满足上述四项要求的清洗设备质量标准。我国再制造试点企业内也建立起了符合环保要求，并满足再制造零件清洁质量标准的清洁作业流水线，为批量化再制造加工提供了工艺和装备保证。

目前，再制造行业主要采用以下清洗技术。

1. 热能清洗技术

热能清洗技术是一种物理清洁技术。在报废零部件上附着的污垢常被沥青和矿物油粘接在一起，牢固地粘在零件表面，单独靠使用表面活性剂和溶剂难以完成热能对报废零部件清洗的目的。由于水和有机溶剂对污垢的溶解速度和溶解量随温度升高而提高，所以提高温度有利于溶剂发挥其溶解作用，而且还可以节约水和有机溶剂的用量。清洗后用水冲洗时，较高的水温更有利于去除吸附在清洗对象表面的碱和表面活性剂。

2. 浸液清洗技术

浸液清洗包括两种清洗方式：浸泡清洗和流液清洗。浸泡清洗就是将清洗对象放在清洗液中浸泡、湿润而洗净的湿式清洗。在浸泡清洗系统中，浸泡清洗分别在不同洗槽中进行，分多次进行的浸泡清洗可以得到洁净度很高的表面。因此，浸泡清洗具有清洗效果良好的特点，特别适用于对数量多的小型清洗对象进行清洗。

浸泡清洗系统一般由清洗工艺、冲洗工艺、干燥工艺三个部分组成。浸泡清洗系统基本上有两种方式：一是清洗槽用溶剂、冲洗槽用清水的方式；二是清洗槽、冲洗槽都使用同一种溶剂的方式。

流液清洗除了可以把零部件置于洗涤剂中的静态处理外，还可以让清洗液在清洗对象表面流动，以便提高污垢被解离、乳化、分散的效率，称流液清洗。

浸液清洗是目前使用最广泛、成本相对低廉的一种零部件清洁方式，在采用这种方式时需关注清洗液的环保化处理。

3. 压力清洗技术

压力清洗法中根据采用的压力不同,分为高压、中压以至负压、真空等清洗方式,这些方式都能产生很好的清洗力。影响压力清洗效果的主要因素有喷射清洗的作用力、喷射所用喷嘴和喷射清洗液。目前,压力清洗方法主要有两种:一种是利用持续性泡沫的喷射清洗,另一种是高压水射流清洗。

4. 摩擦与研磨清洗技术

废旧零部件摩擦与研磨清洗方法主要有三种:摩擦清洗、研磨清洗和磨料喷砂清洗。其中摩擦清洗指的是在废旧零部件自动清洗装置中,向表面喷射清洗液的同时,使用合成纤维材料做成的旋转刷子擦拭产品表面,以提高清洗效果;但这种方法要防止对清洗对象的再污染,以及吸附污垢和静电火灾。研磨清洗法是指用机械作用力去除表面污垢的方法。研磨方法包括使用研磨粉、砂轮、砂纸以及其他工具对含污垢的清洗对象表面进行研磨、抛光等。研磨清洗的作用力比摩擦清洗的作用力大很多,操作方法主要有手工研磨和机械研磨。磨料喷砂清洗法是把干的或悬浮于液体中的磨料定向喷射到零件或产品表面的清洗方法。磨料喷砂清洗是清洗领域内广泛应用的方法之一,可用于清除金属表面的锈层、氧化皮、干燥的污物、型砂和涂料等。

5. 超声波清洗技术

超声波清洗技术是利用超声波对污垢的解离分散能力而采用的一种清洗方法,这种方法中超声波起到辅助作用,以增加清洁效果。超声波清洗装置原理如图2-2所示。超声波清洗机由超声波发生器和清洗箱组成。电磁振荡器产生的电磁波通过超声波发生器转化为同频超声波,通过媒液传递到清洗对象。超声波发生器通常装在清洗槽下部,也可以装在清洗槽侧面,或采用移动式超声波发生器装置。超声波在清洗装置中主要作用有三个方面:超声波本身具有的能量作用、空穴破坏时放出的能量作用以及超声波对媒液的搅拌流动作用。超声波清洗工艺参数主要包括振动频率、功率密度、清时间和清洗液温度,这些参数对超声波清洗效果均有重要影响。

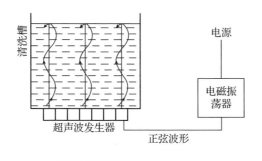

图 2-2　超声波清洗装置原理

6. 高温炉清洁技术

机电产品经过长期使用运行之后,部分零件的内外表面存留着大量的顽固性油垢、锈蚀。高温炉清洁法是将被清洁零件送入到燃烧炉中,使零件表面油垢产生燃烧而去除表面油垢的清洁方法,这种方法一般与喷丸/砂工序配合使用,经过高温炉燃烧后的零件污垢很容易在喷丸工序中去除。由于这种高温炉在清洁过程中,高温会引起材料组织的变化以及几何形状的变形,因此对于力学性能和几何精度有特别要求的零件要慎重采用。采用高温炉清洁方法的典型零件有汽车发动机、油底壳等。

还有一种清洗方式是激光清洗,将在本书第七章办公设备再制造中做介绍。

第三节
再制造表面处理技术

经过长期服役的零部件,其表面和近表面会发生改变,这些改变主要表现为表面磨损、变形、凹坑、锈蚀、裂纹等缺陷,通过尺寸恢复法和尺寸加工法两种再制造成形技术，使已经处于失效进程或者已经失效的零件表面几何形状和性能得以恢复，满足进入新一轮使用周期的需要。

对于表面力学性能发生较大改变的零件表面，先通过去除表面失效层，再恢复尺寸的方法，实现原零件精加工的要求。对于几何精度和形状变化不大，力学性能发生改变的零件表面，需通过一定的手段恢复性能，以上两种情况都需要采用表面工程技术方法，也就是通过表面涂覆、表面改性或多种表面技术复合处理，改变固体金属表面或非金属表面的形态、化学成分、组织结构和应力状况，以获得所需表面几何尺寸和性能。再制造与表面工程的结合，是再制造的创新发展。表面工程在再制造中的应用，不但实现了对再制造部件或产品尺寸的完全恢复，提高了旧品利用率、降低了再制造成本，使节能、节材、保护环境的效果更加凸显，而且提升了再制造产品的性能，这已成为我国零部件再制造比国外再制造更为先进的创新特色，受到国际同行的高度评价。目前，在我国再制造行业普遍采用的表面工程技术可分为表面改性、表面处理、表面涂层技术、表面覆层技术、复合表面技术等。

一、表面镀层再制造技术

1. 电镀技术

电镀技术是一种用电化学方法在基体（金属或非金属）表面沉积金属或金属化处理的技术，它能使均匀溶解在溶液中的金属离子，有序地在溶液（镀液）和基体接触表面获得电子，还原成金属原子并沉积在基体表面，形成宏观金属层——镀层。

电镀的基本原理如图2-3所示，在分别接入直流电源正负极的两洁净片间，充入硫酸铜溶液作为介质，就构成了一个简单的电镀铜装置。

电镀时，在外电场的驱使下，阳极（接正极铜片）表面铜原子失去电子，氧化成溶入溶液的铜离子，而运动到阴极（接负极铜片）表面的铜离子，沉积在阴极表面形成铜镀层。可见，阴极的沉积过程对电镀层的质量起决定性的作用。

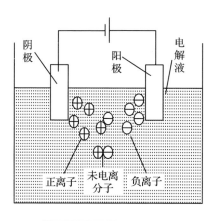

图 2-3 电镀的基本原理

废旧零部件电镀工艺是指电镀施工过程，可概括为废旧零部件→机械处理→化学处理→（电）化学精处理→预镀→电镀→镀后处理。电镀技术的主要工艺参数或指标范围见表 2-2。

表 2-2 电镀技术的主要工艺参数或指标范围

工艺类型	沉积速度/ $\mu m \cdot min^{-1}$	沉积电流密度/ $A \cdot cm^{-2}$	工作电压/ V	工作温度/ ℃	镀层最大厚度/ μm	应用
一般电镀	0.1~2	1~10	0~12	10~60	50	挂镀、滚镀或装饰镀等
高、快速电镀	2~100	10~500	1~30	10~100	500	刷镀、喷镀
其他电镀	<100	<500	<30	<100	2×10^3	线材电镀等非水溶性电镀、电铸

2. 化学镀技术

化学镀是一种无电镀覆镀的新方法，其本质是靠溶液中的还原剂使金属离子还原并沉积在零件表面的过程。化学镀区别于电镀的主要特点是，形状复杂的工件可获得十分均匀的镀层；镀层致密，孔隙少，硬度高；可适用于金属、非金属、半导体等基体的镀覆。化学镀常用溶液包括化学镀银、镀镍、镀铜、镀钴、镀镍磷液、镀镍磷硼液等。

化学镀是指没有外电流通过，利用还原剂将溶液中金属离子化学还原在呈催化活性的机件表面，使之形成金属镀层的工艺过程。化学镀最大特点是镀液的分散力强，凡接触镀液部位均有厚度基本相等的金属镀层，而且镀层外观好、致密、耐腐蚀。化学镀工作原理如图2-4所示。

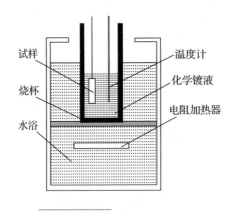

图2-4　化学镀工作原理示意图

化学镀液一般由主盐、还原剂、络合剂、缓冲剂组成。对某些特殊材料的镀件施镀时镀液中还需要添加稳定剂、表面活性剂等功能添加剂。主盐与还原剂是获得镀层的直接来源，主盐提供镀层金属离子，还原剂提供还原主盐离子所需要的电子。

（1）主盐

主盐即含镀层金属离子的盐。一般情况下，主盐含量低时沉积速度慢、生产效率较低；主盐含量高时沉积速度快，但含量过大时反应速度过快，易导致表面沉积的金属层粗糙，且镀液易发生自分解现象。

（2）还原剂

还原剂是提供电子以还原主盐离子的试剂。在酸性镀镍液中采用的还原剂主要为次磷酸盐，此时得到磷合金；用硼氢化钠、氨基硼烷等硼化物做还原剂时可得硼合金；用硼做还原剂时，可获得纯度较高的金属镀层。

(3) 络合剂

络合剂的作用是通过与金属离子的络合反应来降低游离金属离子的浓度，从而防止镀液因金属离子的水解而产生自然分解，提高镀液的稳定性。但需要注意的是，络合剂含量增加将使金属沉积速率变慢，因此需要调整较适宜的络合剂浓度。化学镀常用的络合剂有柠檬酸、乳酸、苹果酸、丙酸、甘氨酸、琥珀酸、焦磷酸盐、柠檬酸盐、氨基己酸等。

(4) 缓冲剂

缓冲剂的作用是维持镀液的pH值，防止化学镀过程中由于大量析氢所引起的pH值下降。

(5) 稳定剂

稳定剂的作用是提高镀液的稳定性，防止镀液在受到污染、存在有催化活性的固体颗粒、装载量过大或过小、pH值过高等异常情况下发生自发分解反应而失效。稳定剂加入量不能过大，否则镀液将产生中毒现象失去活性，导致反应无法进行，因此需要控制镀液中稳定剂的含量在最佳添加量范围。常用的稳定剂有重金属离子、含氧酸盐和有机酸衍生物。

(6) 表面活性剂

粉末、颗粒、纤维状的镀件材料单体质量差异较大，加入到镀液中后，轻质的漂浮于镀液表面，较重的沉降于底层，即使充分搅拌也难以充分分散于镀液中，影响施镀效果；需要在镀液中添加适量的阴离子或非离子表面活性剂。加入表面活性剂可提高镀液对基体的浸润效果，使粉末、颗粒、纤维状镀件很好地分散于镀液中，形成比较稳定的悬浮液。表面活性剂的浓度在一定程度上直接影响粉末、颗粒、纤维状镀件表面上金属镀层的性能。表面活性剂含量过高时生产成本较高，且会产生较大的泡沫，较大的泡沫会吸附粉末、颗粒、纤维状的镀件材料，导致化学镀难以进行，尚需再适当加入消泡剂。如果表面活性剂含量过低，则达不到充分浸润的效果，导致镀件表面活化程度降低，使金属难以沉积在镀件表面；一般情况下，表面活性剂添加量为镀液总质量的 0.1% ~ 0.15% 为宜。

3. 电刷镀技术

电刷镀技术采用专用的直流电源设备，电源的正极接刷镀笔作为刷镀时的阳极，电源的负极接工件，作为刷镀时的阴极，刷镀笔通常采用高纯细石墨块作为阳极材料，石墨块外面包裹棉花和耐磨的涤棉套。刷镀时，使浸镀液的刷镀笔以一定的相对速度在工件表面移动，并保持适当的压力。这样在刷镀笔与工件接触的那些部位，镀液中的金属离子在电场力的作用下扩散到工件表面，并在工件表面获得电子被还原成金属原子，这些金属原子沉积结晶形成镀层。电刷镀工作原理如图 2-5 所示。

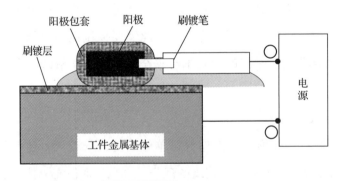

图 2-5 电刷镀工作原理图

电刷镀的一般工艺过程见表 2-3。

表2-3 电刷镀的一般工艺过程

工序号	工序名称	工序内容和目的	备注
1	表面准备	去除油污,修磨表面,保护非镀表面	—
2	电净	电化学去油	极性一般正接
3	强活化	电解刻蚀表面,去锈、除疲劳层	极性反接
4	弱活化	电解刻蚀表面,取出碳钢表面的炭黑	极性反接
5	镀底层	镀好底层,提高界面结合强度	极性正接
6	镀尺寸层	快速恢复工件尺寸	极性正接
7	镀工件层	达到尺寸精度,满足表面性能要求	极性正接
8	镀后处理	吹干,烘干,涂油,低温回火,打磨,抛光等	根据需要选择

注:以上工艺过程,每道工序间都需要用清水冲洗干净上道工序的残留镀液。

4.电刷镀与其他表面技术的复合

热喷涂技术与电刷镀技术的复合,就是用热喷涂层迅速恢复尺寸,然后在喷涂层上刷镀,以提高表面光洁度和获得所需要的涂层性能。

电刷镀与钎焊技术的复合,即在一些难以钎焊的材料上镀铜、锡、银、金等镀层,然后再钎焊,解决难钎焊金属表面或两种性能差异很大的金属表面钎焊问题。

电刷镀与激光重熔技术复合,即某些情况下为提高刷镀的结合强度,或为提高工件材料的表面性能,采用先刷镀金属镀层或合金镀层,再进行激光重熔。

电刷镀与激光微细处理技术复合,即在一些重要摩擦副表面镀工作层,然后再用激光器在镀层表面打出有规则的微凸体和微凹体,这些凸凹体不仅自身得到强化,而且还有良好的储油能力,从而提高了摩擦副的耐磨性。

电刷镀与粘涂技术复合,即对于一些大型零部件上的深度划伤、沟槽、压坑，在不便于堆焊、钎焊、喷涂的部位，可先用粘涂耐磨胶填补沟槽，待胶固化后，在胶上刷镀金属镀层，填补时可使用导电胶。

电刷镀与离子注入技术复合，即可进一步提高刷镀层的耐磨性，如在镍镀层、镍钨镀层、铜镀层上注入氮离子。

二、表面涂层再制造技术

热喷涂是采用一定形式的热源，将粉状、丝状或棒状喷涂材料加热至熔融或半熔融状态，同时用高速气流使其雾化，喷射在经过预处理的零件表面，形成喷涂层的一种金属表面加工方法。

根据热源划分，热喷涂有四种基本方法：火焰喷涂、电弧喷涂、等离子喷涂和其他喷涂。火焰喷涂是以气体火焰为热源的热喷涂；电弧喷涂是以电弧为热源的热喷涂；等离子喷涂是以等离子弧为热源的热喷涂。根据喷射速度不同，热喷涂方法分为火焰喷涂、气体爆燃式喷涂（爆炸喷涂）及超声速火焰喷涂三种。

热喷涂技术既可用于修复，又可用于制造。性能优异的热涂层材料用其修复零部件，寿命不仅达到了新产品的要求，而且还能对产品质量起到改善作用，如耐磨、抗氧化、隔热、导电、绝缘、减摩、润滑、防腐蚀等功能。

热喷涂方法及其技术特点见表2-4。

热喷涂的基本工艺流程如图2-6所示。

图2-6 热喷涂的基本工艺流程

表2-4 热喷涂方法及其技术特点

技术特点 \ 热喷涂方法	等离子喷涂法			火焰喷涂法						电弧喷涂法		其他喷涂方法	
	普通等离子喷涂	低压等离子	超声速等离子喷涂	丝材火焰喷涂	陶瓷棒火焰喷涂	粉末火焰喷涂	粉末塑料火焰喷涂	气体爆炸式喷涂	超声速火焰喷涂	普通电弧喷涂	高速电弧喷涂	激光喷涂	丝材爆炸喷涂
热源	等离子弧焰	等离子弧焰	等离子弧焰	燃烧火焰	燃烧火焰	燃烧火焰	燃烧火焰	燃烧火焰	燃烧火焰	电弧	电弧	激光	电容放电
火焰温度/°C	6000~12000	—	18000	3000	2800	3000	2000	3000	略低于等离子	4000	4000	—	—
微粒速度/(m/s)	300~350	—	3660 电弧速度	50~100	150~240	30~90	50~150	700~800	1000~1400	50~150	200~600	—	400~600

（续）

技术特点	等离子喷涂法			火焰喷涂法					电弧喷涂法		其他喷涂方法	
喷涂材料	MCrAlY合金、碳化物、易氧化合金、有毒合金	金属、合金、碳化物和陶瓷材料	金属、复合材料、粉芯丝材	Al_2O_3、ZrO_2、Cr_2O_3等陶瓷	金属、陶瓷、复合粉材料	塑料粉末	陶瓷、金属陶瓷、硬质合金等	金属、陶瓷粉末、硬质合金	金属丝、粉芯丝材	金属丝、粉芯丝材	低熔点到高熔点的各种材料	金属
喷涂效率/(kg/h)	5~55	>80	不锈钢丝34、铝丝25、WC/Co 6.8	0.5~1.0	2.5~3.0（金属）	1.5~2.5（陶瓷）、3.5~10（金属）	2	—	20~30	10~35	10~38	3.5~10（金属）、6.0~7.5（陶瓷）	—
喷涂层结合强度/MPa	40~80	5~10	2~8	10~20（金属）	5~20（金属）	5~15	70（陶瓷）、175（金属陶瓷）	>70（WC-Co）	10~30	20~60	良好	30~60
孔隙率（%）	<1	<1	—	5~20（金属）	5~20（金属）	无气孔	<2（金属陶瓷）	<2（金属）	5~15	<2	较低	2.0~2.5	3~15（金属）

1. 氧乙炔火焰喷涂

火焰喷涂法是以氧-燃料气体加热火焰作为热源,将喷涂材料加热到熔化或半熔化状态,并高速喷射到经过预处理的基体表面上,从而形成具有一定性能的涂层工艺。

燃料气体包括乙炔(燃烧温度3260℃)、氢气(燃烧温度2871℃)、液化石油气(燃烧温度约2500℃)和丙烷(燃烧温度3100℃)等。另外,还可以用重油和氧作为热源,将粉末与燃料油混合,悬浮于燃料油中间,该方法在火焰中有较高的浓度并分布均匀,热传导性更好,很多氧化物(氧化铝、氧化硅、富铝红柱石)可采用此方法。

氧乙炔火焰喷涂材料包括丝材、棒材和粉末材料,各种方法的性能比较见表2-5。

表2-5 氧乙炔火焰喷涂(熔)方法的比较

项目	丝材喷涂	棒材喷涂	粉末喷涂	粉末喷熔	气体爆燃式喷涂
喷涂材料	熔点低于2900℃的金属或复合材料	熔点低于2900℃的陶瓷材料	熔点低于2900℃的合金和陶瓷材料	自熔剂合金粉末	金属、合金、陶瓷等粉末
火焰温度/℃	2700~3200	2700~3200	2700~3200	2700~3200	4000
基体温度/℃	260~320	260~340	260~320	1010~1180	200
微粒速度/(m/s)	65~140	170	50~130	50~130	700~800
喷涂效率/(kg/h)	2.5~3.0	0.1~0.5	陶瓷1.5~2.5 金属3.5~10	3.5~10	1~3
喷涂厚度/mm	0.05~5.0	0.025~0.05	0.10~5.0	0.12~5.0	0.03~0.3

(续)

项目	丝材喷涂	棒材喷涂	粉末喷涂	粉末喷熔	气体爆燃式喷涂
结合形态	机械、物理、化学	机械	机械、物理、化学	冶金结合	显微冶金结合
孔隙率(%)	5~8	1~20	8~10	无孔隙	无
基体组织有无变化	无	无	无	无	无
基体有无变形	无	无	无	无	无

2. 高速电弧喷涂技术

高速电弧喷涂是以电弧为热源，将熔融金属丝颗粒雾化，并以高速喷射到工件表面形成涂层的一种工艺。喷涂时，两根丝状喷涂材料经送丝机构均匀、连续地送进喷枪的两个导电嘴内，导电嘴分别接喷涂电源的正、负极，并保证两根丝材端部接触前的绝缘性。当两根丝材端部接触时，由于短路产生电弧。高压空气将电弧熔化的金属雾化成微熔滴，并将微熔滴加速喷射到工件表面，经冷却、沉积过程形成涂层，自动化高速电弧喷涂原理如图2-7所示，此项技术可赋予磨损的零部件表面优异的耐磨、防腐、防滑、耐高温等性能，在机电产品再制造中获得广泛的应用。

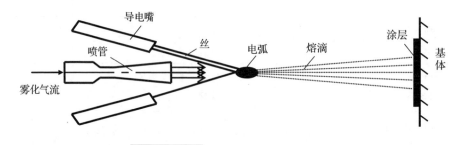

图2-7 自动化高速电弧喷涂原理示意图

主要喷涂材料有锌和锌合金（Zn-Al合金），运用于铝合金变速器修复的铝和铝合金（Fe_3Al合金），运用于活塞和轴瓦表面的铜及铜合金，以及修复活塞环、制动片和铝合金气缸的钼合金等，其他还有碳钢和低合金钢。

3. 超声速等离子喷涂技术

等离子喷涂是以等离子弧为热源的热喷涂。等离子弧是一种高能密束热源，电弧在等离子喷涂枪中受到压缩，能量集中，其横截面的能量密度可提高到 $1\times10^5 \sim 1\times10^6\ W/cm^2$，弧柱中心温度可升高到 15000～33000K。

超声速等离子喷涂原理如图2-8所示，工艺参数见表2-6。

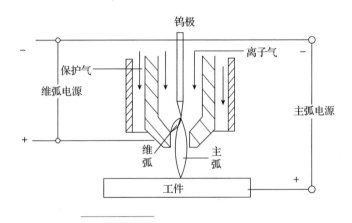

图2-8 超声速等离子喷涂原理示意图

表2-6 几种材料的等离子喷涂工艺参数

喷涂材料	功率/kW	工作气体流量/（m^3/h）	送份气体流量/（m^3/h）	送粉率/（kg/h）	粉末颗粒/目
Al_2O_3	20～25	$N_2$2.5，$H_2$0.3	$N_2$0.5	1～1.5	220
ZrO_2	22～28	$N_2$2.0，$H_2$0.3	$N_2$0.6	1	160
Fe-Cr-B-Si	25～26	N_2 2.6	N_2 0.5	2.5	200
Ni-Cr-B-Si	22～24	$N_2$2.25，$H_2$0.3	$N_2$0.6	3～5	200～320
W	22～28	$N_2$2.25，$H_2$0.3	$N_2$0.6	3～5	200～300

(续)

喷涂材料	功率/kW	工作气体流量/(m³/h)	送份气体流量/(m³/h)	送粉率/(kg/h)	粉末颗粒/目
Mo	15~20	Ar1.8, $N_2$0.2	$N_2$0.45	—	160~320
耐磨铸铁	10~15	Ar1.8, $N_2$0.15	$N_2$0.5	—	160~320
Cr	12	Ar1.8, $N_2$0.2	$N_2$0.45	—	160~320

三、表面覆层再制造技术

1. 焊接技术

焊接技术是通过加热或加压，或两者并用，用或不用填充材料，使焊件达到原子结合的方法。废旧产品及其零部件再制造过程中常用的焊接方法分为熔焊（弧焊技术、气焊技术）、压焊（电阻点焊）和钎焊。

(1) 弧焊技术

弧焊技术是将焊件接头加热至熔化状态，不加压完成焊接的方法。弧焊技术采用局部加热方法，使工件的焊接接头部位出现局部熔化，通常还须填充金属，共同构成熔池，经冷却结晶后，形成牢固的原子间结合，使分离的工件成为一体。弧焊适用于薄壁铸件，结构复杂、刚性较大、易产生裂纹的部件，以及对补焊区硬度、颜色、密封性、承受动载荷要求高的零部件的补焊。灰铸铁热焊能获得质量最佳的焊接接头，缺点是劳动条件恶劣、生产成本高、生产效率较低。

(2) 气焊技术

气焊是一项利用点焊焊头对焊件表面进行局部加热使其熔化，之后再将熔化后的液体通过焊接零件与焊接区域进行连接，整个过程中加入二氧化碳等保护气体，防止出现空气对焊接区域氧化腐蚀现象，这样直到液体冷却，完成整个焊接过程。气焊技术不需要在焊接区域与焊件之间施加压力，只需要在焊件熔化后添加保护气体对整个液体和焊接区域进行保护，防止其出现氧化作用。气焊生产效率高，容易实现对焊接区域的塑形处理，且性价比较高（其售价相对电阻焊接技术下降幅度较大），但是由于保护气体的存在，很多焊接区域存在不稳定现象，难以实现精确焊接。气焊技术主要用于结构比较复杂、焊后要求使用性能高、一些重要薄壁铸铁件的焊补，如汽车、拖拉机的发动机缸体、缸盖的焊补。其缺点是劳动条件恶劣、生产成本高、生产效率较低。

(3) 电阻点焊技术

电阻点焊是目前我国汽车制造过程中经常使用的焊接技术，这种焊接技术主要是将焊件装配成搭接接头，并压紧在两电极之间，在很短的时间内通过大电流（直流或交流电），利用电阻热熔化母材金属以形成焊点。电阻点焊技术能够极大地缓解阻焊技术中存在的能耗大问题，焊接效果受时间、电流以及压力等因素的影响较大。

(4) 钎焊技术

钎焊采用比母材熔点低的金属材料作为钎料，将焊件和钎料加热到高于钎料熔点、低于母材熔点的温度，利用液态钎料润湿母材，填充接头间隙，并与母材相互扩散实现连接焊件的方法。钎焊分为软钎焊和硬钎焊。

2. 微脉冲冷焊技术

微脉冲冷焊技术是一种新型金属零件表面修复技术，利用充电电容，在几秒的周期内以几十毫秒的时间放电。钨极与零件基体接触区域会被瞬间加热，等离子化状态的修复材料将以冶金的方式熔覆到零件的损伤部位。由于钨极放电时间与下一次放电间隔时间相比十分短，修复区域的局部热量会通过零件基体传导到外界，由于瞬间熔融，钨极顶端处的温度仍可以达到很高。修复材料瞬间生成金属熔滴，与基体金属结合在一起，同时由于等离子电弧的高温作用，基体表层内部就会产生顽固的元素扩散层，零件修复后只需经过很少的后期处理，便可达到实用要求。该技术具有精密、经济、便捷等优点，可用于修复废旧发动机零件表面的磨损、划伤、磕碰等缺陷。

3. 氧乙炔火焰粉末喷熔技术

喷熔是以气体火焰为热源，将喷涂材料（自熔性合金粉末）通过特殊工艺重熔喷涂涂层的方法。氧乙炔火焰金属粉末喷涂的原理是以氧乙炔火焰为热源，把自熔剂合金粉末喷涂在经过制备的工件表面上，在工件不熔化的情况下，加热涂层，使其熔融并润湿工件，通过液态合金与固态工件表面的相互融解与扩散，形成一层冶金并具有特殊性能的表面熔覆层。重熔过程的目的是得到无气孔、无氧化物、与工件表面结合强度高的涂层。

4. 激光再制造技术

激光再制造技术是指应用激光束对废旧零部件进行再制造处理的各种激光技术的统称。按激光束对零件材料作用结果的不同，激光再制造技术主要可分为两大类，即激光表面改性技术和激光加工成形技术，其技术分类如图2-9所示。

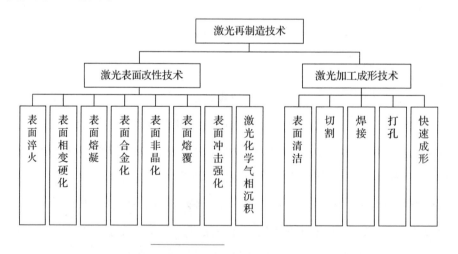

图2-9 激光再制造技术分类

激光熔覆技术是激光表面改性技术的一般分支，在激光表面改性技术中其功率密度分布区间为 $10^4 \sim 10^6 W/cm^2$，介于激光淬火和激光合金化之间。它是利用高能激光束在金属基体上熔化被覆材料而形成一层厚度很小的金属层，该熔覆层具有低的稀释率、较少的气孔、裂纹缺陷以及与基体形成优异的冶金结合，其原理如图 2-10 所示，激光器技术参数及特点见表 2-7。

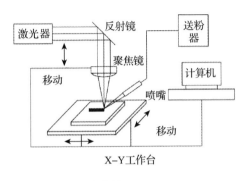

图 2-10　激光熔覆再制造原理

表 2-7　CO_2 激光器、YAG 激光器与光纤激光器的技术参数

项目	CO_2 激光器	YAG 激光器	光纤激光器
类型	气体激光器	固体激光器	固体激光器
工作方式	连续/脉冲	连续/脉冲	连续/脉冲
波长/μm	10.6	1.06	1~1.2
输出功率/kW	1~20	≤20	≤10
电光转换率（%）	≤10	≤22	≤20
光纤耦合能力	否	是	否

激光熔覆材料主要包括自熔性合金粉末、碳化物复合粉末、氧化物陶瓷粉末等。自熔性材料主要有铁基合金、镍基合金、钴基合金等，其性能参数见表 2-8。

表 2-8 激光熔覆自熔性合金粉末的成分和性能参数

系列	牌号	化学成分									相对密度	熔点/℃	线膨胀系数	硬度
		Ni	Cr	B	Si	Fe	Cu	C	Co	其他				
镍基	Ni25	余量	—	1.5	3.5	≤8.0	—	0.1	—	—	—	1040	—	25
	Ni35		10	2.1	2.8	≤14	—	0.15	—	—	7.5	1050	13.8	35
	Ni45		16	3.0	3.5	≤14	—	0.4	10	—	7.2	1085	13.1	45
	Ni55		16	3.5	4.0	≤14	3.0	0.8	—	Mo3.0	7.5	1097	13.6	55
	Ni60		16	3.5	4.5	≤15	—	0.8	—	—	7.5	1027	13.4	60
	Ni62		16	3.5	4.0	≤14	—	1.0	—	—	7.7	1057	12.2	62
铁基	Fe30	29	13	1.0	2.5	余量	—	0.5	—	W10	—	1050~1100	16.2	30
	Fe30A	37	13	1.0	2.5		—	0.5	—	Mo4.5	—	1050~1100	15.2	30
	Fe50	20	13	4.0	4.0		—	1.0	—	Mo4.5	7.4	1050~1100	14.1	50
	Fe55	13	15	3.2	4.5		—	1.2	—	W4.0	7.4	1050~1100	15.0	55
钴基	Co42	15	19	1.2	3.0	≤7.0	—	1.0	余量	Mo5.0	—	1182	17.4	42
	Co50	27	19	2.6	4.2	≤0.4	—	0.4		W7.5	7.3	1120	13.3	50

Mo6.0 (Co50 其他)

四、表面改性再制造技术

表面改性再制造技术是指采用机械、物理或者化学工艺方法，改变材料表面、亚表面层的成分、结构和性能，达到改善表面性能的目的，不附加膜层，也不改变零件宏观尺寸的技术，是产品表面工程技术和再制造工程的重要组成部分。表面改性再制造处理后，既能发挥零部件基体材料的力学性能，又能提升基体材料表面性能，是零部件表面获得各种特殊性能（如耐磨损、耐腐蚀、耐高温以及合适的射线吸收、辐射和反射能力）的重要手段。

表面改性技术主要包括表面强化、表面化学热处理、气相沉淀技术和高能束表面处理等技术。

1. 表面强化技术

(1) 传统零部件表面强化技术

1) 渗碳。渗碳的目的是在渗碳零部件的表面形成高碳马氏体或高碳马氏体＋细粒状碳化物组织，从而使零部件表层的硬度、强度，尤其是耐磨和抗疲劳性能明显提高，并且心部保持一定的强度和韧性，具有很好的综合力学性能。渗碳表面强化技术已经在交变载荷、冲击载荷、较大接触应力和严重磨损条件下工作的汽车齿轮、活塞环、链条和凸轮轴等零部件表面上得到广泛应用。

2) 渗氮。渗氮是在零部件表面渗入氮元素的一种化学热处理工艺。零部件经过渗氮处理后表面硬度、疲劳强度、腐蚀性能及耐磨性能显著提高。常用的渗氮处理技术有气体渗氮和离子渗氮，而离子渗氮技术已经在零部件上得到广泛应用。

3) 表面淬火。表面淬火是将零部件的表层快速加热，使大部分热量尚未传到零部件内部，表层温度就已达到淬火温度并进行淬火，以使零部件获得预定淬火组织的工艺。其主要目的是使零部件表面获得良好的耐磨性和高硬度，能够使心部具有足够的韧性与强度，并提高零部件的疲劳强度,其中双频感应加热淬火工艺已经在汽车齿轮上成熟应用。

(2) 新型零部件表面强化技术

1) 表面形变强化。表面形变强化是采用喷丸、挤压或滚压零部件的表面,使其产生塑性变形和加工硬化,从而引起表层显微组织的变化,并改善零部件的疲劳强度、耐磨性和耐腐蚀性,进一步提高零部件使用的可靠性和耐久性,其中喷丸强化工艺应用最为普遍。

2) 高能束流表面强化。高能束流表面强化是采用激光束、电子束、离子束三类高能束流对金属零部件表面进行强化,使其具有耐磨、耐腐蚀及耐高温的性能,其中激光相变硬化技术对汽车变速器、气缸、气门导管、气门座圈、发动机轴承、活塞环、凸轮轴、曲轴气门杆锁夹等零部件表面强化处理应用较多。

3) 电子束表面淬火。电子束表面淬火就是利用高能电子流轰击工件表面,使其组织变为细晶粒奥氏体,进而达到强化零部件的目的。电子束能量高,加热工件表层薄,从而进行自激励冷却来进行表面淬火,进一步改善零部件的表面性能。

(3) 传统和新型结合的零部件表面复合强化技术

1) 传统与传统的零部件表面复合强化技术。传统的表面复合强化技术有渗氮(氮碳共渗)+淬火、渗氮+感应淬火等,已经成熟应用到低碳钢和低合金钢制成的汽车齿轮、轴承等零部件上。强化时先对其表面进行渗碳处理,提高零部件表面的硬度,随之进行低温碳氮共渗处理,使零部件心部具有较好的韧性,表层形成氮化层,零部件可以获得很好的抗腐蚀性,并且表面硬度基本不变。

2) 新型与传统的零部件表面复合强化技术。优化的渗氮工艺与各种快速渗氮工艺相结合的复合强化技术与优化的渗氮工艺与表面纳米预处理等新技术的结合应用,如表面超声喷丸纳米化处理、电泳—电沉积 Ni—金刚石复合镀层。新型与传统的零部件表面复合强化技术在零部件领域具有广阔的应用前景。

3）新型与新型的零部件表面复合强化技术。热喷涂技术与喷丸技术相互结合的复合涂层技术可以改善摩擦副接触面的储油效果，增强零部件表面的油膜涂布能力，进而提高零件的减摩润滑性能。

2. 典型的表面改性技术

(1) 盐浴渗氮技术

盐浴渗氮技术是一种金属零件表面改性技术，具有高耐腐蚀、高耐磨、微变形的优点，如低温盐浴渗氮+盐浴氧化或低温盐浴氮碳共渗+盐浴氧化，该技术取代内燃机缸套镀硬铬工艺，提高了内燃机缸套的耐磨性。成都工具研究所经长期的试验研究，成功研制出了成分独特的渗氮盐浴配方，该技术已经在国内汽车的曲轴、气门、凸轮轴、活塞环及气簧、活塞杆上得到应用，曲轴的抗疲劳强度可提高40%，凸轮轴的表面硬度可达500HV，气门的耐磨性比镀硬铬高两倍。

(2) 离子强化沉积技术

离子强化沉积技术是用离子注入方法进行零部件表面强化处理的技术。当用离子束轰击零部件表面时，离子会穿透界面区，并促使相互混合，其作用机理是碰撞联级和慢速扩散相结合的快碰撞过程，离子强化沉积技术使涂层的结合强度增大，甚至在界面和基体之间形成一些新的产物，使涂层和基体成为一体。

(3) 低温离子渗硫技术

低温离子渗硫也叫辉光离子渗硫，是在传统渗硫技术的基础上，结合现代真空技术和等离子技术而形成的一种绿色高效的新型渗硫技术，其原理与离子渗氮相似。低温离子渗硫工艺的整个流程可以概括为工件的去油除锈、清洗、烘干、渗硫、检测以及浸油这六大步骤，其中渗硫是最核心的步骤。由于所选择的硫源不同，渗硫的工艺过程会有略微的差异。

以固体硫作为硫源，渗硫过程如下。将工件接阴极，炉壁接阳极，当真空度下降至10 Pa时，向炉内通入氨气（约0.3 L/min），在阴阳极之间加600 V左右的高压直流电。氨气在高压作用下被电离成离子而向阴极运动，产生灰白色的辉光，而后又在阴极压降的作用下被加速，以一定的能量轰击钢铁工件表面，使其表面形成大量的晶体缺陷，待温度升高至190～200 ℃时停止轰击，此时固体硫源被大量气化，弥漫于整个渗硫炉内并产生辉光放电，硫原子（离子）沿碳钢工件表面的晶界缺陷扩散，并与铁原子或离子结合生成FeS，通过保温一定时间，最终形成一定厚度的渗硫层。

第四节 新兴再制造技术

随着电子、信息等高新技术的不断发展，个性化与多样化的市场需求，未来先进制造技术会朝着精密化、柔性化、网络化、虚拟化、智能化、清洁化、集成化、全球化的方向发展。为了保证再制造产品的性能与质量更好地满足市场需求，越来越多的新技术应用于再制造工程中，从而诞生了许多先进的再制造技术，如虚拟再制造技术、智能自修复技术、柔性再制造技术、网络化再制造技术、快速响应再制造技术和在役再制造技术等。

一、虚拟再制造技术

随着再制造工程和虚拟现实技术的发展，利用计算机构建虚拟的再制造系统模型实现再制造过程，就产生了虚拟再制造技术，它是将虚拟现实技术运用到再制造领域，用以提升再制造工程的技术水平。该技术采用计算机仿真与虚拟现实技术，在计算机上实现再制造过程中的虚拟检测、虚拟加工、虚拟维修、虚拟装配、虚拟控制、虚拟实验、虚拟管理等再制造本质过程，以增强对再制造过程各级的决策与控制能力。虚拟再制造在计算机上的仿真强调的是整个再制造产品全生命周期的精确和有效的仿真，通过对再制造产品的仿真，在真实产品实现前，就能对产品的各种性能进行有效评估，通过对再制造过程的仿真，实现产品再制造性能的校验，优化再制造商业流程。

虚拟再制造仿真过程涵盖从废旧产品到达再制造企业后开始，经过拆解、清洗、分类、再制造、检测等步骤，至产品包装后待出售阶段，包括企业内部的全部生产活动的仿真，这项技术需要将原产品设计及再制造产品设计、再制造技术、计算机仿真技术、管理、质检等方面的人员协同起来，构造虚拟再制造平台，对再制造毛坯、再制造产品装配、再制造产品质量检验和再制造生产管理等企业内部的全部生产活动进行仿真，所有仿真过程都在计算机上完成。虚拟再制造也是虚拟管理在再制造领域的一种体现，包含合作再制造的管理理念，主要体现的是企业高效经济运筹、生产组织和管理、企业间合作、质量保障体系等方面的内容。

1. 虚拟再制造

虚拟再制造包括以下三个方面。

(1) 虚拟现实

虚拟现实通常是指用头盔显示器和传感器手套等一系列设备构造出的一种计算机硬件环境，在由计算机产生的三维交互环境中，人们通过使用这些设备以自然的方式与计算机交互，获得比较真实的感官反馈和身临其境的感觉。在制造工程领域，虚拟现实技术的直观与交互性弥补了传统设计分析工具的不足，为虚拟制造、虚拟装配、虚拟维修、虚拟再制造提供了有力的支持。虚拟环境，如虚拟概念设计环境、虚拟装配环境、虚拟维修环境、虚拟制造环境等，具有多感知性、沉浸性、交互性、自主性等特征。

(2) 虚拟设计技术

虚拟设计技术主要包括建模技术、网络化并行设计技术、工程分析以及设计参数的交互式可视化等,具有沉浸性、设计简便、多信息通道、多交互手段、实时性等特点。

(3) 可再制造性评价

可再制造性评价是在给定的设计信息和再制造资源等环境信息的计算机描述下,确定设计特性是否可再制造;如果设计方案可行,则为可再制造,继而确定其可再制造性等级;反之,是不可再制造的。此时要分析是设计的原因还是产品本身的原因,如果是设计原因,则要提出修改方案;否则,就放弃对此产品的再制造设计及后续工作。

2. 虚拟再制造体系

虚拟再制造体系主要包含以下三方面内容。

(1) 虚拟再制造理论

虚拟再制造理论基础与体系尚未完全形成,正处于研究的初期阶段。因此,首要的任务是必须搞清虚拟再制造的概念及其理论基础,弄清其研究范畴及内涵,建立理论体系。

(2) 虚拟再制造技术

包括虚拟再制造系统信息挖掘技术、虚拟环境下再制造加工建模技术、虚拟环境下系统最优决策技术、虚拟环境与虚拟再制造加工过程技术、虚拟质量控制及检测技术、基于虚拟实现与多媒体的可视化技术、虚拟再制造企业的管理策略与技术等内容。

(3) 虚拟再制造应用

虚拟再制造应用总体系如图 2-11 所示。

虚拟再制造是虚拟现实与计算机仿真技术在再制造工程中的应用体现,是多学科的交叉、多种高新信息技术的复合。虚拟再制造技术与相关学科技术(如实际再制造、虚拟制造、虚拟现实)有着密切的联系,又有其特点。

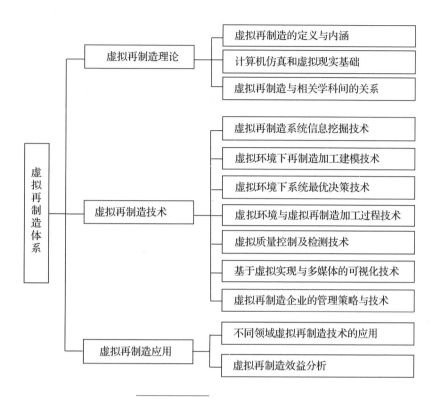

图2-11 虚拟再制造应用总体系

3. 虚拟再制造的特点

与实际再制造相比，虚拟再制造有以下特点。

(1) 虚拟性

虚拟性是指可再制造零部件产品和再制造环境是虚拟模型，在计算机上对虚拟模型进行工艺设计、再制造、测试，甚至设计人员和用户可以"进入"虚拟的再制造环境检验其设计、加工、装配和操作，而不依赖于传统的原形样机的反复修改，还可以将已加工的再制造产品（部件）存放在计算机内，不但大大节省仓储费用，更能根据用户需求或市场变化快速改型设计，快速投入批量生产，从而能大幅度压缩新产品的开发时间，提高了质量，降低了成本。

(2) 高效性

高效性可使分布在不同地点、不同部门的不同专业人员在同一个产品模型上同时工作、相互交流、信息共享，减少大量的文档生成及传递时间和误差，从而使产品开发快捷、优质、低耗，适应市场需求的变化。

(3) 数字化集成性

虚拟再制造系统实际上是一个进行产品再制造性设计与分析评价的数字化集成环境，可以与产品的数字化制造连接在一起。

(4) 近似性

虚拟再制造的运行是基于人们对真实物理过程的理解和认识，它是对再制造过程认识的综合演练，其仿真精度不可能高于实物模型的近似程度。

4. 虚拟再制造和虚拟制造的异同

与虚拟制造相比，虚拟再制造和虚拟制造有着明显的异同。

(1) 相同点

虚拟再制造和虚拟制造都是计算机技术与虚拟现实技术，虚拟再制造可以借鉴虚拟制造的相关理论和成型技术，都具有真实性（即表达的真实性和表现的真实性）。

(2) 不同点

1) 虚拟再制造是利用计算机仿真与虚拟现实技术创造的一个虚拟的再制造环境，虚拟的初始对象是废旧产品，是成型的废旧毛坯，其品质具有明显的个体性；针对的是再制造过程，再制造过程较复杂，而且废旧产品数量源具有不确定性，再制造管理难度较大。

2) 虚拟制造创造的则是一个虚拟的制造环境，可以实现与产品开发制造有关的工程活动的虚拟和企业组织经营有关的管理活动的虚拟，虚拟的初始对象是原材料，来源稳定，可塑性强，工艺较为稳定，质量相对统一。

3) 虚拟再制造技术是虚拟现实技术的一个具体应用。它是利用计算机生成一种模拟环境，通过多种传感设备使用户"投入"到该环境中，实现用户与该环境直接进行自然交互的技术。

虚拟现实技术是虚拟再制造理论与技术的主要支撑技术之一，是具有巨大潜力和美妙前景的新技术。

二、智能自修复技术

智能自修复技术是指机械零部件在使用过程中能够自行感知环境变化，能够对自身的失效、故障等以一种优化的方式作出响应，不断调整自身的内部结构，通过自生长或原位反应等再生机制实现自愈、修复某些局部破损，最终达到预防和减少故障，实现装备的高效、长寿命、高可靠性的要求，取得提高机械效率、减少能源和材料消耗的效果。

智能自修复技术的研究内容主要有智能仿生自修复控制系统、智能自修复控制理论、装备故障自愈技术和智能自修复技术等。智能自修复材料方面已发现能感知环境和自身变化，对材料腐蚀、劣化有自修复特性的聚合物复合材料，并将类似生物细胞微结构的单元(如微胶囊)融入机械装备的材料设计和制造中，如"一种矿石粉体润滑组合物"（粒度不大于 $10\mu m$）的修复材料，添加到油品和润滑脂中使用，修复材料的主要成分为蛇纹石及少量的添加剂和催化剂，常用组分包含（质量百分比为50%～80%）蛇纹石化学通式为 $3MgO \cdot 2SiO_2 \cdot 2H_2O$，结晶构造式为 $Mg_3(Si_2O_5)(OH)_4$，软玉10%～40%，次石墨1%～40%。修复材料不与油品发生化学反应，不改变油品的黏度和性质，使用中无毒副作用，对环境和人体无害。

金属磨损自修复材料中的微米级粒径颗粒材料以润滑脂作为载体，进入相互摩擦的机械零件中，这些微粒材料在机械零件的摩擦副工作表面中对相互摩擦的机械零件产生超精研磨作用，并通过一系列物理和化学的变化，改变摩擦表面的金属微观结构，形成保护层。

蛇纹石自修复材料在机械零部件摩擦表面发生的物理变化是指，机械零件摩擦副表面超细颗粒在摩擦力的作用下，被进一步碾碎，微粒对金属摩擦表面产生超精研磨作用，造成金属表面微凸体断裂，使机械零件摩擦表面的光洁度进一步提高。

蛇纹石自修复材料在机械零件金属摩擦表面发生的化学变化是自修复材料对金属摩擦表面产生的超精研磨中，微凸体断裂时产生的几百摄氏度的瞬间闪温，使微粒晶体中镁原子与摩擦表面的铁原子发生置换反应，促使抗磨修复材料在催化剂、活化剂作用下发生微烧结、微冶金过程，在铁基金属摩擦表面生成铁基硅酸盐保护层，亦称金属陶瓷层，这一铁基硅酸盐保护层是在金属表面微凸体发生断裂出现闪温时产生的，在非磨损部位上不产生摩擦热，不发生化学置换反应。因而这种铁基硅酸盐保护层的生成有选择性，它只会在相互摩擦的机械零件金属摩擦表面生成一层耐磨的保护层。

机械零件间摩擦面磨损严重时表面凹凸更明显，运动时较多机会产生更高的闪温，磨损产生的微凸体断裂和释放的热能使这种化学置换反应继续进行，抗磨修复材料发生微烧结、微冶金的机会也越多，当其表面生成一层金属陶瓷保护层后，磨损部位的修复使其表面光洁度提高、摩擦系数降低，摩擦产生的热能下降，不能提供形成修复层所需要的高温，化学置换反应也就停止，修复层厚度不再增加。但是当这一耐磨保护层遭到破坏时，金属表面的摩擦热急剧增加，新的置换反应又将开始，使耐磨保护层得到恢复。

未来自修复技术将主要集中在以下三个方面。

1）具有自适应、自补偿、自愈合性能的先进自修复材料制备技术。

2）智能自修复机械系统的结构设计和控制技术。

3）微/纳米动态减摩自修复添加剂技术。

三、柔性再制造技术

柔性再制造是以先进的信息技术、再制造技术和管理技术为基础，通过再制造系统的柔性、可预测性和优化控制，最大限度地减少再制造产品的生产时间、物流时间，提高市场响应能力，保证产品的质量，实现对多品种、小批量、不同退役形式的末端产品进行个性化再制造。

柔性再制造系统因再制造加工对象在服役期间内的工况不同、退役原因不同、失效形式不同、来源数量不确定等，具有以下特点。

1）同时对多种产品进行再制造。

2）通过快速重组现有硬件及软件资源，实现新类型产品的再制造。

3）动态响应不同失效形式的再制造加工。

4）根据市场需求，快速改变再制造方案。

5）具有高度的可扩充性、可重构性、可重新利用性及可兼容性，实现模块化、标准化的生产线，显著提高再制造适应废旧产品种类、失效形式等产品的个性化因素，使再制造产品具有适应消费者个性化需求的能力，从而增强再制造产业的生命力。

典型柔性再制造系统一般由三个子系统组成，分别是再制造加工系统（执行废旧件性能及尺寸恢复等加工工作，把工件从废旧毛坯转变为再制造产品零件的执行系统）、物流系统（实现毛坯件及加工设备的自动供给和装卸，以及完成工序间的自动传送、调运和储存工作）以及控制与管理系统（包括计算机控制系统和系统软件，前者用以处理柔性再制造系统的各种信息，后者用以确保系统有效地适应中小批量多品种生产的管理、控制及优化工作），各子系统的组成框图及功能特征如图 2-12 所示。三个子系统有机结合构成了一个再制造系统的能量流、物料流和信息流。能量流通过再制造工艺改变工件的形状和尺寸，物料流主要指工件流、刀具流、材料流，而信息流主要针对再制造过程的信息和数据处理。柔性再制造系统实际上是多项技术的复合，如人工智能及智能传感器技术、计算机辅助设计技术、模糊控制技术、人工神经网络技术、机电一体化技术和虚拟现实与多媒体技术，只有解决所涉及技术中的难题，并将各项技术融合一体应用于再制造工程，才能使再制造产品适应消费者个性化需求。

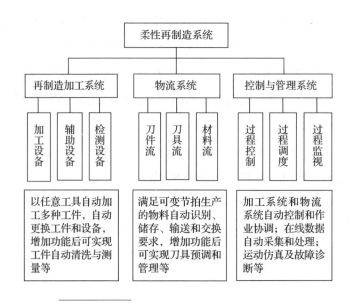

图2-12 柔性再制造的系统组成框图及功能特性

  柔性再制造的生产系统,不仅要考虑各单元操作以及功能的完善性,而且还要考虑该单元或模块是否有助于提高整个生产系统的柔性;在改善各单元设备的硬件功能的同时,还要为这些设备配备相应的传感器、监控设备及驱动器,以便能通过决策中心对它们进行有效控制。同时,系统单元间还应具有较好的信息交换能力,实现系统的科学决策。

  图2-13所示为再制造工厂内部应用柔性再制造生产系统的框架示意图。由图可知,当废旧零部件产品进入再制造工厂后,首先进入物流系统,并由物流系统向柔性管理决策中心进行报告,并根据柔性管理决策中心的命令,进行仓储或直接进入预处理中心。预处理中心根据决策中心的指令选定预处理方法,并将物流系统运输进入的废旧零部件进行处理,处理结果上报决策中心,同时将处理后的废旧零部件由物流系统运输到仓库或进入再制造加工中心。

  再制造加工中心根据决策中心的指令选定相应的再制造方法,并经过对缺损件的具体测量,形成具体生产程序,并上报决策中心。由决策中心确定零部件的自动化再制造方案,然后将恢复后的零部件根据决策中心的指令,由物流系统运输到仓库或装配检测中心。装配检测中心在接收到决策中心的指令后,将物流系统运输进来的零部件进行装配和产品检测,并将检测结果报告给决策中心,然后物流系统将合格成品运出并包装后进行仓储。不合格产品根据决策中心指令重新进入再制造相应环节。最后物流系统根据决策中心指令及时从仓库中提取再制造零部件产品投放到市场。

柔性管理决策中心在整个柔性系统中的作用是中央处理器,不断地接受各单元的信息,并经过分析后向各单元发布决策指令。

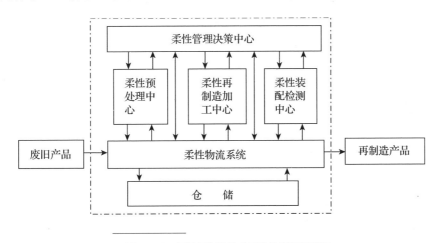

图2-13　柔性再制造生产系统的框架示意图

四、网络化再制造技术

网络化再制造是指在一定的地域范围内,采用政府调控、产学研相结合的组织模式,在计算机网络(包括因特网和区域网)和数据库的支撑下,动态集成区域内的再制造企业、高校、研究院所及其再制造资源和科技资源,形成一个包括网络化的再制造制造信息系统、网络化的再制造资源系统、虚拟仓库、网络化的再制造产品销售系统、网络化的废旧产品逆向物流系统等分系统和网络化的分级技术支持中心及服务中心,这样一个开放性的现代集成再制造系统。

网络化再制造系统是企业在网络化再制造模式的思想、相关理论和方法的指导下，在网络化再制造集成平台和软件工具的支持下，结合企业具体的业务需求，实施的基于网络的再制造系统。网络化再制造既包括传统的再制造车间生产，也包括再制造企业的其他业务。根据企业的不同需求和应用范围，网络化再制造系统包括网络化再制造产品定制系统、网络化废旧产品逆向物流系统、网络化协同再制造系统、网络化再制造产品营销系统、网络化再制造资源共享系统、网络化再制造管理系统、网络化设备监控系统、网络化售后服务系统和网络化采购系统等。

网络化再制造系统的基本特征可以概括为以下六点。

1）基于网络技术的先进再制造模式。

2）覆盖了再制造企业生产经营的所有活动。

3）以快速响应市场为实施的主要目标之一。

4）突破地域限制。

5）强调企业间的协作与全社会范围内的资源共享。

6）具有多种形态和功能系统。

网络化再制造涉及的技术分为以下四个。

1）总体技术。总体技术主要是指从系统的角度，研究网络化再制造系统的结构、组织与运行等方面的技术。

2）基础技术。基础技术是指网络化再制造中应用的共性与基础性技术。

3）集成技术。集成技术是指网络化再制造系统设计、开发与实施中需要的系统集成与控制技术。

4）应用实施技术。应用实施技术是支持网络化制造系统应用的技术。

实施网络化再制造是为适应当前全球化经济发展、行业经济发展和快速响应市场需求、提高再制造企业竞争力的需求，而采用的一种先进管理与生产模式，是实施敏捷再制造和动态联盟的需要，企业为了自身发展而采取的加强合作、参与竞争、开拓市场、降低成本和实现定制化再制造生产的需要。

网络化再制造是适应网络经济和知识经济的先进再制造生产模式，其研究和应用，对促进再制造产业的发展，特别是中小再制造企业的发展具有非常重要的意义。网络化再制造的理论、方法和系统都还处于初步发展阶段，迫切需要加大网络化再制造体系及技术研究力度，并选择实施基础好的企业开展网络化再制造的示范应用，在取得经验的基础上推广和普及网络化再制造生产模式。

五、快速响应再制造技术

21世纪，消费者的行为将更加具有选择性，"客户化，小批量和快速交货"的要求不断增加，产品的个性化和多样化将在市场竞争中发挥越来越大的作用，传统的以恢复产品性能为基础的维修、再制造生产方式，必将无法满足快速发展的市场需求。因此，开展快速响应再制造技术的研究与应用具有十分重要的意义。

快速响应再制造技术是指对市场现有需求和潜在需求作出快速响应的再制造集成技术，它是将信息技术、快速再制造成形技术、虚拟再制造技术和管理科学等学科和技术集成，充分利用因特网和再制造企业资源，采用新的再制造设计理论和再制造工艺、新的管理思想和企业组织架构，将再制造产品市场、废旧产品的再制造设计和再制造生产有机地结合起来，以便快速、经济地响应市场对产品个性化的需求。再制造业的价值体现在面向产品和顾客，而快速响应再制造技术和快速再制造系统就是针对客户化生产而提出的。

快速响应再制造，可以充分利用产品的附加值，在短期内批量提高服役产品的功能水平，使产品迅速适应不同环境要求，延长产品的服役寿命。另外，快速响应再制造还可以对特殊条件下的产品进行快速的评价和再制造，实现恢复产品的全部或部分功能，保持产品的服役性能。

快速响应再制造可以对不同产品进行快速再制造，其主要功能如下。

1）可以实现正常服役时期的产品保持性能的不断更新，延长产品的服役寿命。

2）在特殊环境应用前，通过批量的快速响应再制造，使产品可以在短期内适应特殊环境的要求，实现产品故障维修的快速保障。

3）对损伤产品应用快速响应再制造系统，进行快速的诊断和应急再制造，恢复产品的全部或部分功能，保持产品的性能。

快速响应再制造过程中，为保证更好地实现再制造产品的快速诊断、应急制造、寿命延长和性能恢复等目的，需要多技术协同工作，主要涉及以下五个方面。

1. 快速再制造设计技术

快速再制造设计技术主要针对用户或市场需求，以信息化为基础，通过并行设计、协同设计、虚拟设计等手段，科学地进行再制造方案、再制造资源、再制造工艺及再制造产品质量的总体设计，以满足客户或使用环境对再制造产品先进性、个体性的需求。

2. 快速再制造成形技术

快速再制造成形技术主要是基于离散－堆积成形原理，利用快速反求、高速电弧喷涂、微弧等离子、MIG-MAG 堆焊或激光快速成形等技术，针对损伤零件的材料性能要求，采用实现材料单元的定点堆积，自下而上组成全新零件或对零件缺损部位进行堆积修复，快速恢复损伤零部件的表面尺寸及性能的一种再制造生产方法。

3. 快速再制造升级技术

快速再制造升级技术主要针对废旧零部件利用以信息化技术为特点的高新技术，通过模块替换、结构改造、性能优化等综合手段，实现产品在性能或功能信息化程度上的提升，满足用户的更高需求。

4. 可重组再制造系统

可重组再制造系统指能适应市场需求变化，基于可利用的现有的或可获得的新再制造设备和其他组元，按系统规划要求，以重排、重复利用、革新组元或子系统的方式，快速调整再制造过程、再制造功能和再制造生产能力的自适应新型可变再制造系统，该系统具有可变性、可集成性、订货化、模块化、可诊断性、经济性和敏捷性等特点。

5. 客户化生产方式

客户化生产方式主要包括模块化再制造设计、再制造拆解与清洗、再制造工艺编程、再制造、装配，以及客户生产的组织管理方式和资源的重组、多样化零部件再制造设计、再制造商与客户的信息交流等。

六、在役再制造技术

在役再制造是以设备健康能效监测诊断理论为指导，以提升机电设备健康能效和智能化水平为目标，以再制造后的设备更适应生产需求，设备运行高效、节能、可靠为准则，以绿色制造、可靠性管理、故障预测与健康管理、故障自愈化等先进技术为再设计手段，进行在役机电设备改造的一系列技术措施或工程活动的总称。针对运行可靠性差、效率低、智能化低、自适应调控性较差的机电设备进行健康能效监测和诊断，有的放矢地进行个性化再设计，使设备与过程比原设计更匹配并提升绿色化和智能化水平，是在役再制造的显著特征。

在役再制造在设备全生命周期中的位置如图2-14所示。与传统实施的再制造有区别，传统实施的再制造针对的主要是退役、老旧、报废的装备，强调对废旧资源的循环再利用；而在役再制造主要针对性能退化、技术相对落后或不能满足当前加工要求的在役装备，强调面向绿色化、智能化、服务化以及质量提升的工业转型，提高在役装备的性能水平及可靠性。

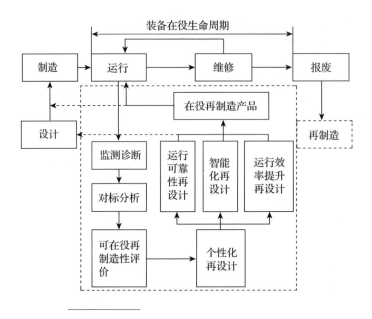

图 2-14　在役再制造在设备全生命周期中的位置

下面对传统再制造和在役再制造进行比较。

1. 适用对象

再制造适用对象为废旧产品或有剩余寿命的废旧零部件；研究对象主要针对废旧汽车、工程机械、机床、轨道车辆、电机和内燃机等。

在役再制造针对运行可靠性差、运行效率低、与生产过程不匹配且自适应调控性差，以及传统维修无法从根本上改善上述性能的在役机电设备。

2. 工程目标

再制造以实现废旧机电设备性能提升为目标，以优质、高效、节能、节材、环保为准则。

在役再制造以提升机电设备健康能效和本质安全、可靠、智能化为目标，以再制造后的机电设备更适应生产需求，设备运行更有效、更节能、更可靠为准则。

3. 设计基础

再制造以设备再制造毛坯（典型零部件）剩余寿命评估预测方法和理论、设备再制造循环寿命周期理论、设备再制造性和表面工程等为理论基础；工程设计基础以废旧产品的全寿命周期理论为指导，再制造性评价、失效分析和寿命预测为核心；废旧产品的再制造性评价是实施再制造的前提。

在役再制造以绿色制造、可靠性管理、故障预测与健康管理、故障诊断与自愈化为理论基础，以监测诊断、对标分析、在役再制造性评价和个性化再设计等技术为核心。在役再制造性评价是实施在役再制造的前提。

4. 生命周期

再制造关注机电设备或零部件报废阶段，可再制造性设计、主动再制造设计为发展趋势，其生命周期为设计—制造—使用（运行、维修）—报废—再生。

在役再制造同时关注机电设备在役阶段和报废阶段，其生命周期为设计—制造—使用（运行、维修）—监测诊断/再设计提升性能使用—报废—再生。

5. 工程价值

再制造后的产品质量和性能不低于新品，有些还超过新品，成本只是新品的50%，同时节能60%，节材70%。

在役再制造机电设备与工艺过程比原设计更匹配、更高效、更可靠，其绿色和智能化水平显著提升，运行成本明显降低。

机电设备在役再制造性的评价因素主要有技术性、经济性、环境性、资源性、服役性和整体性等，其中技术性评价有状态可感知性、故障可探测性、自适应调控性、性能升级性、技术有效性等评价子要素；经济性评价有改造成本、预期效益、投入/产出、无故障运行时间等评价子要素；环境性评价有固体废物量、气体废物量、液体废物量、废物易回收处理性等评价子要素；资源性评价有能源节约性、资源节约性、稀缺资源性等评价子要素；服役性评价有可靠性、可用性、可维修性、安全性和服役年限等评价子要素；整体性评价主要从设备与过程匹配性方面进行评价。

七、增材再制造技术

增材再制造技术是利用增材制造技术对废旧机电产品进行增材修复的工艺过程。具体来说，就是通过对缺损零部件进行反求建模、成型分层、路径规划，并采用智能控制软件和适当的激光、电弧、等离子等载能束增材工艺逐层堆积，最终实现损伤零件的尺寸恢复与性能提升。

美国军队一直是增材制造技术应用的先行者，也是目前世界上最大的再制造受益者。Amero Met 公司早在 2000 年就采用激光成型增材制造技术对军用直升机上破损的钛合金构件进行再制造修复。通用电气公司在新加坡建立的航空发动机叶片维修工厂，每年用激光熔覆增材制造技术修复的航空发动机叶片高达上万个，由此带来的经济效益相当可观。

虽然增材制造技术在中国起步较晚，但增材制造技术在装备零部件维修保障上的优势一开始就受到各方面的重视。目前国内在装备零部件增材再制造修复的研究与应用上已经取得了一系列成就，包括中科院沈阳自动化研究所快速成型实验室、海军航空工程学院青岛分院、装甲兵学院、西北工业大学、合肥工业大学、中航重机及南风股份等机构和企业，都在进行增材再制造相关技术研究和应用工作。

与增材制造技术相比较，增材再制造技术具有以下独有特征。

1）增材再制造过程首先要对损伤零件进行反求建模获得缺损零件模型，再经离散降维、逐点制造来实现零件缺损部位的堆积成型。

2）增材再制造对象种类繁多、材质各异，多数情况下所用的修复材料与零件本体材质不同，这种异质成型修复的界面行为与组织形成是远离平衡态的过程，具有明显的难匹配性和非均匀性特征。

3) 面向高端、在役装备的增材再制造往往是在现场条件下进行的，存在能源、材料、时效、装配特征等多位约束；而增材制造是在工厂条件下进行的，所受约束较少，因此增材修复成型过程更具挑战性，对智能控制精度和稳定性提出了更高要求。

围绕上述特征，增材再制造技术主攻方向及技术路线包括以下四个方面。

1. 现场多约束条件下增材再制造反演设计与评价

增材再制造是以废旧产品作为生产毛坯，所以其过程设计步骤通常是：根据零件的使役性能要求进行失效机理分析，推演出增材再制造零件应具有的理化力学特性，进而判断出待增材修复部位应具有的组织结构和材料成分，并选用合适的载能束加工工艺。由于废旧零件数量、质量以及损伤模式的多样性，增材再制造需要较高的工艺柔性，需要根据零件的失效形式、服役环境、材料性能等情况来进行工艺的适时调整。未来增材再制造技术应建立涵盖可修复性和再制造性定量评价、修复材料/工艺/装备选择与实施、无损伤评价与寿命预测的全流程现场增材修复与再制造评价体系。

2. 在役装备损伤区域高适应性快速三围建模及路径规划

在役装备损伤零件进行增材再制造的过程中，准确、快速、完备地实现损伤零件高适应性快速三维建模及路径规划是进行零件增材再制造的重要基础。为满足在役装备现场增材再制造对三维模型数据精度和数据处理效率的需求，未来应重点研究损伤零件现场多模式复合三维测量、损伤模型高效重构及坐标融合、成型策略优选及适应性分析、数模分层及路径规划等关键技术。

3.面向载能束增材再制造的集约化合金设计与制备

综合考虑损伤零件快速修复的时效性与经济性能因素,工程实际中很难保证在损伤零件增材再制造过程中实现增材再制造材料与损伤零件材料的完全同质匹配。由此,需基于材料的相容性和移植材料的交互作用规律,开展增材再制造材料集约化设计与制备的研究,以少数广谱集约化材料对不同材质的损伤零件进行增材再制造。

4.在役装备现场增材再制造形性调控关键技术

增材再制造技术采用载能束工艺实现损伤部位异质材料的逐层堆积,造成了增材再制造熔覆层与零件基体由二元多元异质材料体系组成,使得二者之间存在明显的界面问题。与使用同质材料的增材制造相比,具有明显的难匹配性和非均匀性特征,且零件损伤表面往往为不规则表面,材料难以按轨迹准确沉积、按位置定量熔化。由此,在役装备现场增材再制造对形性向协同调控提出了更高要求,应重点研究加强修复材料与损伤结构的工艺相容性,载能束与损伤结构、修复材料交互作用及热质传输行为,异质材料表/界面行为及其内部冶金缺陷的形成机理及控制方法,现场修复再制造内应力演化规律及变形开裂预防技术,现场增材修复再制造组织性能调控方法等,解决在役装备现场增材再制造形性控制的工艺稳定性难题。

第五节
再制造机械加工技术

机械加工是再制造工程中最常用的方法,既可作为独立的手段直接对废旧零部件进行加工,也可与其他再制造技术(如焊接、电镀、喷涂等）配合作为再制造机械加工成形方法。再制造机械加工的对象是废旧或经过表面处理的零件，失效零部件的失效形式和加工表面多样，一般加工余量小，原有的定位基准多已破坏，给装夹定位带来困难；另外，待加工表面性能已定，一般不能用工序来调整，只能以加工方法来适应它，给组织生产带来困难。机械加工的目的是通过加工完成再制造构件应有的尺寸公差与配合及性能要求。

国外再制造方式多以机械加工为主的尺寸修理法和换件法，即通过车削、磨削等方式对磨损量超差的零件进行机械加工，恢复零件的尺寸公差与配合要求，但是无法达到产品原设计时的尺寸要求。对于无法再制造的易损件，则通过更换新件来保证再制造产品的质量。尺寸修理法和换件法，一方面限制了废旧零部件利用率的提高，另一方面也会从总体上影响产品零部件的互换性，无法满足原设计尺寸要求，也不能提升易磨损零件表面的性能。

国内再制造技术中，大量运用了表面工程技术，针对磨损后尺寸超差的零件，为了达到尺寸恢复或性能强化的目的，在磨损表面上采用喷涂、电刷镀、堆焊、激光熔覆等方法，使其具有一层再制造的耐磨涂层，然后对该涂层再进行切削加工，恢复零件的原始尺寸精度和表面粗糙度等。再制造涂层的切削加工方法应用最广泛的是磨削和车削，此外还有铣削和刨削等。

一、再制造涂层切削加工的特点

再制造涂层的切削加工具有以下特点。

1）加工过程中冲击与振动大。金属堆焊层因其外表面高低不平、内部硬度不均匀、热喷涂层内有硬质点及孔隙等，会使加工时的切削力呈波动状态，致使加工过程产生较大的冲击与振动。因此，机床—夹具—工件—刀具工艺系统的刚性要好，对刀刃或砂轮砂粒的强度提出了更高的要求。

2）刀具容易崩刃和产生非正常磨损。金属堆焊层坚硬的外皮、砂眼、气孔等和热喷涂层内部的硬质点（碳化物、硼化物等），再加上切削过程中的振动和冲击负荷，使刀刃或砂轮砂粒产生崩刃和划沟等非正常磨损，失去切削能力。

3）刀具耐用度低。金属堆焊层、热喷涂层一般都具有较高的硬度与耐磨性，特别是高硬度的金属堆焊层和热喷涂层，加工时产生较大的切削力和切削热。例如，Ni60 高硬度喷熔层的车削，切削力比 45 钢大 30%，切削温度比 45 钢高 41℃（高出约 10%），因而加速了刀刃或砂轮砂粒的磨损，给切削加工带来困难，甚至难以进行切削加工。由于刀具耐用度低，限制了切削用量的提高，使生产效率降低。

4）热喷涂层易剥落。热喷涂层与基体的结合以机械结合为主，结合强度一般为 30～50 MPa；涂层的厚度一般较薄，切削加工时，当切削力超过一定限度时，涂层易剥落。

5）涂层易烧蚀或产生裂纹。热喷涂层磨削加工时，由于产生的热量大，表面容易被烧损和产生裂纹，切削加工时应使用冷却润滑液。

二、再制造涂层的加工方法

再制造涂层的加工方法主要有车削加工、磨削加工和特种加工。

1. 车削加工

再制造构件通过不同的表面工程技术获得恢复层，从而修复零件的表面尺寸，由于采用的材料和工艺不同，恢复层的材质、厚度、表面硬化以及层内组织各不相同，恢复层的硬度和耐磨性显著提升，对其进行切削加工时，产生的振动与冲击较大，修复层的切削加工性较差。针对不同的恢复层材质和切削工艺要求，应选择与之匹配的切削刀具，如堆焊层的粗加工可选用硬质合金 YG8、YT5、YC201 等，精加工可选用硬度较高、耐磨性较好的硬质合金 YT15、TW3、YM201。

热喷涂层最大的特点就是具有高的硬度和高的耐磨性，其硬度可达

50~70HRC，当进行切削加工时，刀具材料应具有高的硬度、高的耐磨性、足够强的抗弯强度与韧性。

2. 磨削加工

磨削适用于难加工热喷涂层构件的精加工，如外圆、内圆、平面以及各种成形表面（齿轮、螺纹、花键等），与其他难加工材料相比，涂层磨削加工的生产效率较低，磨削精度可达IT6~IT5级，表面粗糙度值可达0.80~0.20μm。但是磨削加工时，磨削砂轮容易迅速变钝而失去切削能力，大的径向分力会引起加工过程的振动，以及磨削热容易烧伤表面使加工表面产生裂纹等，影响切削加工表面质量以及生产效率的提高。磨削用砂轮主要有人造金刚石砂轮、绿色碳化硅砂轮以及人造金刚石砂轮。

3. 特种加工

近年来出现了一些先进的特种加工技术，如电解磨削、超声振动车削、磁力研磨抛光等。电解磨削是利用电解液对被加工金属的电化学作用和导电砂轮对加工表面的机械磨削作用，达到去除金属表面层的一种方法。电解磨削热喷涂层具有生产率高、加工质量好、经济性好、适用性强、加工范围广等特点，是加工热喷涂层新的加工方法。超声振动车削是使车刀沿切削速度方向产生超声高频振动进行车削的一种加工方法。它与普通车削的根本区别在于，超声振动车削刀刃与被切金属形成分离切削，即刀具在每一次振动中仅以极短的时间完成一次切削与分离；而普通车削的刀刃与被切金属则是连续切削的，刀刃与被切金属没有分离。磁力研磨抛光是将磁性研磨材料放入磁场中，磨料在磁场力作用下沿磁力线排列成磁力刷，将工件置于N和S磁极中间，使工件相对于两极均保持一定的间隙，当工件相对于磁极转动时，磁性磨料将对工件表面进行研磨。

第六节
再制造装配技术

再制造装配是按再制造产品规定的技术要求和精度,将再制造加工后性能合格的零件、可直接使用的零件以及其他报废后更换的新零部件安装成组件、部件或再制造产品,并达到再制造产品所规定的精度和使用性能的工艺过程。再制造装配是产品再制造的重要环节,其工作的好坏对再制造产品的性能、加工效率和再制造成本等起着重要作用。

再制造装配中三类零件(再制造零件、直接利用的零件、新零件)装配成组件,或把零件和组件装配成部件,以及把零件、组件和部件装配成最终产品的过程,分别称为组装、部装和总装。再制造装配的工序是先组件和部件的装配,最后是产品的总装配。

再制造装配的两个基本要求是做好充分周密的准备工作以及正确选择与遵守装配工艺规程。再制造企业的生产纲领决定了再制造生产类型,并对应不同的再制造装配组织形式、装配方法和工艺产品等。参照制造企业各种生产类型的装配工作特点,再制造装配类型和特点见表2-9。

表 2-9　再制造装配类型和特点

再制造装配特点	再制造生产类型		
	大批量生产	成批生产	单件小批生产
组织形式	多采用流水线装配	小批量采用固定流水装配，较大批量采用流水线装配	多采用固定装配或固定式流水线装配进行总装
装配方法	多互换法装配，允许少量调整	主要采用互换法，部分采用调整法、修配法装配	以修配法及调整法为主
工艺过程	装配工艺过程划分很细	划分依据批量大小而定	一般不制订详细工艺文件，工序可适当调整
工艺产品	专业化程度高，采用专用产品，易实现自动化	通用设备较多，也有部分专用设备	一般为通用设备及工夹量具
手工操作	要求手工操作少，熟练程度易提高	手工操作较多，技术要求较高	手工操作多，要求工人技术熟练

再制造装配的准备工作包括零部件清洗、尺寸和重量分选、平衡等。再制造装配过程中零部件装入、连接、部装、总装以及检验、调整等是再制造装配工作的主要内容。装配工作量在产品再制造过程中占有很大比例，尤其对于单件、小批量的再制造毛坯进行生产时，再制造装配工时往往占再制造加工工时的一半左右。不仅如此，再制造装配还是决定再制造产品质量的重要环节，同时也是发现废旧零部件修复加工等再制造生产过程中存在问题的阶段。我国再制造企业普遍生产规模小，再制造装配工作大部分靠手工完成，因此更应选择合适的装配方法、制定合理的装配工艺规程，保证再制造产品质量，提高劳动生产率、降低再制造成本。

再制造产品是在原废旧产品的基础上进行性能恢复或提升的产品，其性能能否达到制造要求，不仅取决于再制造工艺对废旧零件再制造加工的质量，还与再制造装配的精度息息相关。因此，再制造产品性能最终由再制造装配精度保证。

再制造产品的装配精度是指装配后再制造产品质量与技术规格的符合程度，包括以下五个方面。

1）距离精度。距离精度指为保证再制造零部件装配时一定的间隙、配合质量、尺寸要求等，相关零件、部件间距离尺寸的准确程度。

2）相互位置精度。相互位置精度指相关零件间的平行度、垂直度和同轴度等。

3）相对运动精度。相对运动精度是指相对运动的零部件间在运动方向上的平行度和垂直度，以及相对速度上传动的准确程度。

4）配合表面的配合精度。配合表面的配合精度指两个配合零件间的间隙或过盈的程度。

5）接触精度。接触精度指配合表面或连接表面间接触面积的大小和接触斑点分布状况等。

再制造产品的装配过程中，如何保证和提高装配精度，达到经济高效的目的，是再制造装配工艺研究的核心内容。一般说来，零部件的精度高，装配精度也会相应较高；但若装配工艺不合理，也达不到较高的装配精度。再制造装配精度的影响因素主要有再制造毛坯和再制造后质量的好坏、装配过程中装配质量，以及装配后的调整与质量检验。

一、再制造装配技术分类

根据再制造生产的特点和具体生产情况，再制造装配技术可以分为互换法、选配法、修配法和调整法。

1. 互换再制造装配法

互换法再制造装配是用控制再制造加工零件或购置零件的误差来保证装配精度的方法。按互换程度的不同，可分为完全互换法和部分互换法。

（1）完全互换法

完全互换法是指再制造产品在装配过程中待装配零部件不需挑选、修配和调整，直接抽取装配后就能达到装配精度要求。完全互换法装配工作较为简单，生产效率高，有利于组织生产协作和流水作业，对工人技术要求较低。

（2）部分互换法

部分互换法是指将各相关再制造零件、新品零件的公差适当放大，使再制造加工或购买配件容易而经济，又能保证绝大多数再制造产品达到装配要求。如果以概率论为基础，部分互换法可以将再制造装配中出现的废品率控制在一个极小的数值之内。

2. 选配再制造装配法

选配法再制造装配是指在再制造产品的装配精度极高、零件公差限制极严的情况下，将再制造中零件的公差放大到经济可行的程度，然后在批量再制造产品装配中选配合适的零件进行装配，以保证再制造装配精度。

根据选配方式不同，可分为直接选配法、分组装配法和复合选配法。

（1）直接选配法

直接选配法是将废旧零件按经济精度再制造加工，凭工人的经验直接从待装再制造零件中，选配合适的零件进行装配。直接选配法工艺方法简单，装配质量与生产效率取决于工人的技术水平。

直接选配法一般用于装配精度要求相对不高、装配节奏要求不严的小批量生产的装配中，如发动机再制造中的活塞与活塞环的装配。

（2）分组装配法

分组装配法是针对公差要求很严的互配零件，将其公差放大到经济再制造精度，然后进行测量并按原公差分组，按对应组进行装配。

（3）复合选配法

复合选配法是指上述两种方法的复合，先将零件测量分组，再在各对应组内凭工人的经验直接选择装配，装配质量高，速度较快，能满足一定生产节拍的要求。

3. 修配再制造装配法

修配再制造装配法是指预先选定某个零件为修配对象，并预留修配量，在装配过程中，根据实测结果，用锉、刮、研等方法，修去多余的金属，使装配精度达到要求。该方法能够利用较低的零件加工精度来获得很高的装配精度，但修配工作量大，且多为手工劳动，要求较高的操作技术，适用于小批量的再制造生产类型。

修配再制造装配法主要有以下三种方法。

(1) 按件修配法

按件修配法再制造装配时，对于预定的修配零件，采用去除金属材料的办法改变其尺寸，以达到装配要求。

(2) 就地加工修配法

就地加工修配法是指在零部件完成初步装配后，运用现有的加工手段，对该修配对象进行自我加工，以达到某一项或几项装配要求。

(3) 合并加工修配法

合并加工修配法是指将两个或多个零件装配在一起后，进行合并加工修配，以减少累积误差，减少修配工作量。

4. 调整再制造装配法

调整再制造装配法是指两个可调整零件装配时，或者调整它在机器中的位置，或者增加一个定尺寸零件如垫片、套筒等，以达到装配精度的方法。用来起调整作用的这两种零件都起到补偿装配累积误差的作用，称为补偿件。

调整再制造装配法有以下两种。

(1) 可动调整法

可动调整法即采用移动调整件位置来保证装配精度，在调整过程中不需拆解调整件。

(2) 固定调整法

固定调整法即选定某一零件为调整件，根据装配要求来确定该调整件的尺寸，以达到装配精度。无论采用哪种方法，一定要保证装配后产品的质量，满足生命周期的使用要求，否则就要采用尺寸恢复法来恢复零件尺寸公差要求。

二、再制造装配工艺规程的制订方法

再制造装配工艺是将合理的装配工艺过程按一定的格式编写成书面文件，是再制造过程中组织装配工作、指导装配作业、设计或改建装配车间的基本依据之一。

制定再制造装配工艺规程可参照产品制造过程的装配工艺，按照以下步骤完成。

(1) 再制造产品分析

再制造产品是原产品的改造升级，应根据再制造方式的不同对再制造产品进行分析，必要时会同设计人员共同进行。

(2) 再制造产品图样分析

通过分析图样，熟悉再制造装配的技术要求和验收标准。

(3) 再制造产品结构尺寸分析和工艺分析

尺寸分析是指进行再制造装配尺寸链的分析和计算，确定保证装配精度的装配工艺方法。工艺分析是对再制造产品装配结构的工艺性进行分析，确定产品结构是否便于装配。

(4) "装配单元"分解方案

再制造装配单元可划分五个等级，即零件、合件、组件、部件和机械产品，以便组织平行和流水作业。

零件，零件是组成再制造机械和参与装配的最基本单元。

合件，合件是比再制造零件大一级的装配单元，有以下三种情况：

1)两个以上零件,是由不可拆卸的联接方法(如铆、焊、热压装配等)联接在一起的;2)少数零件组成后还需要合并加工,如齿轮减速器与箱盖、柴油机连杆与连杆盖,都是组合后镗孔,零件之间对号入座,不能互换;3)以一个基准零件和少数零件组合在一起。

组件,组件是一个合件与若干个零件的组合。

部件,部件是一个基准件和若干个零件的组合,如发动机等。

再制造机械产品是由上述全部装配单元组成的整体。

装配单元划分的方案称为装配单元系统示意图,同一级的装配单元在进入总装前互相独立(可以同时平行装配)。各级单元之间可以流水作业。这对组织装配、安排计划、提高效率和保证质量十分有利。

(5)确定装配的组织形式

根据产品的批量、尺寸和重量大小,装配的组织形式可分为固定式和移动式两种。单件小批、尺寸大、重量大的再制造产品用固定式装配,其余用移动式装配。再制造产品的装配方式、工作点分布、工序的分散与集中,以及每道工序的具体内容都要根据装配的组织形式来确定。

(6)拟定装配工艺过程

装配单元划分后,各装配单元的装配顺序应以理想的顺序进行,这一过程中应考虑装配工作的具体内容、装配工艺方法及设备、装配顺序、工时定额和工人的技术等级。

(7)编写工艺文件

装配工艺规程设计完成后,将其内容固定下来的工艺文件主要包括装配图(产品设计的装配总图)、装配工艺系统图、装配工艺过程卡片或装配工序卡片、装配工艺设计说明书等,其编写要求可以参考制造过程中的装配工艺规程编写要求进行。

以再制造发动机为例,总体装配流程如图2-15所示。

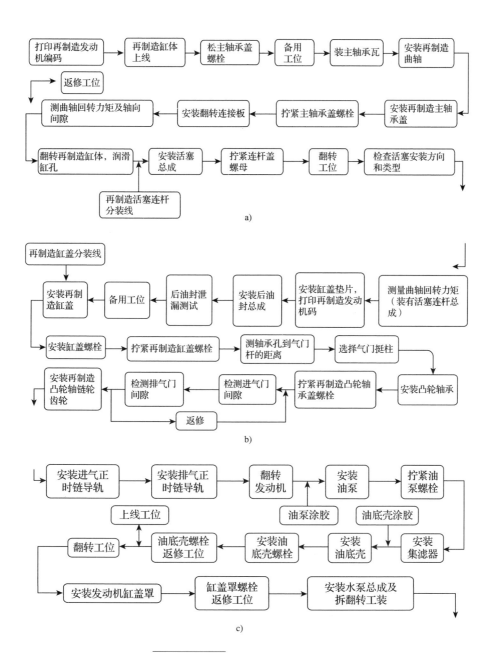

图2-15 再制造发动机总体装配流程

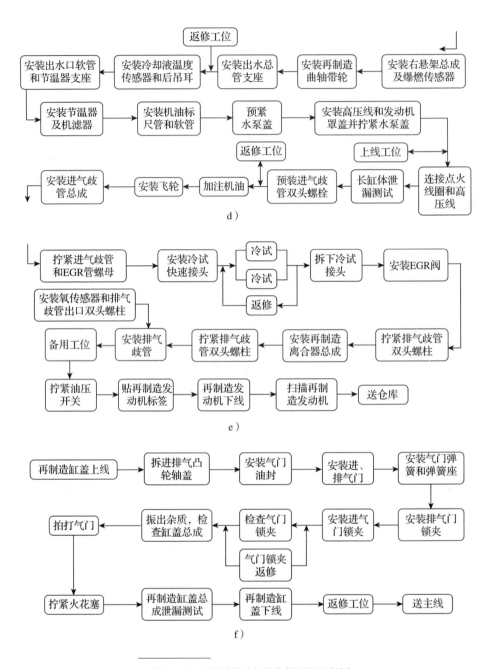

图2-15 再制造发动机总体装配流程（续）

第七节
再制造产品的质量控制

再制造生产过程中质量控制是确保反映装备质量特性的那些指标在再制造生产过程中得以保持，减少因再制造设计决策、选择不同的再制造方案、使用不同的再制造设备、不同的操作人员以及不同的再制造工艺等而产生变异，并尽可能早地发现和消除这些变异，减少变异的数量，提高再制造产品的质量，实现资源的最佳化循环利用。

一、再制造毛坯的质量控制

废旧产品一般处于不同的失效进程中，具有磨损、变形、残余应力甚至微裂纹等。因此，经过深度拆解、清洁后的废旧零部件要真正成为可再制造加工件还必须经过严格的检测与分类化处理。根据几何要素变化情况和性能失效程度，将零件分为可直接使用件、可再制造件以及再循环件三类。同时，由于废旧产品来源的复杂性，只有通过再制造前的检测才能为再制造产品和工艺设计提供依据。因此，再制造旧件的检测技术是再制造工程中一项十分重要、必不可少的关键技术。

近十年来，围绕废旧产品再制造检测技术及其装备的研究工作得到了高度的重视，相关高等学校、科研院所及企事业单位在传统检测技术基础上针对再制造零部件的特点开展了一系列的研究与开发工作，形成门类齐全、专业性强、技术先进的再制造检测技术与装备体系。

1. 再制造毛坯检测内容

目前，再制造检测技术主要涉及以下五个方面。

(1) 几何结构要素检测

几何结构要素检测内容包括零件的尺寸精度、形状精度和位置精度以及表面几何状态，具体项目有零件几何尺寸、圆柱度、圆度、平面度、直线度、同轴度、垂直度、跳动、对称度以及表面粗糙度、波度等。通过几何结构要素检测，获得具体检测数据，以便判定零部件的可再制造性并确定再制造工艺路线。几何结构要素检测的主要方法有传统的几何量检测法和信息技术下的先进检测技术，如机器视觉识别、三维快速反求法等。

(2) 表面质量检测

经过长期服役后的零件，表面存在较大的粗糙不平以及腐蚀、磨损、擦伤、裂纹、剥落、烧损等缺陷，这些缺陷会影响零件工作性能和使用寿命。再制造过程中需要对这些缺陷零件、表面材料与基体金属的结合强度等进行检测、判别和量化，并判断存在缺陷的零件可否进行再制造，为选择再制造工艺方案提供依据。

(3) 理化特性检测

可再制造零部件的理化特性包括金属件的合金成分、组织均匀性、强度、硬度、硬化层深度、应力状态、刚度等，橡胶件和塑料的变硬、变脆、老化等，这些特性的变化直接影响机器的使用性能，这些理化特性必须采用适当的手段和方法加以检测和判别，条件允许的还必须进行定量化描述。

(4) 内部缺陷检测

零部件内部存在有因原始制造造成的缺陷，如废旧毛坯内部的夹渣、气孔、疏松、空洞、焊缝等缺陷及微观裂纹等，这些缺陷的存在有可能造成再制造件渗漏、断裂等故障发生。

(5) 零件的重量差和平衡检测

高速转动的零件不平衡将引起机器振动，并将给零件本身和轴承造成附加载荷，从而加速零件的磨损和其他损伤。一些高速转动的零部件，如汽车的曲轴飞轮组、传动轴以及车轮等，需要进行动平衡和振动状况检查,而活塞、活塞连杆组的运动需要重量差、静平衡检测。动平衡检测的专用工具有曲轴平衡机、车轮动平衡机等。

2. 再制造毛坯检测方法

废旧零部件再制造前的检测项目涉及零件的不同属性,针对这些属性需要采用不同的检测方法。废旧零部件再制造的检测手段主要有以下三个。

(1) 感官检测法

感官检测法是指不借助于量具和仪器,只凭检测人员的经验和感觉来鉴别拟再制造旧件技术状况的方法,如部分零件凭运转时发出的响声或通过敲击时发出的声音就可以判断零件是否破裂、连接是否紧固等情况。

(2) 测量工具检测法

测量工具检测法是指借助测量工具和仪器,较为精确地对零件的表面尺寸精度和性能等技术状况进行检测的方法,这类方法针对不同的检测项目存在较大的差异。对于几何结构要素而言,采用常规的长度测量工具就可以进行测量,如测微仪、卡尺、三坐标测量机等,这些工具及其所对应的测量方法相对简单,操作方便,费用较低,一般均可达到检测精度要求。与几何结构要素不同的是,再制造旧件的力学性能和理化特性的检测工具及其对应的检测方法要复杂得多,部分检测工具和仪器价格昂贵,检测过程十分复杂。

(3) 无损检测法

无损检测法是在不损伤被检测对象的条件下,利用再制造毛坯材料内部结构异常或缺陷存在所引起的对热、声、光、电、磁等反应的物理量变化,来探测废旧零部件、结构件和各种材料等内部和表面缺陷,并对缺陷的类型、性质、数量、形状、位置、尺寸、分布及其变化作出判断和评价。因这类方法不会对毛坯本体造成破坏、分离和损伤,是先进高效的再制造检测方法,也是提高再制造毛坯质量检测精度和科学性的前沿手段。目前再制造行业常用的无损检测方法有渗透检测技术、磁粉检测技术、超声波检测技术、涡流检测技术、磁记忆检测技术、射线检测技术等。实际生产中，一般采用多种无损检测技术综合使用，以达到全面评价零件质量的目的。对于零件内部微裂纹采用较多的是超声波检测技术、射线检测技术，对于表面缺陷采用的方法主要是磁粉检测技术、涡流检测技术、渗透检测技术，而磁记忆检测技术则主要用于零件内部应力分布情况测试。

二、再制造旧件剩余寿命评估技术

再制造性评价主要针对再制造前的废旧产品，评价其使用再制造性，从而确定被评价对象能否进行再制造。再制造性的评价对象包括产品和零部件。目前对退役产品的评价主要是根据技术、经济及环境等因素进行综合评价，以确定其再制造性量值，定量确定退役产品的再制造能力。废旧产品报废按照不同的退役原因（如产生不能进行修复的故障、使用中费效比高、性能落后、不符合环保标准、款式不符合市场需求等），可以分为故障报废、经济报废、功能报废、环境报废和喜好报废。

1. 再制造特性影响因素

当废旧产品送至再制造工厂，进入再制造周期，首先需要评价目标产品的再制造性，判断其能否进行再制造。然而影响再制造性的因素错综复杂，概括起来包括以下四方面，如图 2-16 所示。

(1) 再制造特性的技术可行性

再制造特性的技术可行性要求废旧零部件的再制造加工在技术和工艺上可行，通过原产品恢复或升级，达到恢复或提高原产品性能的目的。而不同的技术工艺路线又对再制造的经济性、环境性和产品的服役性产生影响。

(2) 再制造特性的经济可行性

再制造特性的经济可行性指进行废旧产品再制造所投入的资金小于其综合产出效益（包括经济效益、社会效益和环保效益），即确定该类产品进行再制造是否"有利可图"，这是推动某类废旧产品进行再制造的主要动力。

(3) 再制造特性的环境可行性

再制造特性的环境可行性是指对废旧产品再制造加工过程本身及生成后的再制造产品在社会上利用后所产生的环境影响，小于原产品生产及使用所造成的环境影响。

(4) 再制造产品的服役性

再制造产品的服役性主要指再制造加工生成的再制造产品，其本身具有一定的使用性，能够满足相应市场的需求。

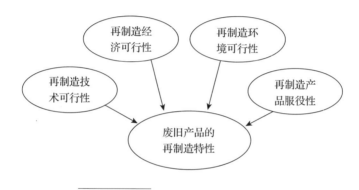

图 2-16 废旧产品的再制造特性影响因素

废旧零部件再制造特性是围绕着再制造技术可行性、经济可行性、环境可行性、产品服役性四个方面，采用合理的权重机制进行评估，从而给再制造产品予以较全面的评价。通过对废旧零部件再制造特性的评价，不仅为再制造加工提供技术、经济和环境综合考虑后的最优方案，而且能为产品设计阶段进行面向再制造的产品设计提供技术及数据参考，指导新产品设计阶段的再制造考虑。正确的再制造性评价还可为再制造产品决策、增加投资者信心提供科学的依据。

2. 再制造性定性评价和定量评价

废旧零部件的再制造性评估主要有两种方式。

1) 对使用一定生命周期即将报废和损坏的产品在再制造前进行再制造合理性评估，这些产品一般在设计时没有按再制造要求进行设计。

2）新产品设计时对其进行再制造性评估,并对评估结果改进设计,增加产品再制造性。

废旧零部件再制造性评价,主要采取定性评价或者定量评价的方法。

(1) 定性评价

主要针对已经大量生产、已损坏或报废产品的再制造性,这些产品在设计时一般没有考虑再制造的要求,在退役后主要依靠评估者的再制造经验以定性评价的方式进行。

定性评价通常采用以下八个方面进行评价。

1）技术标准,废旧零部件材料和零件种类以及拆解、清洗、检验和再制造加工的适宜性。

2）数量标准,回收的废旧零部件数量、及时性和地区可用性。

3）价值标准,材料、生产和装配所增加的附加值。

4）时间标准,再制造产品最大使用寿命、一次性使用循环时间等。

5）更新标准,新产品和再制造产品的比较性技术进步特征。

6）处理标准,采用其他方法进行产品和可能的危险部件的再循环工作和费用。

7）与新产品制造相关的标准,与原制造商间的竞争或合作关系。

8）其他标准,包括市场行为、义务、专利、知识产权等。

(2) 定量评价

主要针对不同种类废旧零部件由于工况环境及使用年限的不同,引起的再制造性的不确定性,通过考虑不同的报废原因,采用不同的评价方法来获取目标废旧产品的再制造性值。

目前废旧产品再制造性定量评估通常可采用以下几种方法来进行。

1）费用—环境—性能评价法,从费用、环境和再制造产品性能方面综合评价各个方案的过程。

2）模糊综合评价法,是通过运用模糊集理论对某一废旧零部件产品再制造性进行综合评价的一种方法。模糊综合评价法是用定量的数学方法处理某些对立或有差异、没有绝对界限的定性概念的较好方法。

3）层次分析法，是一种将再制造性的定性和定量分析法相结合的系统方法。层次分析法是分析多目标、多准则的复杂系统的有力工具。

3. 疲劳设计与寿命预测和蠕变寿命预测

废旧产品寿命评估与预测的任务是研究废旧产品材料的性能退化、破坏与失效机理，研究检测废旧产品材料失效的方法与评定材料失效的判据，估算结构的安全服役寿命，提出对废旧零部件进行维修、关键部件材料性能改良及延长寿命的可行方法。

废旧零部件材料的失效通常分为静态失效和与时间相关的失效两种，其中与时间相关的失效涉及服役寿命问题。

废旧零部件寿命评估与预测首先需要建立合适的寿命预测模型，该模型需综合考虑材料、载荷、制造、服役等方面因素（图2-17），即需要通过试验获取材料的属性、确定服役过程中载荷（机械载荷、温度载荷等）与时间的相关特性，考虑采用的加工方法（如磨削、机械加工、铸造、锻压、焊接等）所引起的构件表面状况变化（如粗糙度、表面缺陷、化学变化、相变、缺陷、残余应力等的变化），以及包含局部因素的影响，如缺口行为及效应、局部耦合加载（多轴加载、热力耦合）等，还应考虑环境因素的影响，如服役介质和服役温度等。

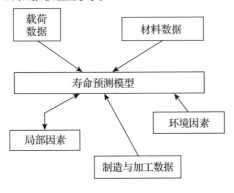

图2-17 影响寿命预测模型的因素

目前，寿命评估与预测的方法主要有疲劳设计与寿命预测、蠕变寿命预测。

(1) 疲劳设计与寿命预测

疲劳设计与寿命预测方法是基于疲劳强度理论，根据不同的疲劳特征，采用相应的疲劳特性曲线对于低应力高周疲劳（应力疲劳），采用 $S-N$ 曲线；对于高应力低周疲劳（应变疲劳），采用 $\varepsilon-N$ 曲线；对于裂纹扩展寿命，则应采用断裂力学的方法。疲劳总寿命包括疲劳裂纹的萌生寿命和疲劳裂纹的扩展寿命，如图 2-18 所示。

$$N_T = N_I + N_P$$

式中，N_T 是疲劳总寿命；N_I 是疲劳裂纹萌生寿命；N_P 是疲劳裂纹扩展寿命。

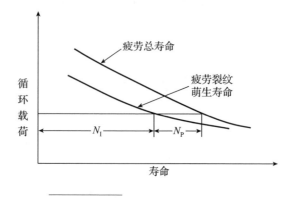

图 2-18　疲劳裂纹萌生寿命与扩展寿命

实际上，由于损伤机理不同、检验方法不同、初始缺陷的存在、失效模式的耦合等因素，确定裂纹萌生寿命与裂纹扩展寿命的转折点比较困难。一般地，长疲劳寿命是以裂纹萌生寿命主导，短疲劳寿命是以裂纹扩展机制主导。

工程中，最常遇到的疲劳包括高周疲劳和低周疲劳。高周疲劳也称应力疲劳，一般发生在标称应力小于材料的屈服应力、疲劳破坏的应力循环数大于 10^4 次。低周疲劳也称应变疲劳，常发生在应力已超过材料的弹性极限，有明显的塑性变形，此时循环过程中材料的应力-应变曲线已不是高周疲劳中的线性关系,而是一个滞回曲线,应力参数已不适合用来表征疲劳,应代之以应变和破坏的循环次数来表示疲劳曲线。应变疲劳破坏时的循环次数一般小于 10^4 次。如果考虑循环过程中的总应变,包括弹性应变和塑性应变,则以 $S-N$ 曲线表征的高周疲劳和以 $\varepsilon-N$ 曲线表征的低周疲劳的循环寿命均可以用总应变幅来表征。其关系为

$$\frac{\Delta\varepsilon}{2} = \frac{\Delta\varepsilon'_e}{2} + \frac{\Delta\varepsilon_p}{2} = \frac{\sigma_f}{E}(2N)^b + \varepsilon'_f(2N)^c$$

式中,$\Delta\varepsilon/2$ 是总应变幅度;$\Delta\varepsilon'_e/2$ 是弹性应变幅度($\Delta\varepsilon_e/2 = \Delta\sigma/2E$,$\Delta\sigma/2$ 是应力幅值);$\Delta\varepsilon_p/2$ 是塑性应变幅度($\Delta\varepsilon_p/2 = \Delta\varepsilon/2 - \Delta\varepsilon_e/2$);$\varepsilon'_f$ 是疲劳延性系数;c 是疲劳塑性指数;σ_f 是疲劳强度系数;b 是疲劳强度指数;E 是材料的弹性模量。

(2)蠕变寿命预测

材料蠕变变形的物理机制因材料种类的不同有很大的差异,蠕变机制同时受应力和温度的影响。对金属材料来说,当应力较小时,蠕变机制主要是晶体缺陷的运动;当应力较大时,蠕变机制主要是以与应力密切相关的位错运动为主导。

对于受热激活控制的蠕变过程,蠕变速率常由 Arrhenius 方程描述:

$$\dot{\varepsilon} = A \exp\left(-\frac{Q}{RT}\right)$$

式中,$\dot{\varepsilon}$ 是应变速率;Q 是激活能;R 是 Boltzmann 气体常数;T 是绝对温度;A 是与材料和蠕变机制相关的系数。

在考虑应力和温度的综合作用时,Arrhenius 方程可写成

$$\dot{\varepsilon} = A_1 \sigma \exp\left(-\frac{Q}{RT}\right)$$

式中,系数 A_1 主要依赖于材料种类;激活能 Q 会因蠕变机制的改变而变化,应力与应变率成比例。

对于金属材料的稳态蠕变,可以综合描述其扩散流动机制和位错运动机制,表示如下:

$$\dot{\varepsilon} = \frac{A_2 \sigma^m}{d^q} \exp\left(-\frac{Q}{RT}\right)$$

式中，d 是晶粒的平均直径；系数 A_2 和指数 m 及 q 的值取决于材料和特定蠕变机制。

实际中，蠕变数据主要通过实验室加速蠕变试验获得，在高于服役温度环境下进行蠕变试验，目的在于用加速蠕变试验的短时－高温蠕变数据描述服役条件下的长时蠕变行为。

总之，废旧零部件再制造产品的寿命预测所用到的理论与计算方法与新品的基本相同，但再制造产品的寿命预测难度更大，因运用寿命预测理论和计算方法时，服役后材料初始条件将发生很大变化。掌握初始条件，是再制造产品寿命预测的关键。目前，废旧零部件再制造产品的寿命预测研究刚刚起步，尚有很多不足和提升空间。

三、再制造成形过程的质量控制

再制造成形过程中采用红外热成像等方法对热喷涂、熔覆沉积成形等工艺过程的温度场和流场监测，对再制造成形过程中的工艺参数监测；采用涡流监测、超声监测等具有在线实时监测功能的快速无损检测技术，在线监测再制造成形零件，实时掌握生产过程中再制造成形工艺稳定性和再制造成形零件的状态，最大限度地避免再制造成形不合格零件进入后续工序，以免造成再制造成本和工时浪费。例如，采用涡流方法快速测定金属镀层的厚度，采用超声方法检测涂层/基体结合界面缺陷，采用 X 射线衍射法快速测定再制造喷熔涂层的残余应力。

四、再制造工序的质量控制

再制造生产过程包括从废旧产品的回收、拆解、清洗、检测、再制造加工、组装、质检、包装直至再制造产品出厂的全过程。在这一过程中，再制造工序质量是根据再制造产品工序要求，研究再制造产品的波动规律，判断造成异常波动的工艺因素,并采取各种控制措施,使波动保持在技术要求的范围内,其目的是使再制造工序长期处于被动状态。

工序质量控制首先要制定再制造质量控制标准,如再制造产品标准、工序作业标准、再制造加工设备保证标准等,而后收集再制造过程的质量数据并对数据进行处理,得到质量数据的统计特征,并将实际结果与质量标准比较得出质量偏差,分析质量问题和找出质量数据的统计原因,进行再制造工序能力分析,判断工序是否处于受控状态并分析工序处于控制状态下的实际再制造加工能力;对影响工序质量的操作者、机器设备、材料、加工方法、环境等因素,以及关键工序与测试条件进行控制,使之满足再制造产品的加工质量要求。通过工序质量控制,能及时发现和预报再制造生产全过程中的质量问题,确定问题范畴,消除可能的原因,并加以处理和控制,包括进行再制造升级、修改再制造工艺、更换组织程序等,从而有效地减少与消除不合格产品的生产,实现再制造质量的不断提高。质量控制方法主要有统计工序控制,采用的工具主要为控制图。

五、再制造生产过程的质量控制

再制造生产过程的质量检验是针对再制造零部件或产品在工序过程中所进行的检验,包括再制造工序检验、再制造工艺控制检验、再制造零部件检验、再制造组装质量检验等。

再制造质量的监控主要是对再制造具体技术工艺过程中的质量进行监控,即对再制造具体技术工艺与参数的控制。

再制造零件质量在线监控可分为三个层次:再制造生产过程控制、再制造工艺参数控制,以及再制造加工质量与尺寸形状精度的在线动态监测和修正。再制造质量的在线监控常用的有模糊控制技术、自适应控制技术、表面质量自动监测系统、复杂零件尺寸监测系统、管棒材涡流自动监测系统及实时测温及控制系统。

再制造生产过程产品质量控制所采用的主要方法是全面质量控制。再制造全面质量控制是再制造企业发动全体员工，综合运用各种现代管理技术、专业技术和各种统计方法和手段，通过对产品再制造生命周期的全过程、全因素的控制，保证用最经济、最环保的方法生产出质优价廉的再制造产品，并提供优质服务的一套科学管理技术。其主要特点体现在全员参加质量管理。管理对象不仅包括产品质量，也包括工作质量，管理方法的全面性，综合运用各种现代管理技术、专业技术和各种统计方法与手段。

六、再制造产品的质量控制

再制造产品的质量控制通常采用新品或者更严格的质量检验标准。再制造成品检测是指对组装后的再制造产品在准备入库或出厂前进行的检验，包括整机的外观、精度、性能、参数及包装等的检查与检验。

再制造产品质量检验的目的主要是判断产品质量是否合格和确定产品质量等级或产品缺陷的严重程度，为质量改进提供依据。

再制造产品的质量检验过程包括：采用涡流、超声等方法无损检测评估再制造成形零件/涂层以及涂层结合区域的缺陷；采用金属磁记忆、超声等方法无损预测再制造零件/涂层服役寿命预测。必要时，根据零件服役要求，测定评价涂层残余应力以及结合强度等其他性能。概括地说，再制造产品质量控制包括测量、比较判断、符合性判断和实施处理。

再制造成品的质量控制包括再制造产品性能和质量的无损检测、破坏性抽测、再制造产品的性能和质量评价三方面内容。

七、再制造产品的磨合与试验

1. 再制造产品磨合

装配后获得的再制造产品在投入正常使用之前一般要进行磨合与试验，以保证再制造产品的使用质量。

再制造产品磨合是指再制造产品装配之后，通过一段时间的运转，使相互配合的零部件间关系趋于稳定，主要指配合零部件在摩擦初期，表面几何形状和材料表层物理力学性能的变化过程，通常表现为摩擦条件不变时，摩擦力、磨损率和温度的降低，并趋于稳定值（最小值）。

(1) 再制造产品磨合的主要目的

1) 发现再制造加工和装配中的缺陷并及时加以排除。

2) 改善配合零件的表面质量，使其能承受额定的载荷。

3) 减少初始阶段的磨损量，保证正常的配合关系，延长产品的使用寿命。

4) 在磨合和试验中调整各机构，使各零部件协调工作，得到最佳动力性和经济性。

(2) 影响磨合的主要因素

1) 负荷和速度。负荷、速度以及负荷和速度的组合对磨合质量和磨合时间影响很大。

2) 磨合前再制造零件表面的状态。再制造零件表面状态主要指零件的表面粗糙度和表面物理机械性质。

3) 润滑油的性质。与磨合质量直接有关的润滑油的性质是油性、导热性和黏度。

(3) 磨合试验

再制造产品磨合试验系统是实现磨合试验的必要条件，其技术性能、可靠性水平、操作性等决定能否达到磨合试验规范的要求，能否实现磨合试验的目的，最终决定再制造产品的质量。选择再制造产品的试验设备应考虑的主要因素有设备的适应性、对再制造质量的保证程度、生产效率、生产安全性、经济性及对环境的影响等方面。

再制造产品及其零部件磨合试验系统通常由以下三个部分组成：

1) 机械平台部分。机械平台部分由底座、动力传动装置、操纵装置、支架等构成，主要完成各被测产品的支撑、动力的传递、在试验过程中对被测产品的操控。

2) 动力及电气控制系统。动力及电气控制系统主要由电动机（常用动力源)、电动机控制装置、电气保护装置等组成,主要为试验提供动力,完成试验系统的通断控制、电力分配、过载保护控制、电动机控制等主要功能。

3) 数据采集、处理、显示系统。数据采集、处理、显示系统由信息采集装置(传感器)、信号预处理装置(放大器、滤波器)、数据采集及处理系统等组成,通过多种类型的传感器实现了多种被测参数的采集,通过放大、滤波等预处理转换为可采集的标准信号,通过数据采集实现信号的模数转换,经数字滤波和标定后,由计算机或仪表进行显示。

2. 再制造产品试验

再制造产品试验是指对再制造后生成的产品或其零部件的特性,按照试验规范进行操作试验或测定,并将结果与再制造设计中所规定的要求进行比较,以检验再制造零部件质量的活动。再制造试验应遵守再制造生产的技术文件,按再制造标准试验规范(如试验条件、试验方法和试验用仪器与试剂等)进行。根据规范进行试验,所得结果与原定标准相互比较,可以评定被试对象的质量和性能,再制造产品试验合格后才能转入下一工序。

再制造产品整装试验的主要任务是检查总装配的质量、各零部件之间的协调配合工作关系,并进行相互联结的局部调整。

再制造产品整装试验一般包括试运转、空载运转及负载试运转。

1) 试运转的目的是综合检验再制造产品的运转质量,发现和消除产品再制造后存在的缺陷,并进行初步磨合,使再制造产品达到规定的技术性能,工作在最佳的运行状态。

2) 空载运转是为了检查产品各个部分相互连接的正确性并且进行磨合。通常是先做调整试运转再进行连续空载试运转,目的在于发现和消除产品存在的某些隐蔽缺陷。

3) 负载试运转是为了确定再制造产品或设备的承载能力和工作性能指标,应在连续空载试运转合格后进行。负载试运转应以额定速度从小载荷开始,如运转正常,再逐步加大载荷,最后达到额定载荷。

行业篇

第三章　汽车零部件再制造

第一节　汽车及主要零部件再制造概况

　　汽车零部件再制造源于美国。美国汽车零部件再制造覆盖发动机、变速器、转向器、发电机、电动机、离合器、水泵、油泵、空调压缩机等部件。在汽车维修市场中，再制造零部件占到售后服务市场份额的45%~55%。

　　欧洲再制造产业主要是在汽车制造企业和汽车零部件生产企业的基础上发展起来的，再制造汽车零部件大部分是在原制造企业的售后服务网络中流通，很少流向社会维修市场。德国大众于1947年在沃尔夫斯堡对五种汽车零部件进行再制造，1958年搬迁至卡塞尔开始大批量进行再制造，并逐渐在全球范围内建立起完善的旧件回收物流体系与再制造件销售网络体系，每年回收原装旧件250万件。

　　在再制造加工方面，对于机械产品，主要通过换件修理法（将不能再使用的旧件替换为新件的再制造工艺）和尺寸修理法（在损伤零件基体表面进行再次机械加工，通过保证配合间隙公差来实现零件的再制造）来恢复零部件的尺寸。

如英国 Lister Petter 再制造公司，每年为英、美军方再制造 3000 多台废旧发动机，再制造时，对于磨损超差的缸套、凸轮轴等关键零件都予以更换新件，并不修复。对于电子产品，再制造的内涵就是对仍具有使用价值的零部件予以直接的再利用。

欧美国家的回收利用技术处于世界领先水平，从技术标准、生产工艺、加工设备、供销和售后服务，已形成了一套完整的产业体系，积累了成熟的技术和丰富的经验，形成了足够的规模。

我国再制造产业发展缓慢，仍处于起步探索阶段。无论从产业规模、经济效益还是社会效益与发达国家相比都存在着相当大的差距。我国汽车零部件再制造工程虽然起步较晚，但受到政府的高度重视。2008 年 3 月 2 日，国家发展改革委办公厅下发了《关于组织开展汽车零部件再制造试点工作的通知》（发改办环资[2008]523 号），出台了《汽车零部件再制造试点管理办法》，在发动机、变速器、发电机、转向器和起动机五类产品领域，在短短九年中，汽车零部件再制造试点示范企业已经发展到 33 家，规模化产值达到 300 亿元。从提高再制造技术水平、扩大再制造应用领域、培育再制造示范企业、规范旧件回收体系、开拓国内外市场着手，加强法规建设，强化政策引导，逐步形成适合我国国情的汽车零部件再制造运行机制和管理模式，大大激励了汽车零部件再制造向规模化、市场化和产业化方向发展，表现出巨大的潜力，推进了我国循环经济和可持续发展战略。

我国已形成一批具有自主知识产权、领先世界的再制造技术成果（主要是利用先进的表面工程技术对有修复价值的零部件进行修复后再与其他零件装配，从而完成再制造过程的工艺方法），并已成功地应用在汽车零部件再制造企业。济南复强动力有限公司是国内第一家发动机再制造企业，采用英国再制造生产模式，将装备再制造技术国防科技重点实验室最新研发的再制造技术成果,成功地运用于斯太尔、桑塔纳、三菱、康明斯等各类型号发动机再制造,显著提升了废旧发动机再制造水平和再制造率,达到年产2.5万台再制造发动机的能力。

一、汽车零部件回收拆解

报废汽车回收拆解在我国已形成了一个专门的产业,并建立了系统的管理体系。近年来,在国家高新技术计划(863)支持下,高等院校、企事业单位和科研院所开展了报废汽车再资源化关键技术及装备的研究和开发,形成了系列化、成套化的报废汽车回收拆解技术与装备,形成了示范应用。预处理阶段,开发了安全预处理和环保预处理成套技术和设备(图3-1),具体包括安全气囊引爆、冷媒回收、油液回收与收集、蓄电池拆解与储运等方面的技术与装备,这些设备通过集成后形成了报废汽车回收拆解预处理平台,实现了车载危险品、有毒有害物质的分离、管控及处理,为实现报废汽车绿色化、清洁化循环利用创造了条件。

a) 安全气囊引爆器

b) 油水分离机

c) 冷媒回收机

图3-1 安全环保预处理设备

报废汽车安全预处理工艺路线以及预处理平台如图3-2和图3-3所示。

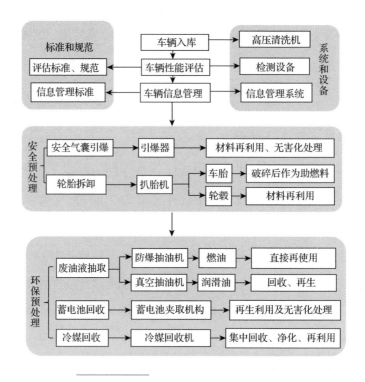

图3-2 报废汽车安全环保预处理工艺路线

图3-3 报废汽车回收拆解预处理平台

报废汽车拆解过程分为两个阶段,即整车拆解和深度拆解。整车拆解由回收拆解企业负责报废汽车整车解体工作,采用的拆解设备有单工位解体设备以及拆解流水线。典型的单工位拆解设备包括翻转机、举升机、玻璃分割机、液压剪断机以及整车解体机等，如图3-4所示。采用单工位拆解设备时，不同拆解工序间物流由传统的叉车完成，一般适用于小型回收拆解企业。由武汉理工大学汽车工程学院开发的移动式单工位报废汽车拆解车，在一台专用车上集成了升降、翻转设备以及多台套的预处理设备，以适应我国目前大量存在的分散型拆解企业对专业化拆解操作的需要。

随着我国汽车保有量的快速增加，拆解量以及拆解企业规模不断增大，更多企业采用了流水线拆解方式，实现多工位分散式专业化拆解。当前报废汽车拆解流水线主要有两种形式：一种是地面拆解线（图3-5），被拆解报废汽车通过地轨进行各工位间的周转；另一种是空中拆解线（图3-6），这种生产线采用了整车企业装配线的周转方式，通过悬挂式输送设备实现被拆解车辆的周转。

a）翻转机　　　　　　　　　　b）举升机

图3-4　报废汽车主要拆解设备

图3-5　报废汽车地面拆解线

图3-5 报废汽车地面拆解线（续）

图3-6 报废汽车空中拆解线转载装置

发动机是汽车零部件再制造的主要对象，在汽车产品的再制造产业中占有重要地位。目前，报废汽车发动机的深度拆解与新机拆解相比，具有以下三个特点：

1）报废汽车发动机种类繁多，退役条件差异性大，因此很难对发动机的拆解程度有准确的把握。

2）报废汽车发动机由于服役过程中的零部件磨损、失效变形等使得拆解工作具有较大的不确定性，其可再制造性也不尽相同。

3）报废汽车发动机的拆解工作绝大多数都是人工拆解，各机构、组件的拆解受人为影响因素较大，使得拆解工序时间存在很大差异。

基于报废汽车发动机在深度拆解过程中的难点以及目前再制造企业高质量毛坯的需求，越来越多的再制造企业对报废汽车发动机深度、无损拆解方法和技术进行了研究。武汉东风鸿泰汽车资源循环利用有限公司（国家发展改革委2008年公布的首批再制造试点企业之一）联合武汉理工大学汽车工程学院对报废汽车发动机深度拆解技术进行了研究，设计了报废汽车发动机拆解工艺路线，如图3-7所示，该工艺路线包括拆解程度划分、拆解梯度序列规划和拆解方式的选择。

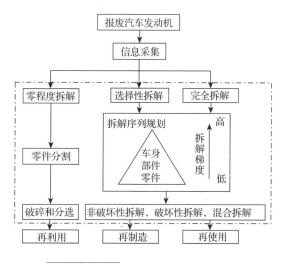

图3-7 报废汽车发动机拆解工艺路线

根据发动机的服役历史和维修记录，可将报废汽车发动机分为以下两类。

1）非正常报废汽车发动机，主要是指超过规定服役年限或因事故严重损坏等，该类发动机的大部分组件已经不具有再使用或再制造价值，只适合进行材料回收。

2）正常报废的汽车发动机，这类发动机的组件具备一定的再使用或再制造价值。

针对种类繁多、差异化退役条件下的发动机，将其拆解程度分为零程度拆解、选择性拆解和完全拆解。

零程度拆解主要针对非正常报废汽车发动机，仅对其完成零件分割，方便后续重新熔炼，从而实现材料回收。

选择性拆解与完全拆解主要针对正常报废汽车发动机，目的是实现具有再使用和再制造价值的零部件的无损拆解。不同之处在于，完全拆解是实现装配体彻底拆解至最小独立结构的零件，其拆解末端是单一零件的集合；而选择性拆解是拆解装配体某一零部件，其拆解末端是零件和部件的集合。

拆解方式一般分为非破坏性拆解、破坏性拆解和混合拆解。

拆解的目的是在保证一定拆解效率的同时，尽可能实现可再使用和再制造零件的无损拆解。

非破坏性拆解是指通过逆向装配路径实现零部件之间的完整分离，主要拆解对象是可再制造或再使用的零件。

破坏性拆解是指通过损坏零部件自身结构的方式使之与其他零部件分离，主要对象是材料回收类零部件。

混合拆解是两者的联合。

上述三种拆解方式中非破坏性拆解消耗的拆解工时最长、资源化效率最高，破坏性拆解消耗的拆解工时最短、资源化效率最低。发动机主要零部件的回收层次见表 3-1。

表 3-1　发动机主要零部件回收层次

回收层次	主要零部件
再使用	油底壳、挡油板、活塞销、机油尺
再制造	气缸盖、气缸体、曲轴、凸轮轴、连杆、气门
再利用	螺栓、线束、气缸盖衬垫、气缸套、活塞总成

另外，由于发动机零部件在服役过程中出现的失效情形，会导致潜在拆解序列子环节缺失，为保证拆解序列的连贯性，可通过破坏该子环节的拆解体，进而实现潜在拆解序列的延续，如发动机连接件在服役过程中出现的磨损、断裂或变形应采用混合性拆解，通过破坏连接件保证功能件的

完整性，实现拆解子环节的传递。因此，报废发动机拆解多采用混合拆解，能兼顾较高的资源回收效率和较低的拆解成本投入。

报废发动机深度拆解的依据是对待拆解发动机所采集的信息判断属于哪种类型，应对其采取哪种拆解方式。按照子拆解体层次划分方案及并行拆解序列将发动机依次拆解为附属机构、气缸盖罩、润滑机构及油底壳、正时机构及正时齿轮室盖、配气机构及气缸盖、曲柄连杆机构及机体，如图 3-8 所示。拆解过程中对于发动机线束等材料回收层次的零部件采用破坏性拆解，对于气门等以再制造为目的的零部件采用非破坏性拆解。在保证一定拆解效率的同时，尽可能实现可再使用和再制造零件的无损拆解。

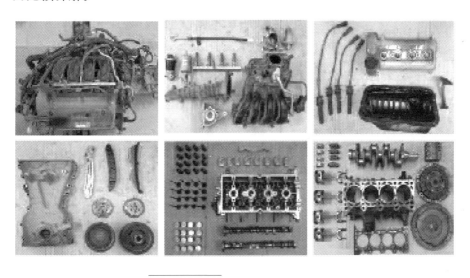

图 3-8 报废汽车发动机深度拆解

二、汽车发动机再制造

再制造发动机在欧美国家已经形成巨大的产业，再制造汽车发动机已占维修配件市场的 85% 以上。美国汽车发动机再制造产业规模最大，产值已达 250 亿美元，雇员超过 40 万人，每 10 辆汽车中就有 1 台使用再制造发动机。北美地区发动机再制造已达年产500万台的规模。德国通过采用先进的发动机再制造技术，使汽车售后服务市场领域再制造发动机及其配件的销售量和新机的销售量比例达到9∶1。宝马公司建立了一套完善的汽车零部件回收品经营连锁店的全国性网络，回收来的发动机有94%被高技术修复，5.5%回炉再生，只有0.5%被填埋处理，在取得显著环境效益的同时，再制造发动机的成本仅为新发动机的50%～80%。世界著名的汽车制造企业，如福特、通用、大众、雷诺等或者有自己的发动机再制造厂，或者与其他独立的专业发动机再制造公司保持固定的合作关系，对旧发动机进行再制造。

我国开展发动机再制造的工业应用起步较晚，最早于1996年才开始汽车发动机再制造。中国重型汽车集团有限公司与英国Lister Petter公司合资成立了济南复强动力有限公司，从事发动机再制造生产，并严格按照欧美模式和标准建立起一套技术、生产、供应和营销体系。大众联合发展公司发动机翻新厂经上海大众汽车有限公司授权，在上海开展了发动机再制造业务。

张家港优佩易动力科技有限公司成立于2015年，位于张家港国家再制造产业示范基地内。该企业与绵阳新晨动力、华晨宝马、奇瑞股份、长城汽车合作，主要从事发动机再制造，拥有专业的技术、人员和管理体系，是国内第三方再制造企业的典型代表。近年来，优佩易已将市场拓展到东南亚国家，年生产总成、发动机秃机（不含附件的发动机）2万台左右，实现产值9500万元。

三、汽车变速器再制造

汽车变速器的维修市场在欧美发达国家已经走过了近百年的历史。近些年，发展起来的自动变速器再制造企业在美国获得成功。据统计，美国的变速器再制造企业每年业务的增长率达到两位数，与此形成鲜明对比，很多小型的变速器维修店则举步维艰，这些小型变速器专修店的数量正在大幅下降，原因是变速器的发展速度太快，新的技术日新月异，小型维修店没有足够的技术实力来跟进这些新技术，对于新款变速器的维修难度，从技术上来说越来越具挑战性。而同时，人工和零部件成本的提升，正在大幅压缩维修利润。大型变速器再制造企业以批量化的运作和成熟的工艺体系，大幅降低了单个变速器的再制造成本，同时质量的优化可以大幅延长再制造变速器的保质期，有的甚至超过原厂新变速器的保质期。因此，更多的普通修理厂倾向于直接从再制造订购和置换变速器，自己则不用承担任何质保风险。

与国外发动机变速器再制造产业相比，我国汽车变速器再制造产业尚未形成一定规模。但可喜的是，我国现在有越来越多的专业化发动机、变速器再制造企业不断出现。

广州市花都全球自动变速箱有限公司成立于1998年，是国内首家汽车变速器专业再制造企业，是国家"汽车零部件再制造""循环经济标准化"和"以旧换再"等试点工作的试点企业。公司现已建成省级再制造工程技术中心，主导《汽车零部件再制造产品技术要求　自动变速器》等7项国家标准编制工作。公司目前取得包括东风日产等30余家汽车品牌或厂家的再制造授权，在全国多个大中城市设立20家直属分厂和服务中心；2018年，公司成功开设马来西亚海外工厂。

广州全速汽车科技发展有限公司成立于2009年1月，是一家专业从事自动变速器再制造及自动变速器核心部件阀体和双离合器再制造的企业，是广东省认定的高新技术企业。全速是目前国内规模最大、技术最全面的专业阀体、双离合器再制造企业，目前能再制造的阀体型号有50余种，涵盖了国内外最常见的车型，包括宝马、奔驰、大众、日产、丰田、福特等；也是中国目前唯一的双离合器专业再制造厂，能对大众和福特的7速干式双离合器进行专业再制造。全速建立了自己的再制造技术研发中心，目前拥有自主研发的2项发明专利、6项实用新型专利和8项软件著作权。

2008 年，法士特公司作为第一家汽车变速器再制造试点企业，先后投资 1 亿多元在宝鸡厂区专门建立了再制造生产基地。2010 年 10 月，法士特新建的宝鸡厂区再制造基地顺利投产，第一台再制造变速器成功下线，从此全面拉开了再制造变速器的序幕。截至 2018 年，法士特公司再制造基地已形成年产再制造变速器 1 万多台的生产能力，已累计再制造变速器 2000 多台，并且 100% 已交付用户使用。

四、汽车转向器再制造

转向器是汽车零部件再制造主要部件之一，早在 1988 年，SAE 就制定了针对液压助力齿轮齿条式转向器再制造产品的技术标准。目前国际上比较典型的汽车转向器再制造企业有德国博世集团、采埃孚股份公司等，这些公司在转向系统领域处于国际领先水平，将可再制造性和可持续性融入了产品的设计理念中，转向系统再制造产品已成为其售后服务不可或缺的一部分。

我国在 2008 年国家发展改革委开始汽车零部件再制造试点工作之时，已经将转向器纳入试点产品范围。2012 年组织上海汽车工业（集团）总公司、东风汽车公司等单位制定了《汽车零部件再制造产品技术规范 转向器》国家标准。2017 年，中国物资再生协会再制造分会、张家港清研再制造产业研究院有限公司、荆州裕德机械制造有限公司等单位针对转向器再制造毛坯和可再制造旧件的选择，制定了《可再制造汽车零部件分类分级 转向器》。到现在，国内转向器再制造已经形成完整的技术体系和管理体系，能够保障转向器再制造产品达到原型新品的同等性能，满足市场需求。

五、汽车起动机和发电机再制造

汽车起动机和发电机属于汽车易损零部件，随着我国汽车保有量不断扩大，售后市场对汽车起动机和发电机的需求不断增长，因而汽车起动机和发电机再制造拥有非常广阔的市场需求和发展空间。

目前，汽车起动机和发电机再制造也制定了相应的产品技术国家标准和分类分级团体标准，针对从国外进口用于再制造的汽车起动机、发电机。2016 年，我国制定了《进口再制造用途机电产品检验技术要求 第 3 部分：汽车起动机、发电机》。目前，我国的起动机和发电机再制造技术水平和管理已经相对完善，从对再制造技术水平的要求上来说，发电机再制造工序较少，对电子元件部分评估技术要求较高，起动机主要包括机械零部件和电磁开关，对生产控制的技术水平要求较高。

在国际上，从事起动机和发电机再制造的企业有日本电装株式会社、三菱电机集团、日立汽车系统阪神株式会社、三叶株式会社，法国法雷奥集团，德国博世集团，美国博格华纳等。中国已有较多的起动机和发电机再制造企业，其中柏科（常熟）电机有限公司、三立（厦门）汽车配件有限公司、河北长立汽车配件有限公司是国家批准的再制造试点企业，是国内起动机和发电机再制造的典型代表。

柏科（常熟）电机有限公司由香港柏科有限公司于 1986 年在深圳蛇口成立的深圳华源汽车电机再制造工厂发展而来，该厂是中国第一家汽车起动机和发电机的再制造工厂。柏科（常熟）电机有限公司成于 2002 年 2 月，注册资金 267 万美元，中外合资，现位于江苏省常熟市海虞镇，经营范围为生产汽车电机外壳及其配件、汽车电机及其配件、汽车电控单元（ECU/TCU）和仪器设备等，是国家发展改革委批准的我国首批再制造试点单位之一和中国少数掌握了汽车零部件再制造核心技术的再制造企业之一。柏科（常熟）电机有限公司自有土地 25 亩，厂房使用面积 4 万 m^2，员工 248 人，其中工程技术人员、质检人员近百人，总资产近 2 亿元，银行信用等级 AAA 级，通过了 ISO9001／IATF16949 认证、美国 NSF 认证。公司年再制造汽车零部件起动机和发电机生产能力 100 万台，国内市场占有率达 30%，产品出口美国等国家，在当地市场占有优势竞争地位。主要客户包括福特、通用、三菱、法雷奥、潍柴、重汽、玉柴、锡柴、上柴、江铃、奇瑞等。

三立（厦门）汽车配件有限公司创立于1988年10月，是专业的第三方汽车发电机、起动机再制造企业。该公司有独立的进出口权，包括旧电机进口和再制造电机出口权。享有中国海关提供的简单、快捷的通关，以及中国出入境检验检疫局便捷的检验服务。三立（厦门）汽车配件有限公司具有年生产再制造电机100万台的能力，是汽车发电机、起动机再制造生产、加工、经营基地，也是目前亚洲同类行业中规模最大、产量最高、质量最稳定、出口额最大的厂家。公司再制造的汽车发电机、起动机产品主要销往中国、北美、南美、欧洲、澳大利亚、韩国、日本等国家和地区汽配业的售后市场。

六、汽车涡轮增压器再制造

涡轮增压技术被普遍认为是经济有效的节能减排技术，因而我国涡轮增压器市场处于高速发展之中，也孕育了涡轮增压器再制造市场需求。国际上，涡轮增压器再制造已经有几十年的历史，主要由美国霍尼韦尔国际公司、康明斯公司、博格华纳、日本三菱重工株式会社、IHI株式会社等几大涡轮增压器制造巨头开展该项业务。但在中国，这些巨头开展的再制造业务较少，这也使得国内出现了较多的涡轮增压器再制造企业，但多数规模较小，其中比较典型的有江苏毅合捷汽车科技股份有限公司，这是中国第一家具有国际标准的涡轮增压器再制造厂，已获多项国家专利，是众多国内和国际主机厂的长期合作伙伴，如小松、日立、潍柴、玉柴、重汽、锡柴、中航重工等。

七、汽车外观件再制造

汽车外观件顾名思义，是指汽车能直接从外面看到的部件。外观件主要包括前后保险杠、翼子板、后视镜、轮毂、前照灯、雾灯、散热器口、尾灯、车门装饰条、倒车镜、转向灯、风窗玻璃、挡泥板、底槛、车门、轮胎罩、发动机舱盖、扰流器等。外观件是汽车上最容易受到损伤的部件，是4S店的主要维修项目；对于再制造企业，由于外观件通常结构简单，便于批量化修复，因而成为很合适的再制造对象。目前，国内有不少企业看好并正在从事车门、保险杠、翼子板、车灯、发动机舱盖等外观件再制造业务，如常州顺扬车辆配件有限公司、常州汉科汽车科技有限公司、上海锦持汽车零部件再制造有限公司、湖南福懋汽车零部件再制造有限公司及上海车功坊智能科技股份有限公司等。从现有的技术水平来看，外观件再制造主要是对其外观性能进行修复，并保证其功能和安全性能。针对外观件再制造形成了多项专利，涉及修复材料、钣金技术以及工艺、检测等方方面面，已经较为成熟。

常州顺扬车辆配件有限公司成立于1996年，一直从事汽车外观件的研制、开发与生产，主要针对汽车保险杠、翼子板、发动机舱盖、车门、车灯等进行再制造，外观件再制造产品累计年产量达3万台套。常州顺扬车辆配件有限公司生产设备先进，技术力量雄厚，检测设施完善，售后服务优良，生产的产品质量可靠、稳定性强。其再制造产品适用于奔驰、宝马、沃尔沃、本田等系列，覆盖北京、上海、广州、成都、南京、杭州等城市及周边地域，规模和技术都处于行业领先水平。

湖南福懋汽车零部件再制造有限公司位于国家再制造示范基地长沙（浏阳），是国内第一家专业从事LED汽车前照灯再制造和创新引领LED汽车前照灯再制造标准制定的绿色环保企业。该公司采用了自主研发的智能化生产系统，采用了两检三测制度，对LED的照度、色温及前照灯的所有技术指标进行全面检测，确保产品质量。公司建立了一套成熟的逆物流回收系统和完善的业务管理系统，使汽车后市场前照灯循环利用、分类拆解、检测、销售等环节实现智能化管理。

第二节
汽车零部件再制造产业特征

一、汽车零部件再制造旧件来源

再制造过程是一个完整的生产经营过程，主要包括八个步骤：旧件回收、拆解清洗（产品全部进行拆解，所有零件均进行清洗）、检测、再制造/再生、装配、测试检验、寿命评估、产品营销。

如汽车发动机再制造，是以旧发动机为"毛坯"，按照严格的技术要求，采用先进的加工设备和工艺，对发动机主要部件进行拆解、清洗、全面检测、再制造或再生，再装配后经过整机检测、性能评估，质量达到新发动机的标准后包装出厂销售。这个过程中，每一个环节都与最终再制造产品质量息息相关，特别是用于再制造的"毛坯"，原有"毛坯"的质量不仅与最终再制造产品质量有关，而且还决定着后续再制造工艺设定。因此，再制造"毛坯"的质量间接或直接地保证着汽车零部件再制造的质量。

目前汽车零部件再制造的旧件来源主要有以下四个渠道。

1）制造返还件和新品故障件（下线件）。该类零件无法通过质量检测用于新品装配，但是可以通过再制造加工使其达到新品性能标准。

2）经销商返还件、滞销件与产品召回件。这类产品具有无法适应当下市场需求或者无法满足产品的全部性能要求，但是具备明显的可再制造价值。

3）消费者返还件。主要包括三包退赔件、维修服务返还、委托再制造件、以旧换新件和以旧换再件等。这类产品的特点是经过前期的使用，整机或部件无法达到新品的质量要求、无法满足整机的正常使用要求,但能通过再制造工艺实现性能恢复。

4)主动回收件。主要来源于报废整车、进口旧件和事故车拆解件等。这类产品主要是指从目标废旧产品上拆解出的可修件,在零件再制造厂能够高质量修复,达到再制造零件质量标准的零件。

二、汽车零部件再制造的特点

从广义上讲,汽车零部件再制造不仅是设备、系统、设施的再制造,也可以是汽车零部件本身的再制造,再制造既包括硬件,也包括软件。

从狭义上讲,汽车零部件再制造主要是对达到物理寿命和经济寿命而报废的产品进行零部件再制造加工,以及对过时产品在性能方面进行升级。

汽车零部件再制造是一种产业可持续发展的生产方式,具有以下五个特点。

1)汽车零部件再制造是对被回收的汽车零部件产品进行生产和再利用,可减少直接报废的汽车零部件的数量,减轻废弃物对环境和人体健康造成的伤害。

2)汽车零部件再制造加工所需要的毛坯和原材料都来自报废汽车零部件产品,是对废弃物的循环再利用,避免或减少了对新资源的消耗。

3)汽车零部件再制造过程是对废旧汽车零部件进行修复,与新产品加工的生产过程相比更加环保、更加清洁,减少了产品生产过程中的二次污染。

4)汽车零部件再制造的目的是再次获得产品的使用价值,不仅内在上恢复废旧产品的使用功能,外观上也如同新品一样,使零部件产品像"新"的一样,延长了零部件产品的使用寿命。

5)汽车零部件再制造工程是一个技术创新的过程,通过再制造,被磨损和报废的耐用汽车零部件产品被恢复到同新产品一样的状态。

三、汽车零部件再制造的意义

报废汽车回收利用是汽车工业产业链的延伸，也是汽车产业链中非常重要的一环。汽车及其零部件再制造作为汽车循环利用的高级形式，是实现汽车及其零部件高循环利用率的保障之一，也是汽车工程、维修工程、表面工程以及先进制造技术、现代材料学等学科的交叉与综合。汽车零部件再制造的主要目标和社会责任是节约资源和保护环境。因此，发展汽车零部件再制造具有重要的意义。

1. 资源潜力巨大

新制造一台汽车的能耗是再制造的六倍，新制造一台汽车发动机的能耗是再制造的11倍，新制造一台汽车发电机的能耗是再制造的七倍，新制造一台发动机关键零部件的能耗是再制造的两倍，这说明，对汽车零部件进行再制造可减少原生资源的开采，减轻我国人均资源匮乏的压力，满足经济可持续发展的需要。

2. 经济效益显著

1996年美国再制造产业涉及的八个工业领域专业化的公司超过73000个，生产46种主要的再制造产品，年销售额超过530亿美元，接近1996年美国钢铁产业的年销售额560亿美元，其中汽车再制造是最大的再制造领域，公司总数为50538个，年销售额365亿美元。有数据显示，美国2002年再制造产业的年产值为国内生产总值（GDP）的0.4%。如果我国2020年的GDP达到40000亿美元，那么按照美国2002年的再制造水平作为我国2020年目标，我国再制造产业的年产值将达到160亿美元。

3. 环保作用突出

再制造可以有效减少原始矿藏开采，最大限度地降低新产品制造过程中造成的环境污染；能够极大地节约能源，减少温室气体排放。美国环境保护局估计，如果美国汽车回收业的成果能被充分利用，大气污染水平将降低85%，水污染处理将减少76%。

4. 缓解就业压力

实施汽车再制造，可以兴起一批新兴产业，解决就业问题。美国的实践表明，再制造、再循环产业每100个人员就业，采矿业和固体废弃物安全处理业将失去13个人员就业。两者相比可以看出，汽车零部件再制造创造的就业机会远大于其减少的就业机会。

5. 提供物美价廉的产品

由于再制造充分提取了蕴含在产品中的附加值，在产品销售时具有明显的价格优势。如再制造发动机，其质量、使用寿命达到或超过新品，价格仅为新机的50%左右，并有完善的售后服务，可供不同收入阶层以及环保人士选用。

总之，汽车再制造是废旧汽车循环利用的高级形式，不仅可以延长产品的生命周期，节约资源能源，而且还能减少生产过程中的环境污染，具有极大的经济效益和社会效益。

第三节
汽车零部件再制造发展现状

汽车零部件再制造业在美国、日本、欧洲等发达国家和地区发展情况良好，展现出良好的经济效益、社会效益和生态效益。美国再制造产业规模全球最大，其中汽车和工程机械等领域占全美再制造业的2/3以上；在汽车维修市场中，再制造零部件占到售后服务市场份额的45%~55%。美国以卡特彼勒公司为代表，日本以其最大的汽车零部件制造企业日本 JRC 株式会社为代表，欧洲以大众、宝马、雪铁龙等企业为代表。

再制造产品的范围涵盖发动机、变速器、离合器、转向器、制动卡钳、起动机、发电机、空调压缩机、制动泵、电动转向系统、ECU 等部件。

一、国外汽车零部件再制造产业现状

国际上，再制造是具有相当产业规模的成熟产业，其中，又以汽车零部件再制造的产业化最早、规模最大，在欧美发达国家已经发展几十年，2015 年全球汽车零部件再制造产业规模达 850 亿～1000 亿美元。

以美国为例，汽车零部件再制造产业已覆盖发动机、变速器、传动装置、离合器、起动机、空调压缩机、轮胎等几乎所有零部件。2015 年美国汽车零部件再制造公司 2000～3000 家，再制造产业规模达到 500 亿美元，在美国机动车维修市场中，汽车零部件再制造配件占据市场份额 70% 以上。

2015 年美国共报废汽车 1500 万辆，而全球每年约有 5000 万辆汽车报废，可见全球汽车零部件再制造的市场潜力巨大。

随着全球范围低碳环保理念的不断加深，各国汽车零部件回收利用率也逐年提高（表 3-2）。据 GIA（Global Industry Analysts）预计，到 2020 年全球汽车再制造市场规模将达到 2000 亿美元。

表 3-2 世界主要汽车消费国废旧汽车零部件回收情况

国家	零部件回收利用率	具体情况
美国	95%	法律规定汽车零部件只要没有达到彻底报废年限，不影响正常使用，都可以再利用 目前，机动车维修市场 70% 以上的配件都是再制造产品，100% 汽车零部件再制造产品性能达到或超过原产品

(续)

国家	零部件回收利用率	具体情况
日本	75%~80%	汽车回收利用率达到75%~80%，其中20%~30%可使用的零部件被再利用，50%~55%作为原材料进入再循环阶段 日本政府计划2020年实现废旧汽车零部件回收利用率达到95%
德国	90%	德国拥有完备的废旧汽车拆解技术、工艺和产业链。可再制造和再利用的零部件（如发动机、金属车架、塑料等）作为再制造备件使用，其余部分作为回收材料进行再生处理。每辆废旧汽车中被当作垃圾扔掉的物品只能占汽车重量的5%
法国	95%	法国环境与能源管理署公布的法国报废汽车回收率已经提高到95%

1. 欧洲汽车零部件再制造产业发展现状

在欧洲，德国、英国和法国的汽车零部件再制造业发展日趋成熟规范。

德国的汽车零部件再制造产业已经达到相当高的水平，至少90%零部件可以得到重用或合理处理。宝马公司已建立起完善的回收品经营连锁店网络，实践中发现汽车回收利用产业效益很高。德国大众汽车公司拥有自己的再制造厂，某种型号的发动机停止批量生产一年后就不再供应新的发动机配件，用户只能更换再制造发动机，从而形成了新产品和再制造产品之间相互依存、共同发展的良性循环。

法国标致雪铁龙公司联合法国废钢铁公司和维卡水泥公司，在里昂附近建立了一家汽车再生工厂，雷诺公司同法国废钢铁公司在阿蒂蒙建立了汽车报废回收中心，废旧汽车及其零部件回收率，已经从2016年的80%提高到95%。

2. 美国汽车零部件再制造产业发展现状

美国联邦贸易委员会2002年颁布的《再制造、翻新和再利用汽车零部件工业指南》16CFR20 中规定，再制造产品要使用"再制造（Remanufactured）"标识，并对再制造产品做了界定。联邦贸易委员会 2003 年《轮胎广告和标记指南》16CFR228 中规定"翻新和再使用轮胎应明确标明"。美国环境保护局在其 2004 年发布的《修复性材料建议书》（Recovered Material Advisory Notice）中要求联邦政府采购项目中优先选择再制造汽车零部件。

在美国，再制造企业可不经新件生产企业的授权，再制造产品也不用去掉原厂商标，只要标识上有该产品由某某厂"再制造"即可，该标识一般采取能保证一定时间不脱落的粘贴方法。美国法律也没有规定不允许再制造零件，一切取决于市场。原则上，只要有市场，成本不至于过高，技术上都没有问题。法律上只规定再制造企业有告知消费者其产品属于再制造产品的义务。在质量保证要求方面，美国联邦政府规定催化转换器、发动机电控单元（ECU）、车载自动诊断系统（OBD）等设备要有八年或八万英里（1 英里=1.6km）的质量保修期，其他相关零件要有两年或两万英里的质量保修期。

美国的汽车零部件再制造受到环境法规的严格控制，三大汽车企业为了避免报废汽车连带的环保责任组建了联合研究机构，主动开展报废汽车回收利用技术研究，承担起在报废汽车回收利用领域里的责任。另外，高校与军事机构也在再制造领域投入大量的人力物力，进一步拓展了再制造的影响力与技术发展空间。如美国通用汽车公司将再制造分为旧件回收、拆解、清洗、检测分类、修配更换、组装六个步骤。在再制造过程中，质量检测始终贯穿其中，在重新组装后，还要对再制造产品进行最终测试，以保证产品质量达到规定要求。

3. 日本汽车零部件再制造产业发展现状

1970 年日本颁布的《废弃物处理法》确定了促进报废汽车等循环利用而进行的判断基准、事前评估、信息提供等运作机制，明确了生产者、销售者、使用者在废弃物处理方面所承担的责任。

1997年日本通产省发表了规定有关单位自主分工的"汽车回收再利用倡议",制订了汽车回收再利用率2002年提高到85%、2015年提高到95%的目标。2000年颁布和实施的《循环型社会形成推动基本法》则对废弃物的循环利用制定了详细的激励和鼓励政策,依据此项法律规定,废品的处理要向国家缴处理费,对于汽车零部件,如果送给再制造企业,则可以不交这笔费用。

2002年4月,日本国会审议通过了《汽车循环法案》,它规定汽车制造厂商有义务回收废旧汽车,然后进行资源再利用,车主有义务为环保做贡献,需交150美元左右的回收处理费用。

2002年7月末,日本国会审议通过《汽车回收利用法》,并于2005年1月1日正式颁布实施。该法规定,汽车用户要缴纳回收利用费,新车用户在购买时缴纳,车主可通过邮局、银行、便利店等代理机构缴纳。另外,也可通过年检的代办机构交费。交费后车主会获得盖章的证明,如果没有这个证明,车辆不能通过年检。

日本JRC株式会社是日本最大的汽车零部件再制造企业,在东京和大阪地区有数家分支机构,2008年总产值600多亿日元,其产品涵盖发动机、转向器、变速器、转向泵、底盘、制动器等多个类别,拥有社员(员工)500多人,其中技术人员50多人(数据来源于刘运来所著《管窥日本汽车零部件再制造》,该文章刊登于《汽车与配件》2010年第33期)。仅转向器、转向泵的再制造,年产量就在50万台以上。

日本受制于市场空间和环保压力,在废旧汽车回收和再制造汽车零部件销售方面,有着区别于其他国家和地区鲜明的特色。日本的废旧汽车零部件处理是收费的。汽车零部件再制造企业为保证原材料的来源,协议要求4S店必须提供和再制造的新品零部件同等数量的废旧件,如果4S店违约,则拒绝供货。报废汽车拆车厂是仅次于4S店的另一废旧零部件来源。车主将要报废的车辆交给报废汽车企业回收汽车,然后报废车依次被转移到氟利昂回收厂、安全气囊回收厂、汽车拆解企业、粉碎企业，该过程结束后，日本国土交通省才会永久注销车辆登记，整车厂便可从政府领取相关的回收处理费用。在此过程中，报废汽车拆车厂将拆解后的可再生零部件交给再制造企业。基于此，60%的再制造汽车零部件由本国用户使用，40%出口国外，其余的10%拆解后用作废品处理。

二、我国汽车零部件再制造产业现状

从20世纪末再制造概念引入中国起，很多企业开始从事汽车零部件再制造研发、生产与销售。近几年来，我国汽车零部件再制造整体发展水平快速提升，市场规模从2005年产值不足0.5亿元，到2010年的25亿元，到2015年实现年再制造发动机80万台，变速器、起动机、发电机等800万台，工程机械、矿山机械、农用机械等20万台/套，再制造产业年产值达500亿元。预计到2020年，根据规划，我国废旧汽车资源综合利用率要达到95%；根据工信部规划，我国再制造产业产值将达到2000亿元。

从发达国家再制造产业发展史来看，美国在美国墨西哥边境、欧洲在中东欧、英国在伯明翰周边地区，均自发形成了汽车零部件再制造产业相对集中的地区。一些特殊有利于再制造产业发展的外部条件是形成这一现象的重要原因，这些外部条件包括宽松的产业政策、合理的劳动力成本、便利的旧件来源、完善的配套产业链、成熟的市场环境等因素促成了这些地区成为再制造企业的聚集区。我国零部件再制造行业的集聚发展也将成为重要趋势。

从汽车产业链角度来看，再制造属于产业链中必不可少的一环，也是汽车产业链形成闭合循环的重要环节。汽车零部件再制造是我国推进循环经济发展的重要内容和具体实践，也是成熟汽车市场普遍采取的措施之一。在过去的十多年发展过程中，无论是产业链结构、区位布局、产品质量，还是后市场接纳度，均有较大幅度的改善。2017年，国家宏

观政策继续大力提倡循环经济,大力扶持汽车零部件再制造,未来在汽车零部件再制造的发展空间巨大。

1. 市场状况

从整体上看,我国再制造产业发展缓慢,仍处于起步探索阶段。无论是产业规模还是经济效益和社会效益,我国再制造产业与发达国家相比存在着相当大的差距。再制造产业蕴藏着巨大的市场潜力,等待我们去开发利用。我国的再制造工程虽然起步较晚,但受到政府的高度重视。相比国外汽车零部件再制造产业,目前我国的再制造仍然是一个新兴产业,由于起步晚,投入不够等原因,产业发展滞后,产业体系不健全,行业整体规模小,缺乏竞争力。

2. 现状分析

(1) 公众对再制造产品认知度不高

再制造作为一个新的理念还没有被公众广泛认识,甚至将其等同于现在的汽车大修,各方面对发展再制造产业的重要意义缺乏足够的认识。受传统消费观念的影响,消费者一般都认为新产品比再制造产品好,陈旧的消费观念限制了再制造产品的应用和市场占有率。

(2) 再制造产业发展滞后

再制造还没有形成社会化生产体系,没有形成再制造产品销售网络。我国地域广阔,存在着回收半径大、物流成本高和销售成本大等问题。再制造行业参与企业数量少,规模小,支撑不了行业发展。我国再制造产业发展严重滞后,基础薄弱,产业规模小,供给能力缺口大,竞争力弱。此外,消费者对再制造产品的需求尚未被激发。

(3) 再制造产业体系不完整

产品回收体系不健全,存在零部件回收率低,回收体系混乱,全国性的回收网络和管理信息系统不健全等问题。目前分散的区域性再生资源回收加工网络还是行业主力。由于缺乏报废汽车零部件回收体系,正规回收再制造企业缺乏稳定的废旧物资供应，这也是导致汽车零部件再制造企业面临着"无米下炊"的尴尬境地，无法获得规模效应的原因之一。

(4) 法规政策在某些方面制约了汽车零部件再制造产业的发展

现行的车辆管理制度，如车辆档案登记要使用发动机号和底盘号，不利于再制造产品的应用。报废汽车零部件回收、再制造产品的质量标准、再制造企业管理标准和市场准入机制等方面的法规政策仍存在缺失。

第四节 汽车零部件再制造产业分析

一、国外汽车零部件再制造产业发展经验

汽车零部件再制造产业在美国、日本、欧洲等发达国家发展情况良好，展现出良好的经济效益、社会效益和生态效益，形成了许多可借鉴的经验。

1. 注重规模化发展

以美国为例，美国再制造产业规模全球最大，汽车零部件再制造规模化的发展，形成了三种类型的再制造企业类型，一是原始设备制造商进行再制造，一般只进行自己产品的回收再制造；二是再制造的专业公司，这类公司具备开展各种产品再制造的能力；三是提供服务和维修的企业，然后逐渐过渡到开展再制造业务，这类企业主要是电子产品再制造公司。

2. 注重回收网络建设

以美国卡特彼勒公司为例，该公司建立了面向全球的废旧部件回收和

再制造产品销售网络。日本建立了覆盖全国的回收网络，可再制造汽车零部件来源依次是4S店、废旧汽车拆解厂、维修店。欧洲的再制造产品大部分在原制造企业的售后服务网络中流通，很少流向社会维修市场。

3. 生态环境效益凸显

据美国《再制造工业发展报告》统计，每再制造1千克的新材料，可以节省5~9千克的原材料，每年全世界通过再制造节省的材料达到1400万吨，可以装满23万节火车车厢，再制造产品的能耗仅为新产品生产的15%，全世界每年通过再制造节省1600万桶原油，相当于600万辆汽车一年中所需的汽油。据我国济南复强动力有限公司的统计数据，若每年再制造5万台斯太尔发动机，则节省3.825万t金属，回收附加值16.15亿元，节电7250万kW·h，实现利税1.45亿元，减少CO_2排放3000t。与新产品相比，发达国家生产再制造产品通常节能60%左右，节材70%左右，减排废气80%左右，固废减排效应十分明显。以宝马公司为例，旧发动机在再制造过程中，94%被高技术修复，5.5%回炉再生，只有0.5%被填埋处理。在取得显著环境效益的同时，宝马公司再制造发动机的成本仅为新发动机的50%~80%。再看看美国卡特彼勒公司，以气缸盖零部件再制造为例，其再制造产品相对于新产品减排温室气体61%，节水86%，节能85%，节能、节水、节材和减排效应十分明显。

4. 社会效应巨大

与相关制造业比，再制造业的就业人数是其1~3倍。如果再制造业的产值是750亿美元，雇佣员工100万，而同产值的计算机制造业，雇佣员工只有35万，说明再制造业具有显著的创造就业与再就业的能力。

20世纪三四十年代，为了从经济衰退的困境中走出，美国汽车维修行业出现再制造"雏形"。20世纪90年代欧美各国大力发展再制造产业，形成了相对成熟的产业体系，目前全球再制造产业产值已超过

1000亿美元。

随着全球经济复苏历程令人失望，人工成本和维修成本的持续攀升，维修与再制造的比价关系在变化，再制造在国外的优势将逐渐转入国内。同时，国内企业内生盈利动力不足，迫使企业挖掘后市场和服务空间，通过服务新概念拓展再制造市场，政府顺应新经济和新常态，为促进再制造焕发新活力提出了具体指导意见，并通过再制造对生态文明、环保要求的提高倒逼绿色产品的应用。再制造行业的快速发展，会使新技术的应用速度大大加快，现有的技术储备有助于再制造领域实现中国制造业的弯道超车。

二、中国汽车零部件再制造产业发展趋势

我国正在进入汽车社会，汽车报废量的爆发性增长未来将持续至少20年以上，预计到2030年汽车报废量将达到数千万辆，届时环境的承载能力将接近极限，因此推行绿色低碳循环发展的新方式势在必行。汽车零部件的再制造既是汽车产品的低碳措施，也是提高能源和材料效率、落实汽车工业可持续发展战略的重要途径。

1. 我国汽车零部件再制造产业发展目标

未来10到20年，汽车零部件再制造是中国再制造产业重点发展的三个领域之一，并以汽车零部件再制造为龙头，建强再制造国家工程研究中心和再制造产品国家质量检测中心，形成规模化完善的再制造产业化群和国际领先的再制造企业5～10家。建立起生产者延伸责任制度下的汽车产品回收、利用、再制造/再利用、再销售产业体系，报废汽车实际回收利用率达到95%，汽车零部件再制造产业规模在制造业中的占比提升到5%以上，汽车零部件再制造就业规模占制造业的比例从7%提升到13%，实现汽车产品的全生命周期管控，退役汽车零部件高附加值再制造/再利用技术在行业内普及（图3-9）。

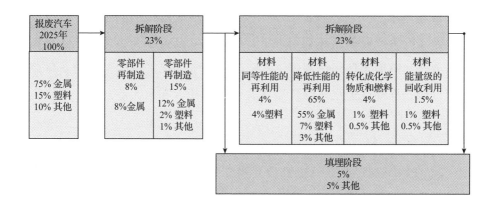

图3-9 2025年我国汽车产品回收利用以及再制造率目标

2. 我国汽车零部件再制造产业发展规模

未来10到20年，报废汽车年处理总量达数千万辆，全行业规模以上企业超过1000余家，总产值近千亿元。其中，3万t以上规模的拆解、破碎、分选企业超过百家，零部件再制造企业数百家，车用材料回收再利用500～600家，10万～15万t规模的ASR处理企业七八家（图3-10）。

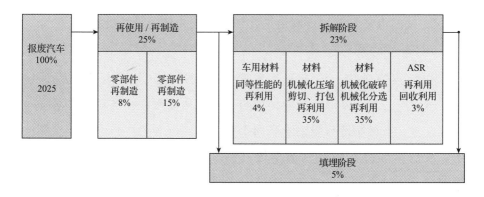

图3-10 2025年我国汽车产品回收利用以及再制造产业发展规模

3. 我国汽车零部件再制造技术发展目标和基本策略

（1）发展目标

以发展循环经济和国家汽车产业政策需求为导向，攻克和自主掌握符合市场需求、实现汽车产品高附加值再制造/再利用的先进适用技术,提高汽车产业的循环利用水平,探索建立以企业为主体、产学研用紧密结合、遵循市场经济规则、多元化投融资和促进成果转化的新体制和新机制,推动我国汽车绿色制造共性基础技术和重大前沿技术的自主发展。

(2) 基本策略

1) 在汽车生产企业（主机厂）建立起基于可再制造性设计的汽车产品绿色设计与生产体系,实施汽车生产者延伸责任和信息公开责任,提高我国汽车零部件的再制造率。

2) 通过技术创新,推动汽车零部件再制造行业的集约化、信息化、标准化发展,推广再使用、再制造和再生材料零部件,探索汽车产品全生命周期信息的互通共享机制,提高企业效益和社会效益。

3) 把握好经济调节机制与行政管理机制的衔接和配合,通过落实汽车零部件再制造率,配合相应的激励政策来引导、促进和推动整个汽车全生命周期全产业链的共同参与。

4. 我国汽车零部件再制造主要任务和优先解决的关键技术

(1) 主要任务

1) 重点突破废旧汽车及其零部件再制造系统规划与产品设计技术、旧件产品及其零部件性能评价与寿命评估技术、经济环保的清洗与拆解技术、增材制造与微纳米表面工程技术、再制造产品的安全检测技术,使汽车零部件的再制造率提高到25%～30%,实现全生命周期管控。

2) 重点完善和发展汽车零部件旧件回收体系,汽车产品回收拆解、再制造和再利用全产业链标准体系,汽车零部件再制造应用体系,环保安全体系和流通服务体系五大共性支撑体系。

(2) 优先解决的关键技术

1) 汽车产品再制造系统规划与产品设计技术。掌握汽车产品生态设计准则、设计方法、设计工具、设计规范,掌握汽车产品生命周期生态性能的评价方法、评价指标、评价工具、评价规范,建立汽车产品及其零部件全生命周期生态评价基础数据库和产品信息数据库,从源头设计提高我国汽车产品可再制造率、材料利用效率、环境效益和附加价值,并通过建立汽车产品绿色供应链管理技术体系,削减环境物质水平。

2)汽车产品再制造深度拆解技术。研发汽车产品再制造自动化拆解技术与装备,掌握大型机械化深度拆解/破碎/精细化分选技术,重点突破高效酸、碱清洗技术与装备,如绿色清洗新材料、技术与自动装备,超声波、高温、喷射清洗技术与装备,如生物酶清洗技术与装备。

3)新能源汽车动力蓄电池、电控部件及轻量化复合材料回收技术。掌握车用锂离子动力蓄电池可拆解/可回收性设计、梯次利用、安全拆解与回收预处理、正极材料的高附加值资源化,电控部件再使用,轻量化、碳纤维复合材料回收利用的产业化技术。

4)低排量车用发动机、高档自动变速器的再制造技术。掌握"国四"以上内燃机整机及燃油喷射系统、增压系统、发动机电控单元再制造,六档以上自动变速器再制造的产业化技术。

移动互联网未来将深刻影响汽车零部件再制造的效率和附加价值。集约化、信息化、标准化将是汽车零部件再制造产业发展的新特征,大数据、智能化将是汽车产品再制造产业发展的新方向,车联网技术、智能制造技术以及其他新技术与汽车零部件再制造技术的结合将是再制造行业技术前沿,通过探索新的产业发展模式和关键支撑技术,发展退役汽车产品的高附加值再制造,实现经济和环境效益最大化。

(3)保障措施

1)扩展再制造资金扶持渠道。为促进以再制造产业为代表的节能环保产业的发展,财政、金融系统将大力发展绿色信贷,支持绿色投资,设立绿色发展基金,发展绿色保险等,推动绿色循环产业的发展。

2）加大汽车零部件再制造标准化工作。未来汽车零部件再制造产业将按照国家标准化管理委员会与工业和信息化部联合发布的《绿色制造标准体系建设指南》和《工业节能与绿色标准指南》要求建立再制造产业、技术和工艺标准化工作，组织贯彻人才、技术等各类培训，培育一批绿色再制造标准化支撑机构和评价机构。

3）组织开展绿色再制造系统的集成。鼓励跨行业跨领域关键工艺突破与应用，如近净成型、增材制造等绿色共性工艺技术，以及与新品设计制造形成有效反哺互动机制的表面工程再制造技术，弥补再制造产业和技术空白，打破尖端技术垄断，提升重大战略性装备运行保障能力的高端装备和重大专用设备多材质关键件再制造。

4）推动汽车零部件重点产品再制造。严格管理汽车零部件再制造的质量和标识，继续开展机电产品再制造，建立再制造的负面清单管理制度，清理制约再制造产品流通的规定，规范再制造产品质量保障体系，推动再制造业积聚发展，进一步选择合适区域探索开展可再制造汽车零部件的进口和再制造产品的出口。

5. 我国汽车零部件再制造产业发展路径

(1) 走集聚化发展道路

汽车零部件再制造产业由于缺少旧件来源、逆向物流不畅通、假冒伪劣产品较多、销售模式缺乏、市场开发力度不够、消费者对再制造产品认知度差、力量分散，导致产品开发投入少、手段落后、数据积累少，无法形成较强的竞争优势。

汽车零部件再制造产业的积聚发展是社会发展的迫切要求，只有汽车零部件再制造产业集群形成了规模，才有助于专业化回收、拆解、清洗、再制造和公共平台的建设，形成完整的产业链，汽车零部件再制造产业才能顺利发展壮大。

汽车零部件再制造集聚区内聚集了不同汽车零部件的再制造企业，各零部件厂商可以相互之间在生产和组装的各个环节达成合作关系，由此降低单独零部件再制造企业的运输费、组装费等一系列成本费用，各企业利用自身的优势去填补其他产业的劣势，并将劣势转化为优势，从而降低一般企业在弥补劣势时所需支付的成本费用。集群和积聚效应促进企业间强强合作，互相弥补自身的缺陷，促使汽车零部件再制造产业健康快速发展，促使汽车再制造生产技术更新与提高，实现集群区域内企业的互补性及相关特性的升华，有利于汽车零部件再制造产业的专业化，产生巨大的集群效应，辐射社会经济的发展，实现资源共享。

（2）走高新技术发展道路

汽车零部件再制造企业要想获取较高的利润，除了需要将生产规模予以良好扩张之外，更需要走技术发展路线。所谓技术发展路线，就是依托高新技术来实现产品实际附加值的有效提升，只有汽车零部件再制造产品实际价值不断提高，汽车再制造企业才能真正从中获利。因此，汽车零部件再制造需要将技术研发力度予以最大化提高，提升具有高附加值废旧汽车零部件的技术含量，进而有效削减零部件实际生产成本。

未来以"互联网＋"为抓手，全面推进"互联网＋汽车零部件再制造业 3.0"的智能制造高级业态，以实现汽车零部件再制造生产过程的自动化、流程管理的数字化、企业信息的网络化、智能制造的云端化，从而为再制造产业不断注入新动力、开拓新市场。

基于移动互联网、物联网、云计算和大数据的等新一代信息技术的智慧生产路径主要有两条，一条是实现定制化生产；另一条是通过大数据达到精准营销，提高企业的品牌效应。信息技术与汽车零部件再制造产业的深度融合，将有效促进汽车零部件再制造生产过程和管理方式的数字化、网络化和智能化发展，解决汽车零部件再制造效力低下、创造力不足、再制造品质不高、营销策略僵化的问题，从而以信息流带动物质流，推动整个汽车零部件再制造产业的国际影响力。

（3）走高效管理发展道路

汽车零部件再制造是实现汽车产品可持续制造的重要环节，是一个经济高效、低碳环保的可持续生产系统。但是，汽车零部件再制造的批量性、规范性、互换性和改进性要求受到再制造坯料逆向物流的不确定性、再制造生产过程的不确定性、再制造产品市场需求的不确定性的制约，从而决定了再制造企业的生产计划、控制和管理的复杂性。目前，汽车零部件再制造企业的管理水平总体较弱，既有管理理念的问题，也有经验、人才缺乏的问题，对质量管理、供应链管理、再制造品营销、电子商务等缺乏对其精髓的深入认知。

因此，未来汽车零部件再制造的全流程管理需要研究和推广全流程最优控制策略，追求更加柔性化的生产方式以替代传统的大批量生产方式。其次，需要研究和推广汽车零部件再制造的产品质量控制策略和技术，以满足再制造产品的市场准入、合规生产与产品质量保证要求，实现汽车零部件再制造的高效率管理之路。

（4）走通用化和标准化之路

为了满足日益多样化的市场需求，为寻求规模经济与多品牌、个性化之间的平衡，有效提高生产能力，加快汽车零部件再制造产品适应市场的步伐，汽车零部件再制造生产企业应该走积聚发展的道路，推行汽车再制造产品开发平台战略，发展柔性生产线。平台战略的核心是最大限度地提高汽车零部件再制造产品的通用化和标准化，尽最大可能实现零部件共享，以实现更大规模的生产，摊销因不断增多的车型数量和不断缩短的产品生命周期而导致的高昂开发成本。在一个平台上，可以同时在线再制造生产多种型号的汽车零部件产品，还可以根据客户的需求对装饰及配置进行细化定制。通用化、标准化的再制造零部件生产是平台战略成功的基础。平台战略成功运用后，可显著增强规模经济效应。

三、国际汽车零部件再制造产业发展趋势

世界汽车零部件再制造已形成巨大的产业，成为绿色发展和绿色经济的重要组成部分。未来，以美国国家再制造与资源恢复国家中心

(NC3R)、再制造研究所和欧洲再制造技术中心为龙头的科研院所、研发中心，将向全球工业界提供绿色、有效或经济的汽车零部件再制造技术和产品。

世界再制造领域领先的国家纷纷通过行业协会和立法机构，将新的再制造技术列入其优先发展的国防制造工业的新重点，并通过支持再制造的相关法律法规、支持再制造产业的规模化和国际化发展。

1. 汽车零部件再制造业务的国际化趋势

世界著名汽车及零部件企业，为将领先一代的产品技术和产品优势转化成发展中国家对高端再制造或维修汽配件的需求，将积极扩展海外市场，同时为节省运输成本和海外运营成本，必然将在主要汽车消费国和新兴市场进行独资建厂、合资建厂和海外并购，成立再制造基地和维修中心。

2. 可再制造汽车零部件全球出口的趋势

成熟的汽车市场，蕴含了大量可再制造的汽车零部件，为弥补发展中国家对发达国家在汽车产品上的代差劣势，发达国家必然将成熟市场中大量可再制造的汽车零部件按照发展中国家对再制造汽车零部件进口准入条件销往海外，作为当地整车及零部件维修和换件的供应满足市场需求。

3. 汽车零部件再制造高端化研发趋势

1）依托汽车及汽车零部件全生命周期，研发汽车产品部件老化或物理、机械性能变化分析手段，建立相应的数据库，未来将通过这些信息恢复损伤、废旧或报废汽零部件产品。

2）研发通过有限元分析、失效分析、几何尺寸恢复、结构和材料分析手段，判断和评估汽车产品老化机制，获得科学正确的再制造方法。

3）研发经济性好、环境可靠的再制造先进技术、表面清洗技术和废物最小化技术。

4）研发用于定量测量评估汽车零部件、配件健康程度的工具和装备，通过使用先进的诊断技术和工具测量再制造产品的性能或老化特性，用于预测产品的剩余寿命。

5）研发汽车及零部件再制造可持续设计方法。针对再制造过程中的重要设计要素，如拆卸性能、零件的材料种类、设计结构与紧固方式等进行研究。发达国家将通过这些基础研究工作积累，为再制造产业的可持续发展奠定了坚实的基础。

第四章 工程机械再制造

第一节 工程机械再制造概述

　　国外对工程机械的研究起步较早。美国在 19 世纪 30 年代就发明了由蒸汽机驱动的单斗挖掘机；20 世纪初采纳了第一台电动机驱动的单斗挖掘机。经过 100 多年的发展，以美国为代表的发达国家的工程机械技术日趋成熟，在世界工程机械行业中占据着绝对制高点。欧洲也是工程机械的主要生产基地和消费区，生产总量仅次于美国。尤其是德国，不仅生产的工程起重机、路面机、混凝土机械等工程机械有着很高的知名度，而且向其他国家输出工程机械设计制造技术。我国也曾引进德国多种产品和技术。

　　我国对工程机械的研究起始于 20 世纪 70 年代，自改革开放、加入世界贸易组织以来发展迅速。目前，我国的工程机械门类基本齐全，在机械行业中占据着相当大的规模。进入 21 世纪以来，伴随着经济体制改革，我国涌现出了三一重工、中联重科、徐州重工等一批不同产品领域的国际知名企业。加之我国宏观经济持续健康发展，国内的工程机械产业也发展迅速。据统计，在2009—2014年，我国工程机械的平均增长速度是世界平均水平的14.2倍。

中国工程机械行业经过六十多年的发展，已形成能生产20大类、4500多种规格型号的产品，满足国内市场需求的、具有相当规模和蓬勃发展活力的重要行业。近十几年来，我国工程机械行业在发展方式转变、经济结构调整方面取得明显成效，综合实力迅速增强，国际竞争力和产业地位大大提升。目前，中国已经成为工程机械制造大国，并向制造强国迈进，产品制造和销量位居世界第一，并拥有全球最大的工程机械市场。目前，我国工程机械行业销售规模已达6000亿元，工程机械社会保有量已突破700万台。

20世纪90年代，徐滨士院士在国内首次提出再制造的概念，之后再制造得到了产学研各个领域的广泛关注。21世纪初，以外资品牌为代表的工程机械企业开始将再制造的产品和经营引入中国市场，如卡特彼勒、小松和日立建机等企业，以探索再制造商业模式在中国市场的适应性、可行性。

2008年，借助国家相关法规、政策的推动，工程机械再制造产业开始进入产业发展的初级阶段。2009年12月11日，工业和信息化部下发《机电产品再制造试点单位名单（第一批）》，徐工集团工程机械有限公司、武汉千里马工程机械再制造有限公司、广西柳工机械有限公司、卡特彼勒再制造工业（上海）有限公司、天津工程机械研究院、中联重科股份有限公司和三一重工股份有限公司七家工程机械单位入围。试点单位在再制造模式、技术、市场、政策等方面积极探索和实践的同时，也引起了行业企业广泛的关注，带动了一批行业企业开始尝试性地进入工程机械再制造领域。

第二节
工程机械再制造产业特征

我国是工程机械制造及使用大国,据中国工程机械工业协会统计,截至2013年年底,我国工程机械主要产品保有量为611万~662万台。按照工程设备的生命周期,预计到2020年,每年报废的工程机械将高达120万台,这为工程机械再制造产业提供了充足的再制造资源。

以液压挖掘机为例,2015—2020年,每年淘汰10万~15万台,如果有10%进入再制造,那么每年液压挖掘机的再制造量将达到1.0万~1.5万台,不包含进入流通领域市场的进口二手液压挖掘机为再制造带来的需求。以装载机为例,每年淘汰12万~16万台,如果有10%进入再制造,那么每年装载机的再制造量将达到1.0万~1.6万台。

伴随着国内工程机械销量、保有量的大幅增长,寻找一种可持续的生产和消费模式,对于推进工程机械行业节能降耗、减排来说至关重要,所以说发展再制造产业是可持续发展战略的必然要求,也是发展绿色经济的具体实现方式。

工程机械产业发展的进程为再制造的发展提供了土壤,包括工程机械保有量快速增长、产业转型和升级的迫切需求、企业对经营模式创新的强烈意愿等。再制造产品良好的性价比优势注定将会得到后市场的青睐,工程机械再制造能否同工程机械后市场有机结合成为行业企业共同关注的重点。

政府政策的引导和推动是工程机械再制造产业快速启动的主要因素。在政策的推动下,国内企业通过对国外企业再制造业务的研究和分析,发现了与国际先进企业的差距以及再制造业务蕴含的发展契机。再制造业务的发展与产业发展的阶段、市场进化程度密切相关,目前我国工程机械产业和市场发展程度已经为再制造业务的发展提供了可能；特别是在我国经济经过多年快速发展，经济结构由粗放型向集约型转变、能源和资源日益紧迫的形势下，再制造无疑将为工程机械产业转型和升级提供一个很好的机会。为此，很多工程机械企业已经将再制造和相关业务提升至企业战略高度，给予高度重视，并参照国际先进企业再制造的经验和模式、结合企业具体情况制订实施策略。

一、工程机械再制造的对象

由于工作领域广泛、工作对象复杂，工程机械产品种类繁多，结构复杂各异，由此给再制造带来了难度。工程机械属于典型的重型装备，大型结构件在产品中所占的质量比重非常高。而绝大多数大型结构件在设备报废后仍然可以继续使用。因此，从节能、节材、降耗角度来看，工程机械结构件或者工程机械整机再制造的效果更好。

从事工程机械再制造的首要问题就是定位产品或选择再制造对象。从工程机械再制造角度来看，其对象包括三类：一是工程机械整机产品，二是工程机械通用零部件，三是工程机械自制零部件。

对于工程机械整机再制造，业内一度存有异议。但工程机械作为一种重型装备，从节能节材角度来看，其再制造的意义重大、前景广阔。其难点在于再制造整机性能和质量保证，这也是今后整机再制造需要重点攻克的难关。其次，从商业模式和运营来看，再制造整机产品由众多再制造零部件组成，对工程机械再制造产业的拉动效果明显；并且消费者更容易接受，减少了很多商业操作环节，更有利于商业模式的创新。

对于通用零部件，特别是以内燃机、液压件为代表的关键零部件，专业配套制造商更容易形成批量生产。工程机械再制造企业与相关配套制造商形成战略合作关系、产业配套关系，更有利于保证质量、降低成本。

对于工程机械自制零部件，则由企业自行进行再制造或者委托外协企业进行再制造即可。

二、工程机械再制造的主体

有七家工程机械有关单位进入第一批机电产品再制造试点范畴，除一家科研机构和一家代理商外，其余五家都是整机制造商。随着后市场的发展，一些整机制造商、零部件制造商和具备一定实力的代理商、维修企业开始加入再制造的行列。但中小规模的整机制造商、代理商和维修企业都处于观望状态，究其原因，与企业对后市场的关注与依赖程度有关，也与对再制造的认识与宣传中过度强调生产批量有关。

再制造工程在宣传过程中提到，再制造必须达到相当的批量，否则就不是再制造、无法实现盈利。一些实力不太雄厚的企业，自忖没有能力做到相当的规模，自然不敢涉足再制造。其实这是一种误解。制造企业在生产新品时就有大量生产、成批生产和小批生产等多种区分，这是由市场对产品的需求量决定的。某些特大型设备，如盾构机，就是针对某一项工程单独设计、单件生产的。

一家规模不大的企业，只要组建了一个专门的车间，甚至只是一个小组，选用了合理的修复工艺，修复的零部件的性能和质量不低于原型机新品，再制造的产品能够实现销售，企业实现盈利，就是名副其实的再制造企业。尽管小微再制造企业由于批量原因，收益不一定很高，对循环经济的贡献不一定很大，但这是企业打破思想桎梏，推动再制造事业大步跨越的有效途径。

因此，整机制造商、零部件制造商、代理商和维修企业都可以从事再制造，每个企业要根据自身的情况选取适合自己的产品、规模和模式。只有这样，才能逐步形成工程机械再制造产业良好的生态群。

三、工程机械再制造产业链的构成

再制造是一项复杂的系统工程，处于起步阶段的工程机械再制造产业需通过市场机制调动资源，逐步形成与产业发展相适应的产业链。产业发展初期，产业链条建设主要围绕旧件回收、产业协作和再制造产品销售展开。

旧件回收是再制造原材料供给的主渠道，也是再制造区别于制造的最主要的特征之一。目前，工程机械企业旧件回收主要依靠原有营销体系，通过三包期内部件更换、维修更换、以旧换新置换、债权设备回收等方式回收旧件和二手设备，这种回收方式具有很强的不确定性，缺乏广泛性，无法满足今后再制造批量化生产的需求。这需要通过市场机制进一步调动消费者、代理商的积极性，同时调动体系外经销商、社会化服务企业以及第三方旧件回收企业的积极性，形成较为完善的旧件回收体系。

工程机械制造需要产业配套协作，同样工程机械再制造也需要产业配套协作。目前，阻碍工程机械再制造快速发展的一个主要原因就是产业配套不完善。因此，需要通过引导更多的配套件制造商、第三方零部件再制造商乃至部分专注于零部件再制造的企业加入再制造产业链，既充分利用原有产业配套体系，又吸纳新的再制造配套企业，形成完善的、开放的工程机械再制造产业配套体系。

工程机械再制造产品销售包括零部件销售和整机销售。一部分零部件再制造产品将通过配套成为整机再制造产品的组成部分，其余将通过渠道进入后市场。利用原有营销渠道无疑是很好的办法，增加了原有渠道的服务和产品，为消费者提供了更多的选择，增强了渠道的盈利能力。需要关注的是，要充分利用进入后市场零部件再制造产品的有利因素，与旧件回收体系有机结合，以促进旧件的回收，形成良性循环。

工程机械再制造基本涵盖了工程机械原有产业上下游的关键环节，从用户到代理商，从代理商到制造商，从制造商到零配件制造商，再到为产业服务的服务商、行业机构和学校等。此外，作为新兴产业的再制造，与制造有着很大的区别，产业的发展仅仅依靠原有的产业链存在着很大的限制，特别是在产业发展初期，需要开放的思维和心态去扶植和吸纳第三方从事旧件回收、再制造、销售及服务的企业进入再制造产业链，通过市场的竞争促进产业链资源的整合和提升。

第三节
工程机械再制造发展现状

目前，从事工程机械再制造的行业企业主要有四类：外资企业，以卡特彼勒、小松、沃尔沃、日立建机等为代表的外资企业将其国际上成熟的再制造商业模式引入中国市场，但受政策、市场以及运营模式的影响，还没有形成规模效应；国内主机制造企业，以徐工、柳工、中联重科、三一为代表的国内主机制造企业以机电产品再制造试点为契机，包括临工、厦工、山推、盾建重工、天顺长城、南车时代等非试点企业，开始试水工程机械再制造；零部件制造企业，此类企业以安徽博一、蚌埠行星、宁波赛克思、天津鸿翔等为代表；经销代理商及技术服务商，此类企业以武汉千里马、利星行、南京钢加、合肥日建等为代表。此外，作为行业科研机构，天津工程机械研究院在工程机械再制造共性关键技术及装备、标准方面做了大量工作并取得了一定的突破。

从再制造对象来看，工程机械再制造分整机和部件再制造两类。整机再制造主要以液压挖掘机为主，如武汉千里马、小松、利星行等；其他还有少量的装载机、沥青混凝土摊铺机等。部件以发动机、液压件、变矩器、变速器以及驱动桥等为主。

从再制造产品批量来看，工程机械再制造尚未形成规模效应。相对来讲，液压挖掘机、变速器、变矩器、驱动桥以及液压缸已经形成小批量生产能力。

从再制造经营规模来看，绝大多数企业再制造经营规模都在千万元级，鲜见突破亿元的规模。

从产业链角度来看，上下游企业之间还缺乏协调和配合，缺乏适应市场机制的商业合作，产业链尚未形成。此外，产业聚集尚处萌芽阶段，效果尚未显现。

第四节
工程机械再制造产业分析

一、工程机械再制造基本模式

工程机械再制造的基本模式可分为四类：独立的再制造企业模式、制造商体系再制造企业模式、小型再制造工厂模式和产业聚集模式。

1. 独立的再制造企业模式

这类企业不依附原产品制造商，回收、再制造的旧件可以是多家品牌的产品，根据工程机械市场的需求生产再制造产品，只对所生产的再制造产品负责，并具有自己独立的再制造产品品牌和再制造产品销售网络。

2. 制造商体系再制造企业模式

这类企业主要是由设备原制造商投资、控股或授权生产的再制造企业。这类企业只对原制造商的产品进行回收并再制造，再制造后的产品使用原制造企业的标识。由于这类再制造企业回收指定品牌的产品，通常此类产品的原制造商本身产品的市场销量比较高，能够保证再制造企业足够容量的产品回收市场和产品再制造零部件的获取。

3. 小型再制造工厂模式

这类企业以灵活的方式为客户提供完善的再制造服务。这类小型再制造工厂受其规模和技术水平的局限，仅仅能分类、检测、拆分、再加工处理一些零部件，很难再制造整机产品。这类企业通常以销售再制造零部件为主，销售对象一般为终端用户、面向后市场提供服务的企业，也可以是独立的再制造企业或制造商体系再制造企业。

4. 产业聚集模式

由一家企业到若干家企业，再到众多企业，逐步形成工程机械再制造产业聚集区。聚集区内包括以上三种类型的模式，通过引导和竞争，在降低成本、协同合作的同时，发挥出产业聚集的优势，推动产业链的形成和产业的规模化、市场化发展。

二、工程机械再制造发展趋势

1. 组织发展趋势

（1）企业兼并重组的步伐加快

衡量产业化水平的主要指标是企业的产值规模。企业的产值规模与市场占有率之间具有正相关关系。想要实现规模效应，企业兼并重组就成为必然趋势。

（2）零整关系从依附转向协同合作

尽管国内工程机械主机企业一直没放松对核心零部件的研发，但核心零部件的关键制造技术仍是其软肋，国内自给率较低，主要原因是很难有单一的制造商能够独立完成工程机械整机的再制造。主机企业与核心配件企业必须协作分工，这是唯一的出路。

2. 技术发展趋势

（1）通用化、标准化和系列化

通用化、标准化、系列化即"三化"。发达国家的工程机械再制造品的"三化"水平已普遍超过65%，而我国同期同类型产品的"三化"平均水平还有待进一步提升。

（2）产品的工艺和材料

在质量和性能上，再制造品不低于甚至超过原型新品是它的重要特征。想要实现其可靠性和耐用性，就必须在再制造品的材料和工艺上苦下功夫。

（3）现代设计和检测技术

国内企业应学习欧美的成熟技术经验，在初始设计、零部件故障检测诊断、寿命评估、拆解与优化工艺等方面做大量的基础和前沿研究。

Chapter 05

第五章　机床再制造

第一节
机床再制造概述

机床再制造是再制造产业发展的重要领域之一。经中国机电装备维修与改造技术协会不完全统计，我国机床保有量已超 800 万台，居世界首位，全国役龄在 10 年以上的传统旧机床超过 60%，因此，机床再制造拥有广阔的市场前景。

对废旧机床进行再制造，可再利用机床的主轴、导轨、主轴箱体等铸件部件，机床零部件循环利用率在 85% 以上，与制造新机床相比可节约能源 80% 以上。机床机械部分具有耐久性，特别是对于时效性好的零部件来说，如床身、立柱等，经再制造后的机床使用性能更加稳定。

但必须承认的是，国内机床再制造产业发展比较缓慢，能够做到规模化且得到行业广泛认可的机床再制造企业不多，尤其是拥有全产业链再制造的企业更是少之又少，再制造的市场潜力也还未得到充分挖掘。

第二节 机床再制造产业特征

机床行业属于典型的机械装备制造业,具备以下三个特点。

1)机床产品结构复杂,其产品技术特性和工艺过程随市场变化而变化。大部分客户都有个性化要求,导致机床企业的产品很大部分都是定制开发和生产的,无法实现产品批量生产。机床在生产加工过程中,虽然都需要经过毛坯粗加工、精加工、部件装配、电气配线、电气调试和整机装配等工艺过程,但各个产品之间的制造工艺和工序都存在较大差别。

2)机床行业生产方式既包括标准机型的批量生产,还包括单件、小批量的个性化订单生产。再制造模式不仅需要支持多品种、不同批量的生产类型,还需要支持单件生产类型、库存备货式生产及项目型个性化生产模式。

3)机床产品的生产周期长,周期短的两三个月,长的达半年甚至更长时间。机床产品部件加工工艺复杂,关键物料的采购周期长,再加上个性化要求多,生产过程也难以控制,导致生产过程中变动频繁,生产计划难以控制。

传统的机床设计理念是,只有足够的刚度才能保证加工精度,提高刚度就必须增加机床重量。因此现有机床重量的80%用于保证机床的刚度,而只有20%用于满足机床运动学的需要。这不仅浪费原材料,而且增加机床使用过程中所耗能量。传统机床在设计过程中一般只考虑机床的使用性能,即加工范围、加工精度、功能、稳定性等方面,没有或很少涉及机床在制造和使用过程中的资源消耗情况及其对环境的影响。传统机床加工的特点见表 5-1。

表 5-1 传统机床加工的特点

阶段	技术特征	资源环境影响
设计开发	传动链长	能效低
	结构复杂	机床笨重、材料消耗大
	零件复杂多样、功能单一	零件通用性及重用性差
制造	制造工艺复杂	能耗大
	工艺过程多	材料、刀具等辅助物料消耗大
	精度低	单位产能能耗大
使用	生产效率低	工作环境油雾、油污污染大
	柔性差	生产安全性差
报废处理	未考虑回收重用	资源循环利用率降低

我国机床制造业的快速发展，是以巨大的资源消耗和严重的环境影响为代价的，几乎没有考虑机床产品在生产、使用过程中以及报废后对环境造成的危害，特别是使用过程中切削油消耗大、油雾和油污污染严重、漏油混油现象严重，对生态环境和人类特别有害。

第三节 机床再制造发展现状

一、国外机床再制造发展现状

国外机床再制造业发展较早，目前已形成较大的产业规模。早在 20 世纪 90 年代，美国就系统地建立了 3R 体系（Reuse、Remanufacture、Recycle）；日本也建立了关于环境保护 3R 体系（Reduce、Recycle、Reuse）。

欧洲通过了有利于再制造工程的相关法律和法规，且正在德国建设欧洲再制造技术中心。在再制造设计方面，主要结合具体产品，针对再制造过程中的重要设计要素（如拆解性能、零件的材料种类、设计结构与紧固方式等）进行研究；在再制造加工方面，对于机械产品，主要通过换件修理法和尺寸修理法来恢复零部件的尺寸，经检测合格后进行再利用。

美国机床再制造的专业化以及机床零部件的合理化和标准化已成规模，而且分类极细。再制造公司负责对齿轮加工机床、金属切削机床提供技术支撑，并有完善的售后及质保服务。例如，美国罗切斯特理工学院关于再制造工程研究的全国再制造和资源恢复中心(National Center for Remanufacturing and Resource Recovery，NC3R)，以提高再制造的效率、降低成本为目的，为再制造企业提供先进的再制造技术和工具，并通过设计减少产品对环境产生的负面影响。该中心在废旧产品失效特性分析、剩余寿命评估、再制造质量检测、面向再制造的可持续性设计、逆向物流等方面展开了大量的研究，并开发了相关支持工具和软件。

美国的 Daniluk 公司从 1982 年开始就从事精密机床改造，主要业务包括机床的改造、翻新、再制造，高压冷却系统、导轨修磨，新机床的设计与制造等服务，已经完成了多个机床再制造项目，使经过再制造后的机床能达到新机床标准，并且可提供一整套操作文件，其中包括一整套的电气图纸、梯形图、宏观程序表、机床参数表和机床操作说明等。

Maintenance Service 公司可对各种品牌的车床、铣床、钻床、加工中心等进行再制造，已完成两万台以上机床的再制造，并联合其他三家机床再制造公司，制定了机床再制造标准(NMTRRR 标准)。

MoreTool 公司在生产工具磨床和高精度专用设备方面具有雄厚实力，可以将坐标磨床进行再制造，并开展了机床硬件、控制系统维修与更换、机床的拆解和重装等业务。

美国现已有300多家专门从事机床再制造的企业，例如，Machine Tool Service公司是最早对数控加工中心进行翻新以及再制造的公司之一；Machine Tool Builders公司主要对齿轮加工机床进行再制造；Machine Tool Research公司凭借其较强的工程设计能力对各种品牌的机床实施改造与再制造，而且可以使用最新的CNC控制技术来实现机床的数控化升级。其他机床再制造公司有DOC Machine Tool Services、Machine Tool Rebuilding等。美国的这些机床再制造公司可针对多种品牌的机床进行再制造，可提供与新机床同等的售后服务以及质量保证。此外，美国许多机床生产企业也非常重视机床再制造，例如美国辛辛那提机床公司（Cincinnati Machine Ltd.）等机床企业。

德国政府非常重视机床改造及再制造，联邦政府和州政府专门拨款支持该领域的研究工作。例如，联邦教育与研究部（BMBF）于1994、1997年耗资500万马克资助了系列项目"面向技术工作的机床数控化改造（FAMO）——开发技术资源与人力资源的新思路"，目的是帮助企业与高校、研究机构等一起在这一方面进行大量的实践与研究，以期促进德国东部的经济快速发展。据统计，1998年德国再制造后的二手机床销售额达到25亿马克，已成为世界上最大的二手机床市场。德国席士（Schless）公司成立了机床改造服务部，欧洲最大的机床制造企业——德国吉特迈集团股份公司（DMG）也将机床再制造作为其重点发展的业务之一。

日本将机床再制造业称为机床改装业。在日本，制造业对老旧机床设备打破传统的维修观念，以再制造使之实现现代化。据统计，日本从事机床再制造并具有一定规模的企业至少有20家，如大隈工程公司、冈三机械公司、千代田工机公司、野崎工程公司、滨田工机公司和山本工程公司等。独具特点的是，日本的这类企业秉承专精"特新"的生产理念，基本上都针对大中型的车床、镗床和铣床进行数控化再制造，较少涉及小型数控机床再制造。企业人数也相对较少，一般只有几十名雇员。

此外，意大利、瑞士、西班牙、韩国等国家的机床再制造水平也不容小觑。如瑞士秉承一贯的精密型、高标准，在中小型精密机床的再制造领域独树一帜；西班牙、韩国等国家的企业主要在中档数控机床领域发展迅速。

国外企业在机床主轴产业的基础研究上处于领先地位，大量新技术、新材料、新工艺被研发用于适应主轴的不同应用场合和领域。同时，这些国外主轴企业也掌握了大部分涉及主轴应用领域的国际专利，制定了相关的国际标准，形成行业垄断。在设计开发、生产制造、市场开拓上，国外主轴企业立足于市场需求，在提高产品性能和可靠性方面投入大量财力，同时与相关的大学、科研机构、产业协作企业建立了紧密合作机制，共同研发新产品、新技术；通过工艺的工程化研究确定产业化路径，通过获取的丰厚利润再进行科技投入。

二、中国机床再制造发展现状

在政策方面，自2009年以来，国家相关部门出台了相关法律法规和文件，如《循环经济促进法》《关于推进再制造产业发展的意见》和《关于深化再制造试点工作的通知》等，均明确指出机床为再制造产品之一。2010年由重庆大学、重庆机床（集团）有限责任公司、中国机电装备维修与改造技术协会等单位负责起草的国家标准《绿色制造金属切削机床再制造技术导则》已在2012年通过国家审批，且已实施。该标准规定了金属切削机床再制造的一般要求以及机械和电气部分的技术要求。武汉华中自控技术发展股份有限公司成立了《再制造重型机床再制造通用技术要求》标准撰写工作组及专家委员会，目前已报国家标准化部门审批，该标准规定了常见重型机床再制造通用技术要求。重庆机床（集团）有限责任公司制定了《滚齿机再制造》企业标准，并在当地标准化部门备案，该标准规定了滚齿机再制造设计、再制造、检验与验收的要求。其他机床再制造标准也陆续在起草、制定与审批中。

在基础研究方面，国内学术界做了大量工作，也取得了一定成果。徐滨士院士、刘世参教授等通过分析国外再制造工程的效益，总结出促进再制造产业发展的建议，指出再制造工程是循环经济模式下实现废旧机电产品资源化的有效手段。刘飞教授、曹华军教授等长期致力于机床再制造工程的研究，重点研究领域包括绿色制造关键技术、机床再制造测试与评价支持系统、再制造节能提升等。曹敏曼、辛志杰在机床生命周期的基础上提出了废旧机床再制造的流程，提出了不同零部件再制造的手段，为废旧机床再制造提供了理论基础。李聪波等基于物元模型实施方案表达方法，提出绿色制造实施方案设计流程，并以实例验证其可行性和有效性。穆瑞、张家泰在层次分析基础上，提出阶梯质量屋的灰色关联和模糊优化评选方法，解决了复杂、多层次、信息不完全的评价问题。

在产业化方面，机床制造企业由于品牌、技术、人才、物流等方面的优势，在机床再制造方面取得了较大成果。例如，重庆机床（集团）有限责任公司将机床再制造作为企业的重大战略之一，并逐步试点将量大面广的中小型普通车床、普通机械式滚齿机的小批量再制造打造为企业利润的新增长点，与重庆大学合作建成"重庆市工业装备再制造工程产学研合作基地"，承担了一系列国家科技部的机床再制造关键技术与应用课题。又如"十一五"国家科技支撑计划、"机床再制造关键技术与应用""十二五"国家科技支撑计划重点课题、"机床再制造成套技术及产业化"等课题，为我国机床再制造深入开展提供了关键技术支撑。目前重庆机床集团公司主要开展滚齿机的再制造，已初具规模。近年来，已为陕西法士特集团公司、重庆秋田齿轮有限责任公司等企业完成了800多台废旧机床的再制造，新增工业总产值6000多万元，为企业节省新购同类机床费用近1.5亿元。

广州机床厂有限公司在成熟产品的工艺流程和检验标准的基础上，逐步形成再制造工艺流程规范与精度检验标准，已制定了《简式数控车床再制造检验规范》，正初步试行并在不断改进，进而起草企业标准，并计划编制《简式数控车床再制造技术条件》和《简式数控车床再制造精度》两项企业标准。

湖南宇环同心数控机床有限公司主要对数控磨削机床展开再制造，并已完成多项机床再制造业务。沈阳机床集团率先开展机床以旧换新、机床回购业务，并对置换后机床开展绿色再制造。济南二机床也非常重视机床的再制造业务，旗下的机床维修改造公司规划出 $1000m^2$ 场地专门从事机床再制造活动，并承诺机床各部门都无条件为机床再制造提供资源，同时也会持续加大对再制造业务的物力、人力和资金的投入。大连机床集团有从事机床维修的机床维修服务部或子公司。国内还有许多第三方机床维修与再制造公司，例如武汉华中自控、北京圣蓝拓、北京凯奇、重庆恒特、重庆宏钢等单位开展了各类机床的改造与再制造业务，并取得了较好的经济效益。此外，广州数控和华中数控等数控系统提供商主要为我国制造业企业进行设备的数控化升级与再制造，取得了可观的经济及社会效益。

第四节
机床再制造产业分析

一、机床再制造典型模式

目前，在中国从事机床再制造的主要力量包括三类企业：一是机床制造企业；二是专业化的第三方机床再制造企业；三是数控系统制造企业。这三类企业构成了我国机床再制造的产业主体。

随着机床再制造技术的逐步成熟，机床再制造将形成基于废旧机床再制造的新兴机床制造、机床维修与升级服务、回收二手旧机床、机床以旧换新综合产业、各机床制造厂家的集成特约维修部、各生产企业的设备维修车间、各机床厂与客户之间的订单式服务等形式的新型产业模式。下面对典型的再制造模式进行介绍。

1. 再制造商与客户之间的订单式服务模式

目前我国机床再制造的主要模式是机床再制造企业为用户提供订单服务。这种模式主要是拥有大量废旧机床的用户发布机床再制造的招标公告，然后机床再制造企业通过投标等方式为要求机床再制造的用户提供老旧机床设备的再制造升级。机床再制造企业在再制造前会听取客户各方面的要求，并同客户签订合同和技术协议，当老旧机床再制造完成之后，用户按照事先签订的技术协议进行验收。

2. 回收二手旧机床进行再制造模式

我国目前正在振兴老工业基地，老工业基地中的企业机床装备的精度系数普遍较低，会有大量的机床流入机床二手交易市场。加上国家在加大产业升级力度，淘汰落后产能，以及一些企业转产或停产等因素导致的机床设备闲置，不断有老旧机床流入二手机床交易市场。

机床再制造商可以通过从二手市场回收这些老旧机床设备进行整机再制造，然后将再制造机床通过企业的销售网络进入市场销售。回收废旧机床，通过整机再制造与提升后进入市场再销售，由于现阶段用户对再制造机床的认识问题，该模式在再制造商老旧机床回收中所占比例较小，但随着客户对再制造机床观念的转变，以及机床再制造外部环境的改善，该模式所占比例将逐步增大。

3. 机床"以旧换新"置换模式

目前，国家大力推广在家电销售中采用"以旧换新"的销售方式，这种方式不仅可以拓宽家电的销售渠道，同时还可以回收废旧家电，从而可以回收废旧家电中的有利资源并减少废旧家电带来的环境问题。有鉴于此，重庆机床集团等正积极尝试类似于家电行业"以旧换新"销售方式的机床置换模式，也就是用企业新制造或再制造的机床置换企业前期售出的机床用于再制造。该模式正处于起步阶段，目前所占比例还非常小，其优点是既扩大了新机床的销售范围，同时也拓展了废旧机床回收渠道。为促进机床制造与再制造的协调良性发展，需要极力加大该模式的推广力度。

二、机床再制造发展趋势

机床再制造作为一种基于退役机床资源循环利用的机床制造新模式，在我国具有广阔的发展前景，对于实现我国量大面广的废旧资源的循环再利用以及退役机床制造加工能力的跨越式提升具有重要意义。机床再制造的发展趋势主要体现在以下四个方面。

（1）专业化

一系列机床再制造关键技术将研制成功，并形成专门应用于机床再制造的成套技术和装备，形成一批专业从事机床再制造的企业，有利于保证再制造新机床的质量，推动机床再制造产业的发展。

（2）综合化

机床再制造将不仅局限于功能恢复和数控化改造，还将满足绿色制造及信息化要求，再制造机床的环境友好改进技术、信息化综合提升技术、节能性提升技术等将成为机床再制造的关键技术，以实现废旧机床资源的循环利用及装备能力的跨越式提升。

（3）规范化

国外机床再制造企业对各类零部件的再制造工艺流程和质量标准进行了规范，再制造机床完全满足新机床的检验标准。随着机床再制造相关协会或联盟的成立、相关标准的实施以及机床再制造企业质量保证体系的建立，必将推动机床再制造朝着规范化、标准化方向发展。

(4)产业化

我国是世界上最大的机床消费市场,也是世界上机床保有量最大的国家,未来五到十年可能陆续面临大修提升甚至功能性报废或技术性淘汰。随着机床再制造关键技术的成熟以及相关标准规范的建立,机床再制造产业化将是机床再制造业发展的必然趋势。

三、机床再制造面临的问题

近年来,我国在机床再制造产业中进行了有益探索,取得了一定成效,但与发达国家相比,仍然存在着较大差距,主要表现在以下四个方面。

(1)产业链条尚不完整

缺乏提供必要公共服务配件供应的部门或组织。有时甚至一些普通配件都不能就地市场采购配套,企业间经营品种雷同,缺少专业化分工,尚未形成"回收、拆解、清洗、再制造"的产业链条。

(2)产品质量监管缺位

目前企业处于各自为战状态,在一定程度上存在恶性竞争现象,有的甚至以牺牲产品质量为代价。在质量监管方面,缺乏相应的监管部门、管理制度和评价标准,国家对再制造产品定位、监管、认证体系缺失或不清晰,再制造产品质量参差不齐,不利于提升机床再制造产业市场形象。

(3)经营模式不适应产业发展需要

一定程度上讲,机床经营工作重心依然是加强二手机床销售,而机床再制造的投入力度不大,再制造技术人员十分缺乏,其业务仍然停留在维修、改造阶段。相比于成熟的再制造产业,现有的再制造运营水平处于再制造的初级阶段,尚未真正形成批量化、产业化,这已经严重影响再制造技术的创新和升级改造,并将制约机床再制造产业科学发展。

(4)修复改造技术仍处于较低水平

在工艺技术上,已经能够满足用户对机床再制造的基本需要,但尚未形成提供成套成线产品解决方案的服务能力。在信息化和数控化方面，还有很多关键技术有待突破，比如，经济型数控系统应用或数控系统功能升级等数控化改造，机床信息化终端系统、机床状态监控系统信息化提升和安全防护系统机床环境改造优化升级等。

四、机床再制造应采取的措施

1．三大战略

在当前形势下，应抓住国家培育和发展战略性新兴产业的机遇，坚持实行以下三大战略。

（1）自主创新战略

就产业基础和技术力量而言，应将重点放在集成现有技术创新和引进技术消化吸收再创新上来，围绕机床再制造产业发展需要，培育自主研发和技术创新能力，推进产学研合作及成果转化中心、产业研究中心和鉴定检验检测中心建设，打造机床再制造集聚区和公共技术服务平台，实现关键技术突破和产业升级。

（2）优质品牌战略

以满足用户需求为中心，着力开展创新品牌活动，通过强化产品设计、制造、试验、服务等环节，全面加强质量管理，突出产品可靠性和稳定性，提高产品质量水平，扩大机床再制造产品的市场占有率。

（3）两化融合战略

以信息技术提升研发设计、加工制造等集成应用水平，重点提升产品的数字化、智能化和自动化水平，应用机床再制造综合评价与再设计技术、机床零部件绿色修复处理与再制造工艺技术、机床再制造环境友好性改进技术、机床再制造节能性提升技术、机床再制造信息化提升技术和专用机床数控化再制造技术，确保再制造后的废旧机床加工精度超过原新机床技术指标，提高机床再制造产业的发展水平。

2. 六项工作

做好以下六个方面工作，以加快发展机床再制造产业。

(1) 注重调整产业结构

培育一批有较强竞争力的龙头骨干企业或企业集团，鼓励企业战略重组、强强联合，提升企业技术水平和资本实力，形成合理的产业集中度。

鼓励机床企业参与机床再制造，充分发挥技术和资本优势，为机床再制造产业发展营造适宜的生产和服务环境。

鼓励有条件的骨干企业利用自身优势延伸产业链，创造条件使其经营模式由二手机床销售向机床再制造转变，由直接向社会提供二手机床，向为用户提供成套（或成线）再制造机床转变，提升成套设备生产能力，最终成为提供全面解决方案的供应商。提升专业化分工协作水平，扶持一批具有专业特色的"专、精、特"再制造企业，形成"专业特色鲜明、品牌形象突出、服务平台完备"的机床再制造产业集群。

有效整合再制造能力，将之作为一系统工程，逐步完善专业化回收、拆卸、清洗、再制造产业链，支持产业链上的企业通过引进专有技术和专业设备，专攻机床再制造某一工艺环节，精细分工，密切协作，推动产业升级，提升整体竞争力。

(2) 有效开展技术创新

构建以企业为主体、以市场为导向、产学研用相结合的技术创新体系。加大研发费用投入，加强对机床再制造关键技术和共性技术的研究。完善基于用户需求的产业持续创新机制，着力推动有条件的优势企业率先发展。发挥重点企业的示范带头作用，力争在共性技术和关键技术攻关上有所突破，提高机床再制造水平。

采取开放的视角，以"政府主导、企业联办"的方式，加快建设机床再制造公共技术研发服务平台。加强企业与科研院所之间的联系，建立长期战略合作关系，逐步引进一批知名研究机构的机床再制造共性技术、关键技术研发实验室或合建博士后流动站。支持中小企业建立利益共享、风险共担的技术研发联盟。同时，丰富机床再制造产品公共检测中心、产业信息服务中心等平台功能，并尽早建成产业技术公共服务平台，为机床再制造企业提供全方位技术支持，为机床再制造发展提供强大技术支撑。

鼓励企业创新合作模式，以自有全职研发团队为基础，采用灵活的"周末工程师"机制，逐步建立一批省级以上的企业技术研发中心。鼓励和支持企业与国内知名科研院所结成紧密型的产学研联合体，积极引进"外脑"，采用项目申报优先等途径，着力引进一批机床再制造关键技术和信息化提升技术，在集成现有各项机床维修及改造技术和机床再制造技术的基础上，结合原始技术创新，开发适用的机床再制造专门技术。

(3) 着力提升生产水平

以信息技术提升研发设计、加工制造等集成应用水平。重点提升产品的数字化、智能化和自动化水平，针对企业自主创新、工艺环节、产品质量、节能降耗、环境保护及安全生产等环节，制定切实可行的技术改造方案，应用高新技术和先进适用技术，补充关键工序先进制造设备和试验检测仪器，形成批量制造能力，提高技术改造效能。

以工业化提升再制造水平。充分发挥现有资源作用，推动重点企业数字化、信息化改造，应用机床再制造综合评价与再设计技术、机床零部件绿色修复处理与再制造工艺技术、机床再制造环境友好性改进技术、机床再制造节能性提升技术、机床再制造信息化提升技术和专用机床数控化再制造技术，提高机床再制造的总体发展水平和产业竞争力，确保再制造后的废旧机床加工精度超过原新机床技术指标。

(4) 切实加强品牌建设

坚持产品质量是再制造生命的理念，制定品牌建设总体方案，围绕再制造机床的功能提高和性能改进，加强全面质量管理，建立和完善全员、全过程、全方位的质量管理体系和质量诚信体系，以严格的无损检测和寿命预测技术及先进的表面工程技术，确保再制造产品优质高效。

加强公共质量服务平台建设，为企业提供检测标准、技术计量等服务工作。充分发挥机床再制造协会对机床再制造企业发展的服务职能，加快建立"机床再制造"门户网站，并组织专业团队进行维护运行，提升我国机床再制造的市场影响力。

加快规划和发展机床再制造园区建设，并以产业整体作为战略品牌，申请注册机床再制造产品商标。以政府主导、企业参与的方式，通过沿路广告、网络媒体、报纸电视、专业论坛、展会等各类途径，加强产业品牌宣传力度，扩大市场影响力。

同时，建立再制造机床质量监测制度，着重引导企业加强产品质量管理，逐步提高机床再制造产品客户认可度。

（5）积极开拓营销渠道

进一步规范市场竞争，统筹协调，优化市场环境。鼓励各企业公平竞争，建立集再制造机床价格形成、产品交易、产品展示、物流集散和信息发布于一体的营销平台，形成结构合理、规范有序的市场格局。

在用活国家政策的同时，制定并落实支持机床再制造产业发展的优惠政策，鼓励国内企业优先采购和使用再制造机床。充分利用进口关税和进口环节增值税的调节作用，回收国外废旧机床设备，引进和借鉴国外先进再制造技术，在自主创新和消化吸收的基础上，提升再制造机床的功能性能和技术含量。进一步研究国外用户对再制造机床的产品需要，提高产品竞争力和市场占有率。

（6）全面实施节能环保

发展再制造产业对于节约资源、降低成本、发展循环经济和低碳经济意义重大。从政策层面，完善和规范产业发展模式，加强规划指导、试点示范、产业集聚、技术创新和体系建设五个方面工作，有效扩大机床再制造产业规模。

制定再制造技术标准，设立再制造示范企业和示范生产线，发挥优秀企业的示范带头作用，培育绿色生产和绿色消费习惯，将绿色制造理念寓于"旧机床回收—拆卸清洗—机床再制造"的全过程之中。从设计—使用—再利用的各个环节入手，鼓励在新品生产中应用成熟的先进再制造技术，推动产品升级换代，发展低碳循环经济。

支持和鼓励再制造技术创新，倡导创新工艺节能减排、废物回收再利用，采用高新技术和先进适用技术、少无切削技术、干式切削技术、油气液净化技术，在铸造、锻造、热处理、喷漆、涂层等工序满足节能、减排、降噪、除尘要求，真正实现节能、节材、无污染和零排放。

Chapter 06

第六章 盾构机再制造

第一节
盾构机再制造概述

　　盾构机（隧道掘进机）广泛用于地铁、铁路、公路、市政、水电等隧道工程中，涉及地质、土木、机械、力学、液压、电气、控制、测量等多门学科技术，对可靠性要求极高。盾构机在施工时可控制地面的沉降，减少对地面建筑物的影响，在施工上具有速度快、一次成型、自动化程度高、节省人力、受气候影响小、施工时不影响交通等特点，尤其适合在较长隧洞洞线、较大深埋的情况下使用，既经济又安全。

　　由于盾构机设备价值较大，在施工成本中占比较高，同时不同工程（地质条件、管片大小、转弯半径、沉降要求、施工长度等）对盾构机要求不尽相同，同时各施工企业之间、隧道设计单位之间乃至业主单位之间信息沟通并不流畅，导致盾构机的闲置或超期服役问题日益突出，对盾构机再制造的需求表现得尤为迫切。

第二节
盾构机再制造产业特征

一、盾构机再制造基本指导原则

盾构机属于庞大的工程机械，包含的部件和技术领域较多，盾构机的使用寿命主要是指主驱动大轴承、行星减速机和电机、主要液压部件，基本均按照10000h设计，正好对应掘进约10km的行程，部分部件还需要报废、更换或维修，所以盾构机再制造并不是所有部件都采用再制造。由于盾构机本身的特殊性，整机再制造和部件再制造明确区别开来是没有必要的，只要符合再制造后的盾构机寿命比以前长、技术比以前优异就能说明是合格的，符合我国对再制造的定义。

针对盾构机多系统集成、结构复杂、零部件数量大、种类多的特点，确定以下盾构机零部件再制造的基本指导原则。

1）制定再制造工艺方案时，综合考虑经济性、技术和节能环保因素，节能环保优先。

2）在实现再制造的同时，降低成本和对环境的负面影响。

3）高附加值零部件采用可行的修复再造技术恢复其性能。如尺寸和重量较大、以磨损失效为主的机械零部件，根据其失效特点、工况对零件性能的要求，采用相应的再制造成形加工技术进行尺寸恢复和性能提升。

4）对于附加值较低、再制造难度大、在修复过程中易形成二次污染的零部件，采用换件方式。

5）对于附加值低、再制造或性能恢复难度小的外围零部件，如电机、减速机等部件，采用委托外协加工或合作开展再制造的模式。

6）对于附加值高、再制造难度大的核心零部件，结合自身新品制造优势，通过技术攻关，开发再制造新技术，形成具有自主知识产权的核心技术和产品，提高企业竞争力。

基于以上原则分析，盾构机再制造过程中的修复件、更换件、自主再制造及合作再制造部分零部件的分担比例大致见表6-1。

表6-1 盾构机再制造分担比例

名称	修复件（%）	更换新件（%）	自主再制造(%)	合作再制造(%)
机械零部件	80	20	85	15
电气零部件	90	10	40	60
液压零部件	70	30	30	70

注：受实际掘进里程、不同使用工况、维护保养等因素影响，在盾构机实际再制造过程中以上比例会有一定偏差。

二、盾构机再制造主要部件

1. 刀盘

1）对刀盘外周磨损部分进行补强、补焊和修复。

2）对过度磨损的刀具进行报废处理，对部分磨损的软土刀具进行补强、修复和复原；对于滚刀刀具，则可采用更换轴承、密封件、刀圈的方式复原，重新恢复其性能。

3）对刀盘管路进行检查、拆除和更换。

4）刀盘外周和面板重新堆焊耐磨材料。

5）重新喷涂，标记再制造标识。

2. 刀盘驱动系统

刀盘驱动系统零部件主要包括主轴承、主驱动密封件、大小齿圈、减速机变频电机或液压马达。

1）检查大、小齿轮，检查三列圆柱滚子轴承的滚柱、滑道和密封情况等。

2）根据齿轮的磨损量，评估分析有无再制造的必要性；密封件进行更换。

3）减速机齿轮润滑油检测，拆机检测内部行星齿轮，对于达到磨损量的进行报废更换，报废件进行统一处理。

4）重新喷涂并标记再制造标识。

3．盾体（含前盾、中盾和尾盾）

1）检测盾壳外形尺寸，是否在设计理论尺寸范围内，如果偏差大，则需要纠正恢复，有磨损的地方需要复原。

2）检查铰接密封及安装槽，如损坏，需要及时更换。

3）根据下一个施工段地质要求，看是否需要添加辅助孔。

4）清理油污，根据施工要求重新喷涂。

4．螺旋输送机

1）检查大、小齿轮，分别检查轴承的滚柱、滑道和密封状态。

2）根据齿轮的磨损量，评估分析有无再制造的必要性，滑道采用再制造技术修复，密封件进行更换。

3）检测减速机齿轮润滑油，拆机检测内部行星齿轮，对于达到磨损量的进行报废更换，统一处理报废件。

4）重新喷涂并标记再制造标识。

5．推进铰接系统

1）根据实际使用情况，对油缸做摒压检查，更换密封件。

2）检查推进油缸靴板，调换损坏的靴板。

3）对推进油缸球铰、销轴进行保养、加油。

4）活塞杆的表面局部修复。

6．液压及动力系统

液压及动力系统零部件主要包括液压泵、阀、油箱及各种传感器等。

1）拆卸阀组，清洗并检测。

2）管路接头拆卸清洗，接头阀门等检查再利用，橡胶管路因老化达到使用寿命的重新更换。

3）液压泵、马达进行检测及压力试验，传动部件如轴承密封件进行更换。

7．电力电气及控制系统

电力电气及控制系统零部件或软件主要指主控室、操作面板，遥控、变压、照明、监测、PLC控制、数据采集、通信等分系统。

1）检查元器件功能，对于达到生命周期或老化的元器件进行更换。

2）对于新设计的新控制原理，设计人员重新编程融进原程序。

3）对于老化的电缆电线进行更换。

8．后配套台车（盾尾平台、连接桥、5~7节台车）

1）检查台车结构焊缝，发现裂焊或缺陷则清根补焊。

2）采用热校形或冷校形，使变形的车架恢复原状。

3）恢复车架顶部过车通道。

4）牵引装置检查和恢复。

5）喷涂防锈油漆并标识。

9．后配套辅助系统

后配套辅助系统主要指同步注浆系统、集中润滑系统、盾尾密封注脂系统、泡沫系统、膨润土系统、压缩空气系统、工业及冷却液系统以及通风系统等。

1）拆卸注浆泵、加泥泵、泡沫泵、冷却液泵等主要部件进行检测，然后进行修复或更换。

2）管路接头拆卸清洗，接头阀门等检查再利用，橡胶管路因老化达到使用寿命的重新更换。

3）重新喷涂并标记再制造标识。

盾构机易损件清单见表6-2。

表6-2 盾构机易损件清单

类别	外配套件（专业厂家生产）	自制件（可修复或再制造设计）
正常使用损耗	刀具（滚刀、先行刀、刮刀、鱼尾刀、保护刀等）	刀盘、盾体、主驱动箱体等
	密封件（用于液压缸、注脂泵等）	
	电磁阀/电磁线圈	
	盾尾密封刷	
	接近开关/限位开关/按钮开关/凸轮开关等	
	电缆连接器	
	传感器（土压、流量、速度、压力等）	
非正常使用损坏	大、小齿轮，减速器、电机、遥控器、减压泵、注脂泵等	

注：一般损耗和损坏的外配套零部件只能局部或者全部整体更换来恢复功能；自制结构件可通过修复和再制造设计来恢复各自功能，如刀盘、盾体、管片机、螺旋机和台车等。

第三节
盾构机再制造发展现状

近年来，国内各重型机械制造企业纷纷通过与国外盾构机制造商合作、合资或自主研发及并购国外公司，进入盾构机制造领域，中国制造的盾构机产品开始在市场上占据主要地位。

目前,国内已有近30家企业进入盾构机制造行业,已经和正在生产的盾构机达1100多台,其中部分已出口国外。生产数量最多的是中铁工程装备集团有限公司,多达402台;中国铁建重工集团有限公司生产251台,上海隧道工程股份有限公司生产208台,中交天和机械设备制造有限公司生产128台,北方重工集团有限公司生产98台,辽宁三三工业有限公司生产73台。主要盾构制造企业具有自主开发、设计、制造、成套以及施工能力,正逐步实现自主化、本土化、产业化和市场化,取得了丰硕的成果;研发、制造的盾构机已经达到了国际先进水平。目前,越来越多的工程开始使用我国自主制造的盾构机,其施工水平得到行业的高度认可。

国内盾构机制造企业在研发和制造方面取得了大量创新成果,已经打破了国外盾构机独占市场的局面。值得一提的是,我国盾构机制造企业已开始收购与兼并国外盾构机制造企业,如北方重工集团有限公司在2007年并购法国NFM公司后,于2016年又成功并购美国罗宾斯(罗宾斯为世界硬岩掘进机制造商的代表),这标志着北方重工集团有限公司已成功跻身于世界级盾构机研发制造基地之列;辽宁三三工业有限公司于2014年全资收购了卡特彼勒加拿大隧道设备有限公司,获得了国际先进的隧道掘进机核心技术、知识产权及国际营销渠道、海外生产基地;中铁工程装备集团有限公司于2014年与德国维尔特公司签署了硬岩掘进机及竖井钻机知识产权收购协议,标志着中铁工程装备集团有限公司在增强国内外市场能力的同时,奠定了占据世界掘进机技术前沿的基础。国内盾构机制造企业通过收购与兼并国外企业,拥有了世界先进技术和国际销售渠道,为我国盾构机进入全球市场奠定了基础。

第四节
盾构机再制造产业分析

一、盾构机再制造的必要性

盾构机作为一种隧道掘进的专用工程机械，需要根据不同的工程地质情况进行量身定制，价格极高，每台售价根据不同规格一般在 2000 万~8000 万元，硬岩挖掘机与过江过海隧道用泥水平衡式盾构机售价在 1 亿~2 亿元，盾构机直径越大，售价越高。

盾构机设计使用寿命按隧道掘进里程计一般为 6~10km。目前规定，达到设计使用寿命的盾构机必须做报废处理。据有关资料统计，自 2013 年，我国达到设计使用寿命的盾构机开始进入高发期，每年有 25%~30% 的盾构机达到设计使用寿命而面临报废和淘汰。这样不仅会损失大量资金、耗费大量资源，而且还要对报废盾构机的钢材等金属材料进行回炉，对没有回收价值的材料进行垃圾处理，不可避免地又一次对环境造成污染。

"十三五"期间，我国城市基础设施建设步伐将进一步加快，其中城市轨道交通、地下综合管廊等城市地下空间的开发建设规模也将继续增加。这些都表明，今后盾构机使用量会越来越大，每年达到设计使用寿命的盾构机也会逐年增多，如何处理这些达到设计使用寿命的盾构机，已是迫在眉睫的重大任务，而解决的最有效途径就是进行盾构机再制造。

所谓盾构机再制造，是指在对达到设计使用寿命的盾构机进行失效分析和科学评估的基础上，按照原型新盾构机技术规范要求，通过以表面工程技术为基础的一系列制造技术进行重新加工制造后，使其使用寿命及其工作性能、功能、可靠性、经济性及环保性等指标不低于原型新盾构机的标准要求。盾构机再制造与汽车零部件再制造、机床再制造及内燃机等其他装备再制造相比，具有大体量、多系统及高附加值的特点，如果将盾构机再制造产业化，将会产生巨大的经济效益和环境效益。2015 年，北京盾构工程协会指导成立的北京建工土木盾构机再制造基地，对一台超过设计使用寿命的 S254 盾构机成功地再制造，并在工程中应用成功。经测算，再制造这台盾构机与购置一台同类型的新机相比，可节省资金 2000 余万元，钢材 200 余 t，按标准煤计可节煤近 260t，减少二氧化碳及其他有害气体排放 700 余 t。目前，我国每年达到设计使用寿命的各类型盾构机至少有 200 余台，如果对这些盾构机实施再制造，经济效益和环境效益不言而喻。

"十三五"是我国实现工业转型升级的关键时期，加快发展盾构机再制造并使之产业化，将有力推动我国盾构机产业从"生产、消费、废弃"的单向型直线产业模式向"资源、产品、失效、再制造"的节约型、循环型产业模式转变，对进一步加快我国再制造发展，促进我国建设"资源节约型、环境友好型"社会具有重要的现实意义和深远的战略意义。

我国一些企业已经着手开展盾构机再制造这种前沿技术，虽然在盾构机再制造领域各个企业仍处于起步阶段，但也已取得了一定的成果。

二、盾构机再制造存在的问题

目前有以下三个方面的问题和困难制约了我国盾构机再制造工作的推进和发展。

1. 再制造概念不清晰

现在很多人，包括相当部分的企业，甚至管理部门的领导，对再制造概念不了解或不清楚，将再制造产品混同于维修、翻新的产品，一些工程招标单位和施工企业对再制造盾构机持怀疑态度。

2. 缺乏再制造相关标准

由于再制造在我国起步较晚，再制造的相关标准和规范还很不完善,尤其是盾构机再制造还处于起步阶段,一些必要的标准和规范就更不完善。例如,废旧盾构机生命周期及再制造可行性的检测方法和评估标准、盾构机再制造及其关键零部件再制造的工艺规范和技术标准、再制造盾构机验收标准及售后服务标准等。

目前已经开展盾构机再制造项目的企业,基本上都是参考其他机械设备再制造的有关标准和规范制定自己的企业标准和相关规范,这不仅影响再制造盾构机的质量,也会影响再制造盾构机的市场信誉度。

3. 再制造技术有待提高

我国在盾构机再制造上只是处于起步阶段,目前大部分工作停留在零配件等方面的再制造,整机再制造方面还存在一些问题和困难。近十几年来,我国以表面工程技术为基础的装备再制造技术已经有了很大的发展,但像盾构机这样的高科技超大型工程机械,其中一些关键零部件的再制造仍要求有更先进的再制造技术,如盾构机主驱动中特大型轴承的再制造。

三、盾构机再制造产业发展展望

到目前为止,我国无论是盾构机保有量,已完成和在建的地铁及城市地下空间工程量,还是规划中的地铁和地下空间工程量,都已居世界首位,成为名副其实的盾构产业大国,从我国盾构机制造、再制造以及施工、耗材生产等企业的概况可略见一斑。我国盾构机制造企业并购国外企业,为中国盾构制造走向全球奠定了坚实基础,预示着我国盾构产业相关行业在未来十年还有更加迅猛的发展。

1) 国内多家盾构机制造企业已经拥有了核心竞争力,借鉴外资品牌盾构机的优点,在保持迅猛发展势头的同时研发出超大直径盾构机,并能在核心零部件的研发与生产上获得突破,进一步提升国产化进程。

2) 盾构机产业从"生产、消费、废弃"的单向型直线产业模式向"资源、产品、失效、再制造"的节约型、循环型产业模式转变,完成盾构机检测、评估标准体系建设，建立盾构机再制造的技术体系，实现整机再制造。

3）利用信息化技术提升盾构隧道施工水平，建设盾构施工管理平台。未来3D打印、BIM（建筑信息模型化）、VR（虚拟现实技术）以及互联网＋等新技术将全面渗透至盾构施工中，实现盾构施工的标准化、精细化管控，并在深埋隧道、高水压隧道及海底隧道的施工技术中取得全面性突破。

4）盾构施工专用耗材行业将逐步规范化，国内具备一流系统研发和应用实力的公司产品品质及适应性方面将全面超越进口知名品牌，引领全球行业的发展。

5）随着我国工程建设的快速发展，相关领域将涌现出大量盾构工程，且会形成庞大的从业人员；城市地下综合管廊和海绵城市的建设将极大促进我国小型、异型盾构机的研发与制造；国家"一带一路"建设以及大中城市深层空间的开发，将会对我国盾构机研发与制造、设计与施工、盾构耗材与辅助装备的生产以及盾构机的再制造提出更高要求，这些也都将促使我国盾构工程科技进一步与国际接轨。

随着我国"资源节约型、环境友好型"社会建设的发展和"中国制造2025"规划的推进，我们坚信，只要坚定贯彻中央"十三五"发展规划中提出的"创新、协调、绿色、开放、共享"五大发展理念，全行业行动起来，努力奋斗，着力创新，在不久的将来，一定会将我国盾构产业打造成可以走向世界的国际品牌产业。

第七章 办公设备再制造

第一节 办公设备再制造概述

办公设备和办公耗材是人们熟悉的,日常工作和生活中经常使用的,具有数量大、种类多、用途广泛特点的工业产品,但是它们的技术背景、成像原理、产品分类和产品结构等并不为人们广泛所知。开展办公设备和办公耗材再制造首先应该弄清哪种产品、什么型号、怎样成色的产品在废弃后具有再制造价值,哪些产品废弃后不具备再制造的潜质。为了说明这些问题,就应了解办公设备和办公耗材的定义与分类,以及主要产品等基础知识。

一、办公设备和耗材的定义与分类

1. 办公设备定义与分类

(1) 办公设备定义

办公设备泛指用于处理办公事务的机电设备和电子电气设备。英文 Office Equipments,缩写 OEP。

(2) 办公设备分类

办公设备的分类方法有多种,以下是四种常用的分类方法。

1)广义与狭义之分。办公设备有广义概念和狭义概念的区分。

广义办公设备泛指所有用于办公事务的设备和器具,包括复印机、打印机、传真机、数字式多功能一体机、计算机、小型服务器、会议(电视会议或电话会议)系统、电话、计算器、考勤机、装订机、裁纸机等,这些设备和器具也被广泛应用于其他领域。

狭义办公设备多特指办公室的文件处理设备和整理设备。文件处理设备如打印机、复印机、传真机、速印机、多功能一体机、扫描仪、投影仪等,文件整理设备如碎纸机、装订机、分页机、折页机、裁纸机等。

2)国家标准化分类。国家统计局起草的 GB/T 4754—2011《国民经济行业分类》,对全社会经济活动进行分类并给出代码。文化与办公设备的分类和代码如下。

34 大类:通用设备。

347 中类:文化与办公用机械制造(含 6 小类)。

3471:电影机械制造。

3472:幻灯及投影设备制造。

3473:照相机及器材制造。

3474:复印和胶印设备制造。

3475:计算器及货币专用设备制造。

3479:其他文化、办公用机械制造。

其中 3474 和 3479 分别包括上述狭义概念的文件处理设备和整理设备。

3)普通与专业之分。根据使用对象分为普通办公设备和专业办公设备。例如,打印机、复印机、传真机、多功能一体机等在一般办公环境和大多数办公室中使用的都是普通办公设备。而银行、金融、财务、铁路、航空、邮政、档案和建筑建设工程等机构使用的具有特殊构造或专门要求的属于专业办公设备,例如各种票据打印机、POS 机和 AMT

机的打印设备、复制档案或工程图纸的设备等。

4）功能分类。根据产品功能和用途可分为文件输入和处理设备、文件成像/输出设备、文件整理设备、文件储存设备等类别。每一类设备都包括多种产品，每一种产品可能具有一种或多种功能。常见的文件成像/输出设备有激光打印机、喷墨打印机、热成像打印机、针式打印机、传真机、静电复印机、数字式多功能一体机、数字式一体化速印机、小胶印机和轻印刷（数字）印刷机等。传真机还属于文件传输设备。

2．办公成像设备定义与分类

（1）办公成像设备定义

办公成像设备是指基于某种成像原理设计、生产的，主要用于办公场所输出文件的设备。办公设备通常是指办公成像设备。

（2）办公成像设备分类

常见的办公成像设备主要有影像设备和文件输出设备两大类，分别基于不同的成像原理和技术。投影设备、摄影摄像设备和放映设备等属于影像设备。打印机、复印机、传真机等属于文件输出设备。

3．文件输出设备定义与分类

（1）文件输出设备定义

文件输出设备是基于某种成像原理设计、生产的，专门用于输出纸质文件或其他硬拷贝文件的设备。除了办公场所，其他领域也会用到输出文件的成像设备，其中有些设备的工作原理与办公成像设备相同，但是由于专业要求不同，设计要求和指标会有差别。例如医学、生物、天文和地质等领域都有精度高于办公设备的输出文件的专用成像设备。

（2）文件输出设备分类

尽管文件输出设备都能输出纸质文件，但是应用的成像原理或技术不尽相同。常见的办公设备分别基于五种成像方式。激光打印机、激光传真机、静电复印机和数字式（静电）多功能一体机都采用静电成像原理；喷墨打印机、喷墨传真机、喷墨多功能一体机，以及喷绘机等采用喷墨成像原理；热成像原理还可细分为热敏、热转印和热升华，对应于热敏打印机、热转印打印机和热升华打印机；此外，还有针式打印机，以及基于油墨透过蜡纸印在纸上的模板成像机等。产品的工作原理不同，其结构、性能、印刷纸质文件的方式也不同。表7-1是基于上述五种成像原理设计和生产的高度普及的办公成像设备。

表7-1 基于不同成像原理的办公成像设备名称

成像方式/功能	打印	传真	复印	多功能一体（打印、复印、传真、网络、扫描等）
静电成像	激光打印机	激光传真机	静电复印机	数字式（静电）多功能一体机
喷墨成像	喷墨打印机	喷墨传真机	—	喷墨（数字式）多功能一体机
热成像	热敏打印机 热转印打印机 热升华打印机	热敏传真机 热转印传真机	—	—
针式击打成像	打印机	—	—	—
模板成像（油印）	速印机	—	—	数字式（制版、印刷）一体化速印机

注："—"表示当前市场上无此类产品。

4. 办公耗材定义与分类

（1）定义

办公耗材是与办公设备配套使用的消耗性材料的统称。一些定期更换的零部件和辅助材料也泛称为办公耗材。耗材的英文有 Consumable 和 Consumptive Material 两种表达方式。在很多领域中都有耗材一说，例如医用耗材等。

（2）分类

办公耗材分类也有广义与狭义之分。广义办公耗材包括办公用所有低值的办公用品、与办公设备配套使用的消耗性材料和一些定期更换的零部件和辅助材料等。狭义办公耗材则特指直接参加成像的配套的专用消耗性材料。以静电成像产品为例。广义耗材包括成像卡盒（鼓粉盒、鼓总成）、墨粉、载体、光导鼓、清洁带、清洁刮板、转印带，以及一些小齿轮、小轴承、分离爪等各种易损件，甚至还包括打印/复印纸张等。狭义耗材则特指成像卡盒、墨粉、载体、光导鼓。文字表达时，常用"办公耗材与配件"代替"广义耗材"这一概括性名词。

办公成像设备狭义耗材与广义耗材清单详见表7-2。

表7-2　办公成像设备狭义耗材与广义耗材清单

成像方式		办公耗材（狭义）	办公耗材与零部件（广义）
静电成像产品		成像卡盒（鼓粉盒）、墨粉、载体、光导鼓	墨粉、载体、光导鼓 成像卡盒（鼓粉盒）、显影组件、定影组件、转移组件等 扫描灯、充电辊、电极丝、显影辊、供粉刮板和清洁刮板、转印辊、转印带（膜）、定影灯、上定影聚四氟乙烯辊、下定影硅胶压力辊、定影膜、清洁带、清洁纸、齿轮、轴承（滑动、滚动）、分离爪、搓纸轮、送纸轮、分离轮、弹簧、密封胶条、成像卡盒（鼓粉盒）芯片、定影部件专用硅油、专用（熔断、热敏、压敏、光敏）电阻、传感器等
喷墨成像产品		墨盒、墨水、喷墨头	墨盒、墨水、喷墨头、墨盒芯片、墨水导管、打印头清洁器
热成像	热敏打印机	热敏头、热敏纸	—
	热转印打印机	热敏头、转印带	—
	热升华打印机	热敏头、色卷	—
针式打印机		打印头、打印针、色带、色带架	—
模板成像产品		蜡纸、油墨、热敏打印头、滚筒（纱网）	纱网、印刷辊、搓纸轮、齿轮、塑料拨纸开关、切刀钢丝部件

二、办公设备整机与耗材再制造定义

办公设备再制造分为办公设备整机和办公耗材与零部件再制造两大类。尽管在整机再制造过程中离不开再制造的关键零部件,但是二者之间在制造技术、管理等诸多方面存在一定的差异。

1. 办公设备整机再制造定义

办公设备整机再制造由一系列活动组成,主要包括对废旧办公设备整机进行专业化拆解、检测、清洗或清理、修复、更换零部件、重新装配和成品检测等。办公设备再制造作业的过程可总结归纳为三种不同方式,即全新再制造、再生再制造和翻新再制造。不同的作业方式所产生产品的质量特性,包括产品功能、技术特性、经济性和环境友好等必然有所不同。

根据国家标准化管理委员会发布的 GB/T 34868—2017《废旧复印机、打印机和速印机再制造通用规范》,整机再制造的定义是:整机再制造(Machine Remanufacturing)是对废旧复印机、打印机和速印机进行专业化拆解、修复和重新装配,使其质量特性,即产品功能、技术特性、经济性和环境友好等特性,分别满足整机再制造要求的过程。整机再制造包括全新再制造、再生再制造和翻新再制造三种作业方式。

在 GB/T 34868—2017 标准中的这条术语由 GB/T 28619—2012 的定义 2.2 改写而来。实际上就是将 GB/T 28619—2012 的定义 2.2 的两个注的文字和意义融入了办公设备整机再制造的定义中,由此既增加了产业特点的内容,又使定义更加清晰、准确和完整。

在 GB/T 28619—2012 的定义 2.2 之前,GB/T 27611—2011《再生利用品和再制造品通用要求及标识》的 3.1 也给出过再制造的定义。这三份国家标准关于再制造术语的表达虽有差异,但其含义基本相同,不会引起歧义。表 7-3 是三份国家标准中三个再制造定义的比较。表中首先列出了三个定义的全称和全文,按照再制造对象、再制造方法、再制造目标、再制造活动,以及定义的注等进行横向比较,找出相同点和不同点,再对不同点引发的结果进行分析。

表7-3 国家标准中三个再制造术语的比较

序号	比较项目	GB/T 27611—2011 定义3.1	GB/T 28619—2012 定义2.2	GB/T 34868—2017 定义3.8
1	术语名称	再制造	再制造	整机再制造
2	术语原文	对废旧产品进行专业化修复或升级改造，使其技术性能达到或优于原型新品水平的制造过程	对再制造毛坯进行专业化修复，或升级改造，使其质量特性不低于原新品水平的过程 注1：其中质量特性包括产品功能、技术性能、绿色性、经济性等 注2：再制造过程一般包括再制造毛坯的回收、检测、拆解、清洗、分类、评估、修复加工、再装配、检测、标识和包装等	对废旧复印机、打印机和速印机进行专业化拆解、修复和重新装配，使其质量特性，即产品功能、技术特性、经济性和环境友好等特性，分别满足整机再制造要求的过程。整机再制造包括全新再制造、再生再制造和翻新再制造三种作业方式
3.1 再制造对象		废旧产品	再制造毛坯 分析：不特指旧的，范围扩大了	废旧复印机、打印机和速印机 分析：特指旧的、特定种类的物品
3.2 再制造方法		专业化修复或升级改造	专业化修复或升级改造	专业化拆解、修复和重新装配 分析：精密装配是产业特点

序号	条款			
3	3.3 再制造目标	使其技术性能达到或优于原型新品水平	使其质量特性不低于原新品水平	使其质量特性,即产品功能、技术特性、经济性和环境友好等特性,分别满足整机再制造要求 分析:1)把GB/T 28619注1的内容在正文中连贯清晰地表达出来。2)根据产业特点提出分别满足整机再制造要求
	3.4 再制造活动	……的制造过程	……的过程	……的过程 分析:这种表达更科学。随着研究和产业实践的深入,已经明晰"再制造"与"制造"属于不同的生产领域
4	注	没有注	有两个注 分析:注1进一步说明了质量特性包括哪些方面。注2进一步说明了再制造过程包括哪些方面	没有注 分析:在正文中给出了两个注的内容

2. 办公耗材和零部件再制造定义

参照整机再制造的定义及其定义的来源,办公耗材再制造的定义是:办公耗材再制造(Consumables Remanufacturing)指将废旧办公耗材与部件进行专业化拆解,充分分解到均质零件或不可拆分的组件,采用先进的再制造技术、生产工艺,将修复后达到新品要求的零件,或按照新标准选择的零件重新组装,使产品质量特性,即产品功能、技术特性、经济性和环境友好性等满足全新产品标准要求的生产过程。其产品称为再制造耗材。办公耗材再制造包括零部件再制造。

目前,办公耗材再制造的国家标准正在制订中,最终给出的定义在文字表达方面也许会有一些不同。

三、再制造原材料的判别

在调研并确定废旧产品机型市场潜质的基础上,检验产品的外观、通电、印品质量等指标,做出是否适合作为再制造原材料的判断。

1. 判别适合再制造的整机

判别废弃办公设备整机是否具有再制造潜质的方法如下。

1)根据产品类别和印刷速度(≥30张/min),判定是否具有市场销售的潜力。

2)检查机器外观有无破损。

3)检查机器内部是否缺少主要部件、有无泄漏。

4)检查静电成像设备是否有成像卡盒,或喷墨成像设备是否有喷墨头和墨盒,其外观是否完好。

5)检查机器通电后,是否能正常开机、顺畅走纸,是否有电气报警或电器杂音。

6)检查通电后,打印的图像是否基本清晰、完整、正常,判断有缺陷的图像能否通过调节达到正常。

2. 判别适合再制造的耗材和零部件

适合再利用的零部件和耗材包括但不限于静电成像卡盒组件（俗称硒鼓）、显影器、定影器、转印部件等，喷墨成像一体化打印头、墨水盒等。一般办公设备部件可以通过更换零件或修复、填充耗材等再制造方式重复使用两三次或更多次。

判别废弃办公耗材或零部件是否具有再制造价值的基本方法如下。

1）根据产品类别和规格判定是否具有市场潜力。

2）检查废弃办公耗材或零部件外观有无损伤，判断是否具有再制造潜力。

四、生产过程中原材料的检测与评估

在办公设备和耗材再制造生产过程中，借助检测仪器设备或其他技术手段，对拆解的零件进行检测，确定表面尺寸和性能状态，决定留用还是弃用，直接影响到再制造产品的质量和再制造的成本。

1. 拆解旧件的检测和挑选

在生产过程中，应按照作业指导书等质量文件给出的方法和操作程序对拆解的零件进行检验。在全新再制造和再生再制造时，一般使用寿命达到或接近75%的旧零件都应该更换。使用寿命在75%以下的旧零件要拆解之后逐一检测，判断取舍。

数字式成像设备中的多个计数装置可以提供绝大多数零部件的使用记录和更换记录信息。原装设备制造商设立的再制造工厂具有查找零部件状态信息的便利条件。其他企业可根据机器总计数装置给出的信息制订操作规程和判断方法。作业人员可借助检测仪器和实际观察零部件状态进行判断。因此，再制造企业的技术部门应对每种产品进行再制造工艺设计，提出详尽的作业流程和工位布置要求。对于有检测内容的工位，要明确检测项目、检测要求、检测方法、合格判定的标准、操作程序等，指导操作人员准确无误地理解和作业。

2. 可修复或再制造的旧件检测

生产过程中被更换下来的零件是否需要进一步修复或再制造，应根据检测结果，做出技术上和经济上的再制造可行性综合评价。从经济角度出发，办公设备整机和耗材中多数塑料件和金属件，无论是外观损伤还是内在质量，一般都不再进行修复或再制造，直接废弃进行资源化处理。而少数的大件金属轴承等具有修复或再制造价值。一般需要根据零件磨损程度，结合再制造产品的使用寿命等，判定与新品标准的质量差距。再确定表层材料与基体的结合强度，如旧零件表面的电刷镀层、喷涂层、堆焊层和基体金属的结合强度等。

可修复或再制造旧件主要检测以下五个方面。

（1）零件几何精度

包括尺寸、圆柱度、圆度、平面度、直线度、同轴度、垂直度、跳动等，以及零件装配时与其他零件之间相互位置和配合精度等。

（2）零件表面质量

零件表面质量包括表面粗糙度、腐蚀、磨损、擦伤、裂纹、剥落、烧损等。

（3）零件理化性能

零件理化性能包括硬度、硬化层深度、应力状态、弹性、刚度、运行中平衡和振动状况等。

（4）零件材料性质

零件材料性质包括合金成分、渗碳层含碳量、各部分材料的均匀性、高分子类材料的老化变质程度等。

（5）零件的潜在缺陷

零件的潜在缺陷包括内部夹渣、气孔、疏松、空洞、焊缝及微观裂纹等。

五、生产过程中拆解与清洗

1. 办公设备拆解技术与拆解物

(1) 确定可实现的拆解目标

废弃办公设备和办公耗材中有许多有用的资源,如铜、铝、铁及各种贵金属、玻璃和塑料等。将其拆解后用于再利用、再制造或材料资源化的成本远远低于从矿石冶炼、石油加工中获取原材料及零部件加工的成本。

废弃办公设备和办公耗材理想化的处理方法是进行充分拆解,即全部将其还原成原材料,达到资源利用最大化。但是,办公设备涉及的原材料种类繁多,产品结构复杂,由少则几千个多则上万个零件精密装配而成,其中有的零部件是复合材料或多种材料粘结体。所以,完全拆解废弃办公设备和耗材产品费时费力,人工成本高,难以实现。

废弃办公设备和耗材可实现的拆解目标是,将成色较好的废弃办公设备优先用于再利用和再制造。针对再利用和再制造的具体要求,设计拆解方案,其中一些可再利用零部件无须完全拆解。对于没有再利用或再制造价值的零部件,基于现有技术和经济条件,再尽可能地充分拆解或做无害化处理,实现现阶段的充分利用和资源利用最大化。这就要求从事废弃办公设备拆解和处理的企业,以及从事再制造和再利用的企业具备一定的条件,包括装备生产和环保的设备设施、拥有技术人才等。

(2) 废弃办公设备拆解产物分类

废弃物按照性质可划分为一般废物和危险废物。一般废物是指比较常见的、对环境和人体相对安全的废弃物,例如日常生活中产生的废铁等金属、废纸、废塑料、玻璃瓶、易拉罐等。一般废物多数经过处理可以成为替代自然资源的再生资源。关于危险废物的定义,依照《中华人民共和国固体废物污染防治法》规定,具有下列情形之一的固体废物和液态废物列入《国家危险废物名录》:"(一)具有腐蚀性、毒性、易燃性、反应性或者感染性等一种或者几种危险特性的；（二）不排除具有危险特性，可能对环境或者人体健康造成有害影响，需要按照危险废物进行管理的。"

根据上述废弃物分类方法，废弃办公设备与耗材的拆解产物应划分为一般废物、特征污染物与严控拆解废物和危险废物三类。特征污染物与严控拆解废物指废弃办公设备与耗材中特有的，其他电子电器产品中基本没有的零部件和材料。这些零部件和材料如不按拆解程序严格控制拆解方法，或对拆解产物不做专业的特殊处理，就会对环境或人身产生负面影响或危害；或以现有方法处理难以达到优化的处理结果，反而产生更大的负面影响或危害，但将其界定为危险废物的理由又不是很充分。

（3）废弃办公设备拆解产物

在生产实践中归纳总结出废弃办公设备拆解产物为一般废物、特征污染物与严控拆解产物/废物、危险废物，见表7-4。由表7-4可知，办公设备中构成成分最复杂的静电成像产品拆解产物可分为15大类，再细分为43小类。其中一般拆解产物10类（一铁类、二铜类、三铝类、四塑料类、五橡胶类、六电器与电线类、七玻璃类、八纸类、九木材类、十其他包装物和消耗品）。危险废物只有两类（十一印制电路板PCB、十二电池）。特征污染物与严控拆解产物有三类（十三耗材、十四不能再生的橡胶和塑料、十五玻璃纤维）等。

（4）特征污染物与严控拆解物管理

1）特征污染物与严控拆解物分类。办公设备产品中特征污染物与严控拆解产物分类见表7-4的第三部分"废弃办公设备特征污染物与严控拆解产物/废物"。

2）特征污染物与严控拆解物的控制。

①再制造企业应建立特征污染物与严控拆解物的管理制度，对生产过程中产生的特征污染物与严控拆解物进行标识和分类管理。

表7-4 废弃办公设备拆解产物/废物一览表

一、废弃办公设备一般拆解产物/废物

序号	大类	材料小类	零部件与材料	成像方式 静电(激光、LED)	喷墨	热成像 热敏	热转印	热升华	针式打印
1	一、铁类	铁零件	机架(机器内墙板)、电机金属外壳、机器台	充电辊心、转印辊心、打包带	—	—	—	—
2		不锈钢零件	磁辊套筒两端导磁法兰	—	—	—	—	—	—
3		铁氧体/磁铁	显影磁芯	—	—	—	—	—	—
4	二、铜类	铜烧结零件	轴套等						
5		磷青铜	弹簧零件及其他						
6		黄铜零件	含油轴承、黄铜套	液晶显示屏、集成电路铜片、芯片	喷墨头	各种热敏头	—	—	打印头
7	三、铝类	锻造铝零件	光导鼓鼓基、加OPC、a-si(非晶硅)涂层						
8		铝箔	墨粉包装袋、零部件包装袋						
9	四、塑料类	ABS(丙烯腈、丁二烯、苯乙烯共聚物)、PC(聚碳酸酯)/ABS阻燃塑料	机壳、机器外墙板、显影器外壳等部件外壳、激光器外壳						
10		PS(聚苯乙烯)、PC/PS系列	泡沫材料、包装物、内垫、消音防振(白色/黑色)						

（续）

一、废弃办公设备一般拆解产物/废物

序号	分类	名称/材料	一般拆解产物/废物			
11	四、塑料类	POM（聚甲醛）	齿轮	—	—	—
12		PE（聚乙烯）	塑料薄膜、打包带	—	—	—
13		PP（聚丙烯）	打包带			
14		聚酰胺亚胺	耐热齿轮/分离爪			
15		聚甲醛	传动齿轮			
16		聚氨酯	供粉刮刀、清洁刮板	—	—	—
17		聚酰胺	定影膜	—	—	—
18		不能确定成分的塑料	含塑料壳电风扇、塑料包装物			
19	五、橡胶类	顺丁橡胶等	搓纸轮			
20	六、电器与电线类	PVC、PE	电线外皮			
21		铜线	铜线芯、铜线圈			
22		图像传感器（扫描头）	CCD、CIS			
23		电机	激光器旋转电机各种电机			
24		电线电缆	开关、信号连接器			
25	七、玻璃类	导电玻璃	液晶显示屏、液晶触摸屏			
26		镀膜玻璃	反光镜、激光器透镜			
27		玻璃	稿台、透镜	—	—	—
28		卤素灯	曝光灯、定影灯			
29		发光二极管	激光器、发光二极管、消电灯	—	—	—

序号	大类	小类	材料	静电(激光、LED) 普通复印纸	喷墨 普通复印纸	热成像-热敏 热敏纸	热成像-热转印 普通复印纸	热成像-热升华 特殊涂层纸	针式打印 普通复印纸
30	八、纸类	包装纸箱	包装纸箱						
31		说明书、打印/复印纸	普通复印纸						
32	九、木材类	木质包装	木托盘、木制包装箱						
33	十、其他包装和消耗品	含油、含乙醇或含有机溶剂	擦拭棉、布、纸	—	—	—	—	—	—
34		硅胶	硅胶	—	—	—	—	—	—
35		无纺布	清洁纸/布	—	—	—	—	—	—

二、废弃办公设备拆解危险废物

序号	大类	小类/零部件与材料	静电(激光、LED)	喷墨	热成像-热敏	热成像-热转印	热成像-热升华	针式打印
36	十一、印制电路板 PCB	印制电路板含有各种元器件,其中 SMD 芯片电阻器、红外监测器和半导体中含有镉;封装电子组件用锡铅焊料中含有铅;印制电路板上含有溴化阻燃剂;集成电路板主控板含金或其他材料 PWBA-HQ						
37	十二、电池	电池(铅、锌、镉、镍)含有重金属,如氧化汞电池、镍镉电池以及锂电池等。电池:镍铬电池						

三、废弃办公设备特征污染物与严控拆解产物/废物（续）

序号	成像方式	材料大类	静电成像	喷墨	热成像 热敏	热成像 热转印	热成像 热升华	针式打印
			小类/零部件与材料					色带
38	十三、耗材		含墨粉成像卡盒组件（硒鼓）、成像卡盒壳体、鼓粉盒、墨粉盒、废粉盒	墨盒（四色）、喷墨头与墨盒一体化	热敏纸	热转印带	热敏色卷盒	色带
39			墨粉	墨水	—	—	—	—
40			载体	—	—	—	—	—
41	十四、不能再生的橡胶和塑料（只能焚烧处理）		充电辊（铁心+导电橡胶）、转印辊（铁心+导电橡胶）、聚四氟乙烯加热定影辊（铝心+聚四氟乙烯涂层）、硅橡胶压力定影辊（铝心+硅橡胶涂层）	—	—	—	—	—
42	十五、玻璃纤维		大型外墙板加固内衬	—	—	—	—	—

②再制造企业应按照相关标准规定的方法，在专门场所中使用专用工具和防护设施从事搜集、拆解、处理和保管严控拆解物，避免二次污染。例如，粘有墨粉的零部件应在有真空吸尘的设备和环境中作业。保管特征污染物及其容器应采取特别防泄漏措施。

③再制造企业应保留具有连贯性和可追溯性的特征污染物和严控拆解物的处理记录。

④再制造企业应将不具有再利用价值的特征污染物和严控拆解物交付具有相应资质的企业处置。每个年度至少要有一次跟踪处置企业资质和处理结果的行动。上述活动应保留具有连贯性和可追溯性的记录。

3) 特征污染物和严控拆解物信息管理。再制造企业应建立纳入企业管理体系的严控拆解物和特征污染物的信息管理系统。

严控拆解物和特征污染物信息应至少包括物品名称、类别、来源、重量、处理或处置时间、处理或处置结果、处置人员和记录人，以及抽样跟踪外包处理结果等。各种记录应保持连贯性和可追溯性，保存期限至少三年。

4) 对污染物排放状况进行监测。再制造企业应依据 HJ/T 91 和 HJ/T 397 的有关规定，对废水、废气、噪声、粉尘等污染物排放状况等进行有效监测，企业需要装备检测的仪器仪表和设施，设立专门管理的岗位和监管人员。监测结果和数据应保持连贯性和可追溯性。

(5) 废弃办公耗材与零部件进一步拆解

废弃办公设备和使用阶段废弃的零部件都可以通过进一步拆解挑选出可以再利用或再制造的部分。表 7-5 是静电成像卡盒（俗称硒鼓）和静电显影部件拆解产物一览表。表 7-6 是静电成像定影部件进一步拆解产物一览表。表 7-7 是喷墨成像墨盒拆解产物一览表。各表中所列并不是完全拆解的产物，有些部分可以进一步拆解。

表7-5 静电成像卡盒和静电显影部件拆解产物一览表

序号	材料/零部件名称/比例	拆解产物类别		危险废物
		一般拆解产物/废物	特征污染物与严控拆解产物/废物	
1	铝管/有机光导鼓基(OPC)/1%	●	无	无
2	铁、磁NdFeB/磁心、磁棒及其外套/31%	●		
3	铁/刮板支架	●		
4	铁/螺钉	●		
5	铁磁粉：载体	●		
6	铜/螺钉/0.2%	●		
7	塑料（ABS）/卡盒外壳/50%	●		
8	塑料/粉仓/2%	●		
9	塑料/齿轮（%）	●		
10	密封条	无	●	
11	树脂/墨粉/80%（~100g）		●	
12	铜/芯片	●	无	

表7-6 静电成像定影部件进一步拆解产物一览表

序号	材料/零部件名称/比例	拆解产物类别		危险废物
		一般拆解产物/废物	特征污染物与严控拆解产物/废物	
1	铝芯+聚四氟乙烯涂层/聚四氟乙烯加热定影辊	●	聚四氟乙烯涂层	无
2	铝芯+硅橡胶涂层/硅橡胶压力定影辊	●	硅橡胶涂层	
3	铁/支架、外壳	●	无	
4	塑料（聚酰胺亚胺）/耐热齿轮/分离爪	●		
5	塑料（聚甲醛）/传动齿轮	●		
6	加热灯（卤素）	●		
7	热敏电阻	●		
8	热保险	●		

表 7-7 喷墨成像墨盒拆解产物一览表

序号	材料/零部件名称/比例	拆解产物类别		危险拆解物
		一般拆解产物	特征污染物与严控拆解产物	
1	塑料（ABS）/卡盒外壳/50%	●	无	无
2	打印头/铜基电路	●	无	
3	含墨水海绵	无	●	
4	墨水	无	●	
5	铜/芯片	●	无	

2．办公设备拆解物清洗技术

（1）拆解物清洗

办公设备与办公耗材再制造过程中很重要的一个环节是清洗拆解的零部件。在生产实践中，办公设备与办公耗材再制造的"清洗"包含了清理和清洗两类去除污垢或污渍的方法。

清理指用干式方法去除零部件表面的灰尘、油垢、污渍和锈层。常用吸尘器、高压气枪、抹布和棉纱等清洁，包含湿抹布、含酒精或其他少量有机溶剂的棉纱等。

清洗指用水或其他液体溶剂去除零部件表面或夹缝中的油垢、污渍和锈层。常用的方法包括机械摩擦清洗、高频超声波清洗等。近年来也有采用高压水射流和激光清洗技术的案例。由于办公设备主要在室内工作，机械工业生产领域和再制造领域中的一些传统的清洗方法，如化学腐蚀清洗、液体固体强力冲击清洗等基本不用。

（2）拆解物清洗技术

目前，以办公设备与耗材再制造为目的的拆解物清洗主要采用以下四种技术。

1）摩擦清洗。摩擦清洗有手工刷洗或机械摩擦清洗两种，主要用于塑料外壳、表面较平整的较大的塑料件。前者劳动强度大。

2）超声波清洗。超声波清洗是一种高效环保的清洗方式。可清洗带有深孔、盲孔、弯孔、狭缝等几何形状复杂的零部件和不同材料组合的零部件。适合于清晰精度高、光洁度高、清洗质量要求高的中小型零部件。在超声波作用下，一般的油污、锈层或锈渍、磷化渍等只需要清洗两三分钟即可达到高级别的洁净程度。超声空化作用的强弱与工艺参数和清洗液的物理化学性质有关，为获得良好的清洗效果，必须选择适合的清洗液和适当的技术参数。

3）高压水射流清洗。高压水射流清洗的工作介质是水。通过直径很小的喷嘴加速后，水在很小的区域里集中了非常高的能量。高压水射流清洗技术的特点是清洗效率高，使用成本较低，无环境污染，不损害人体健康，具有降温、灭尘、润滑等作用，而且水是一种可再生资源。

4）激光清洗。激光清洗具有非研磨、无机械作用力，与清洗物体表面非接触、无损伤、无清洗介质附着、无热效应，不使用任何化学药剂和清洗液的特点。清洗下来的废料基本上都是固体粉末，体积小，易存放，可回收。适用于清洗有机、无机污染物，包括金属的锈蚀、金属微粒、灰尘等各种材质的物体等。脉冲式Nd:YAG激光清洗过程基于激光器产生光脉冲的特性，由高强度的光束和短脉冲激光对污染层的相互作用导致光物理反应。其原理和工作步骤是：激光器发射的光束照射到被处理的零部件表面的污染层；污染层吸收大能量急剧膨胀；形成的等离子体（高度电离的不稳定气体）产生冲击波，使污染物变成碎片并被剔除。有实验表明，当金属表面有氧化物时，等离子体产生于金属表面。

激光清洗系统一次性投入较高，但可以长期稳定使用，运行成本低。激光可以通过光纤传输，配合机器手和机器人能清洗传统方法不易达到的部位，可实现自动化操作，是目前最可靠、最有效清洗零部件的办法。在焊接电路板前，为保证最佳电接触，必须彻底去除元件引脚的氧化物，在去污过程中还不能损坏引脚。激光清洗适合高精度地去除电路板的氧化物，一个引脚只需照射一次激光。精密机械零件在使用前必须清除表面的润滑和抗腐蚀的酯类及矿物油，激光去酯可以将酯类及矿物油彻底清除，不损伤零件表面。以往的化学法清洗会有残留物。

第二节 办公设备再制造产业特征

一、办公设备再制造旧件来源

1. 办公设备整机旧件来源

目前，我国办公设备整机再制造企业的"原材料"，或者说是货源主要有两种。一种是回收国内生产的废弃办公设备整机，包括办公设备制造商或生产者利用销售渠道的逆向物流回收旧机器和以租赁方式回收旧机器，每年的回收总量跟当年的销售量相比非常小。目前，我国办公设备再制造企业所用原材料主要来源于欧美日和我国香港、澳门等地的回收市场。准确地说，我国香港和澳门是欧美日旧货在其转口的集散地。我国的办公设备再制造企业有非常畅通的从境外采购旧货的渠道，这些旧货型号新、成色好，多数是租赁后淘汰的中高速机器。目前，办公设备再制造企业在地方政府和有关部门的监管下以"旧机电产品"名义进口旧打印机和复印机，并多数以"再生"和"翻新"两种形式进行再制造。也有一些民营企业将进口的旧机器（俗称毛机）不进行任何形式的修整，或者简单加贴标识，配上变压器就以再制造机器的名义推向市场。

我国自 2003 年以来，进口旧复印机和打印机已由最初的年均 3 万~5 万台，增长到年均 30 万~50 万台。2015 年以来，产值达到 30 亿~50 亿元以上。而我国长三角和珠三角一带的办公耗材生产聚集地的年均总产值也可达几千亿元。

2. 办公耗材旧件来源

我国用于再制造的废旧办公耗材，例如静电成像卡盒组件、显影部件、定影部件、喷墨墨盒等再生利用价值比较高的耗材和零部件等，原材料的主要货源渠道也是两个。其一是国内回收，也就是由长期以来备受诟病的走街串巷的个体经营者或小微企业收集。这种涓涓细流似的回收本身似乎并没有问题，问题是仅有少数进入了正规的再制造企业，多数最终流入了不规范的处理企业。废弃办公耗材的另一来源与整机一样，来自欧美日和我国香港、澳门等地区。

我国民营企业有充裕的从境外采购废旧耗材和零部件的渠道，再制造之后的产品绝大多数返销到旧件的进口地。2009 年以来，商务部等部委将静电成像卡盒列为限制进口产品，从事再制造的企业需要每年度办理进口许可证。多年来，海关等部门严厉打击以废金属和废塑料名义进口，或在废金属和废塑料进口中夹带废旧成像卡盒或废旧喷墨墨盒。2017 年以来，限制进口废金属和废塑料的政策进一步规范了许可证以外的进口。一系列的管理有效地促进了专业从事废弃静电成像卡盒再制造产业的发展，遏制了进口废弃成像卡盒和喷墨墨盒再制造产生的二次污染。但是，也有某些地区对没有进口许可证的货物放行。

目前，我国长三角和珠三角均已形成办公耗材再制造和再生企业聚集地，年均总产值已达几千亿元。

二、办公设备再制造产业特征

1. 产业的主体是外商投资企业

国际上知名品牌办公设备跨国公司绝大多数在我国都有生产场地，即外商投资企业。这些生产企业主要分布在江浙一带、珠三角地区和相邻的福建等地区，近几年重庆和郑州相继建立了一些新企业。总量 90% 以上的办公设备由外商投资的工厂生产。改革开放初期在京津冀、广西自治区、广州市、武汉市等地建立的办公设备工厂，于 2000 年前后就相继关闭或转移。

2. 核心技术由日美企业掌控

办公成像设备的发明创造多始于美国和日本。与大多数电子电器产品一样，美国人首创发明创造并将其实用化，日本人精细改进再将其普及化。20 世纪 60 年代到 80 年代是办公成像技术大发展的黄金时期，30 年间，先是美国施乐、IBM 等公司在掌握发明创造的基础上快速实现了复制图像设备的实用化和自动化；之后日本佳能、理光、爱普生、富士施乐、美能达、兄弟、小西六和 KIP，以及美国惠普、欧洲的奥西等公司将多种成像技术全面拓展。新方法和新技术使产品在小型化、轻便化、简便维修的模块化、图像数字化和色彩化，或在大幅面、多功能、专业化，以及全面提升图像处理和色彩管理技术和简易操作等方面竞相推陈出新，覆盖并分割了市场。日美企业在各种成像技术研发方面高投入，所产生的专利技术如同一张密织的网，覆盖当下，储备未来，后来者难以简单地切入或突破。尽管我国本土品牌，包括自主研发产品或贴牌产品，近年来市场占有率略有攀升，但总份额仍不足 7%。

3. 国内生产以组装中低速产品为主

办公设备行业的生产特点是：全球采购，集中装配，标准化控制产品的整个供应链。目前，国内绝大多数办公设备生产企业都是采用这种生产模式的专业化装配工厂。基本程序是：接受生产指令和计划，按计划提供的规格、数量和供应商名录采购零部件和材料，按规格和标准进货检验、组织部件和整机装配、线上检验和批量抽样检验、包装和发货。产品研发、选择供应商、对应与符合各国的法律法规和技术标准、软件开发、汉化或其他文字化，以及销售等都由本部或在国外的总部负责。

多年来一直有舆论称，中国是办公设备的生产大国，中国生产了占全世界市场 70% 以上的产品。实际情况是，中国的企业生产了全世界市场需求60%~65%的中低速产品。较高速度的产品、特殊功能产品或大幅面产品还主要依靠进口。近些年，我国中低速和普通功能办公设备的生产格局还在悄然变化。2000年前后的局面是，世界各地相继关闭工厂向中国转移，近十年来是逐渐将产能转移到东南亚地区。这其中既有国际市场需求不断萎缩的因素，也有国内劳动力成本增长等影响因素。

4. 外商投资的研发机构侧重于合规等项目

2000年以来，我国政府出台了多项政策，鼓励外商投资企业在我国建立研究机构，得到了诸多外商投资企业的积极响应，建立了一些独立的或企业内部的研究机构。目前，只有少数机构针对我国或亚洲市场设计和研发产品，例如惠普上海研发中心、上海富士施乐有限公司研发中心、理光深圳研究所等。绝大多数研究机构主要从事"合规"工作，即应对中国政府的产业政策、环境政策等，产品满足相关标准等，取得必要的认证和认可证书等，以及软件汉化、维修保养、售后服务、政府采购或投标等。办公设备产品的生态设计、废弃产品回收再利用和资源化处理等项目多由各公司总部统一规划、部署和组织实施。

5. 企业在分分合合中调整壮大

近些年，办公设备同行业间发生了多宗影响较大的企业收购或并购案件，但是基本没有跨界介入的案例。

2016年3月30日，鸿海集团董事会决议认购夏普发行新普通股，每股价格为88日元（约合当时的人民币5.09元），与原先每股118日元的报价相比低了足足1/4，同时鸿海将认购夏普公司增资发行1136.4万股的特别股，总价约1000亿日元，约合当时的人民币57.8亿元。2016年4月2日，台湾鸿海集团在日本大阪堺工厂举行收购夏普正式签约仪式，交易总价值为3888亿日元，约合当时的人民币224.7亿元。鸿海收购夏普创下单一外国公司对日本科技企业收购案的最高金额纪录。收购后的夏普作为鸿海的子公司保持独立运营地位。夏普是一家百年公司，科技上有许多领先的关键技术，除了最重要的液晶面板业务之外，还有家电业务和办公设备业务等。

2016年11月30日，中国珠海的艾派克公司正式完成对国际著名打印机及软件品牌利盟国际100%的股权收购交割，交易金额39亿美元，折合当时的人民币约260亿元，是打印行业最大规模的跨国并购，也是2016年中国公司对美国上市公司最大金额的并购案。利盟国际1991年从IBM分离出来，在打印成像解决方案、企业软件和硬件、服务等领域领先，占据高端市场。2015年，利盟国际年收入超36亿美金，毛利率49%。艾派克是全球最大的兼容打印耗材、兼容耗材芯片和成像卡盒部件的供应商之一。其母公司珠海赛纳科技股份有限公司是"奔图"品牌打印机制造企业，产品于2010年投放市场，销往全球30多个国家和地区，并提供激光打印解决方案。

2017年10月5日，商务部发布2017年第58号公告，正式以附加限制性条件的形式，批准了美国惠普公司收购三星电子有限公司打印机业务。三星(山东)数码打印机有限公司是韩国企业，主要生产A4打印机。2015年，三星电子韩国总部一度准备将威海的A4打印机和苏州的A3打印机项目全部转移到越南。一旦转移，将影响威海市110多家配套企业和两万多名职工的就业。威海市高区管委会经过艰苦谈判和积极争取，不仅留住了原有A4打印机的全部产能，而且将技术水平更高、附加值更大的A3打印机整合到威海，并进一步推进了与美国惠普公司的合作。2016年9月，世界打印机市场占有率第一的美国惠普公司宣布以10.5亿美元并购三星电子的打印机业务。惠普公司于2017年11月1日完成了与三星电子的收购事宜并迅速扩大产能。同时，威海市高区也加快推进总投资12亿美元的五个产业链配套项目，加速打造全球打印机"产能第一、技术水平第一"的千亿元级特色产业集群。2016年9月12日曾有国外媒体报道，惠普在智能手机、平板电脑和其他电子设备冲击传统纸质打印机销量的情况下，寻找新增长源，业务向其他领域扩展，认为自己的未来应该在复印机和打印机上。此前，惠普部分打印机依赖于日本佳能公司，并购三星电子公司的技术更适合于生产能承担办公室繁重业务的大型复印机和激光打印机。惠普同时还获得三星电子公司的 6500 项专利，增强了惠普知识产权的阵容。

与此同时，国内办公耗材企业也发生了一系列的同行并购。湖北鼎龙控股股份有限公司收购了珠海名图科技有限公司、珠海科力莱科技有限公司、深圳超俊科技有限公司和宁波佛莱斯通新材料有限公司等多家企业。珠海塞纳收购了多家墨盒制造企业。苏州恒久收购武汉宝特龙、珠海的墨盒制造企业和办公设备再制造企业等。

三、办公耗材产业特征

1. 原装耗材与兼容耗材

国内外市场上销售的办公耗材都有原装耗材和兼容耗材之分。

原装耗材指由主机厂家生产或推出的，与对应的品牌型号整机配套使用的耗材。原装耗材一般都标注与主机相同的商标，英文有 Original Consumable 和 OEM Consumable 两种表达方式。

兼容耗材即非原装耗材。兼容耗材的英文是 Consumable 或 Compatibility Material，在欧美市场上，兼容耗材也常用 Supplies 表达，即替代品。在我国，则常用"通用耗材"表达。实际上办公耗材，特别是墨粉绝大多数情况下是不能通用的。

兼容耗材是针对相应的原装型号机型推出的可替代的产品。兼容耗材生产企业不是原装整机制造商的自有企业，也不是经原装整机制造商许可，或与其有合同约定的合作关系的企业。

既然兼容耗材不是由主机厂家生产的或销售的，企业就应该在兼容耗材产品上标注兼容耗材生产商或经销商自己的商标，再加注说明本产品适用的品牌整机型号，以及经营和售后服务的联系方式。兼容耗材如果冒用原装耗材标识标志，属于触犯知识产权等法律法规的侵权行为。

兼容耗材如果声称与原装耗材具有同样的质量水平，而实际上达不到，则属于欺诈消费者的违法行为。

2．办公耗材生产和销售

(1) 原装耗材生产和销售

原装耗材由品牌整机厂家投资企业或合同指定的专业企业生产，用于与自主品牌特定型号整机配套和售后维修服务。原装耗材一般在整机停产后还会一直供应五年。五年的规定源于 2004 年发布的强制性国家标准 GB 19462—2004《复印机械环境保护要求　静电复印机环境保护要求》的 3.1.2 条款，此后未见其他标准有此相同或相关规定，而这项标准现已废止。

绝大多数原装耗材主要依靠进口，在国内少有生产。

静电成像产品整机企业在我国没有设立墨粉和载体生产工厂，整机生产和售后维修所需墨粉和载体全部进口。整机企业所属生产 OPC 光导鼓的工厂有四五家，产品主要满足整机装配需求，部分产品供应售后维修服务市场。其他静电成像产品零部件企业多数是长期为整机配套的企业，受合同约束其产品只供给整机企业，不能自主进入维修渠道。

喷墨成像产品整机企业在我国多数有墨水和墨盒的生产工厂，其生产设备先进，自动化程度高。产品不仅满足整机装配需求，而且供应售后维修服务市场。但一些型号的墨盒仍然需要进口。少数企业有喷墨头生产工厂，主要满足整机装配需求，部分产品供应售后维修服务市场，也有为其他原装喷墨成像设备企业代工的。

各种热敏头主要靠进口，只有少数企业有生产工厂。热敏纸、热转印带、热升华色带（卷）、针式打印头和色带等产品，大部分在国内生产，少部分依靠进口。模板成像产品的蜡纸、油墨和滚筒基本都在国内生产。

(2) 兼容耗材生产和销售

兼容耗材生产企业众多，产品质量参差不齐，有些可以满足用户的使用要求，有些属于劣质产品。

1）兼容耗材生产企业。兼容耗材生产企业始终伴随整机的发展而生存。早期在欧美、日本、新加坡、韩国以及我国台湾和香港地区比较盛行。1990年中期之后，这些地区只有少数生产企业仍在运转，大部分向我国大陆地区转移或自行关闭。

在欧美等发达国家和地区兼容办公耗材生产企业减少并不意味着使用量也相应减少。自2007年以来，珠海每年秋季举办一次打印耗材展览会（实际上包括大部分办公耗材），主办方利用珠海本地兼容耗材企业集群的地理优势，以参加展会、走访客户、考察企业三位一体的营销方式招揽全球办公耗材销售商，来自全世界的客户络绎不绝，连续十年齐聚珠海的势头不减。还有国外企业参展。

2）国内兼容耗材销售模式。国内兼容耗材销售有实体店铺和电商两种模式。

①实体店铺批发和零售。无论是国际市场还是国内市场，兼容耗材都不能随整机出售，也基本不能进入整机的销售渠道，只能用于售后服务市场。很多整机的保修期为1~3年，如果在保修期内使用了非原装配套的耗材和配件就会终止保修服务，所以看上去兼容耗材的市场空间并不大。而实际上每台办公设备在超过保修期后都还会使用多年，兼容耗材价格低，民间维修收费低，很多维修人员在维修时还积极推销兼容耗材以获得更多的收入等等，这些因素造就了兼容耗材市场规模很大。

我国很多实体店铺或企业则既批发和零售兼容耗材生产企业的产品，也销售自制或者其他工厂"改制"的产品，有些企业还在主营整机维修和原装耗材更换和销售的同时兼营兼容耗材。

②电商销售和配送。我国电商销售和配送兼容耗材主要基于四种类型的互联网平台：由整机制造商建立的电子商务平台，专业销售自有产品；由办公用品和办公设备专业生产企业建立的电子商务平台，例如得力办公、欧迪办公、齐心等，以销售自有产品为主，兼营其他品牌的办

公耗材；第三方办公用品和办公设备专业电子商务平台，例如佛山雅卓、卓宸文具、樱花科技、集迈幺网等；第三方大中型综合电子商务平台的专业销售平台，例如苏宁易购、京东、国美、天猫大一办公用品旗舰店等，这些平台供应办公设备整机、原装耗材和和兼容耗材，又兼具网上预定维修和服务功能。由于电商管理对加盟产品的认定日益规范化，客户群和销售量不断扩大，电商销售和电商配送耗材和预定维修服务逐渐成为一种重要的办公耗材销售模式。

3）兼容耗材销售量。基于兼容耗材生产企业的状况，进行生产或销售统计更为困难，特别是以我国小微企业平均生存周期只有 3.8 年计算，实际生产经营还不到 3 年。

根据国际知名 IT 调研与咨询服务公司 Gartner 的统计，2015 年全球打印耗材规模为 894 亿美元，2016 年全球打印耗材规模约为 870 亿美元。中国打印耗材市场相对景气，出货金额增速保持在 0.5%~5%。2015 年国内喷墨耗材销售额为 25.3 亿元，环比 2014 年下降 5.24%；而 2015 年激光耗材销售额则同比增长 4.24%，达到 123 亿元。

3. 国内办公耗材行业特征

(1) 国内兼容耗材行业发展历程

我国办公耗材企业起步于 20 世纪 80 年代中期，以京津冀、上海、武汉三大地区为核心，辐射河北、山东、江苏、浙江、湖北等周边地区。主要原因是，始于 20 世纪 60~70 年代的国内复印机企业停产和某些科技人员开创"第二职业"。

20 世纪 80 年代后期至 20 世纪 90 年代中期，兼容耗材行业初露头角。我国港澳台资企业进入大陆，或我国的民营企业开办合资合作企业，首先在珠三角一带落户。

20 世纪 90 年代后期，在京津冀、长三角、珠三角、大武汉经济圈等比较发达地区，出现了生产经营兼容耗材的小微企业和个体经营者遍地开花的局面。主要源于合资企业关闭人员外流，以及进城务工人员自主创业等。这个时期民间对廉价耗材的需求量呈快速增长势头。

兼容耗材引发了办公耗材市场的激烈竞争。一方面是兼容耗材生产企业、销售企业之间的比价格比质量的竞争，另一方面是与原装耗材企业之间的比品牌和比市场份额的竞争。为了打开销路并获取市场份额，很多小微企业、个体户，甚至一些有些名气的企业都假冒原装耗材品牌。于是引发了20世纪90年代中期到21世纪初中期持续不断的原装设备企业和地方有关监管部门强力的维权和打假行动。一些社团组织也以普法、宣贯标准、开展技术讲座等多种形式引导企业遵纪守法、文明经商、依法经营，指导消费者如何识别耗材的真伪和质量的优劣。

2000—2010年中期以来，在优胜劣汰适者生存的规律下，形成了珠三角、长三角、京津冀、大武汉经济圈的办公兼容耗材产业和销售的大型聚集区，以及湖南、湖北、河南、川渝和江西等省市的小型聚集区，企业规模不等、总数达上千家以上的兼容耗材行业格局。其中，生产企业员工500人以上、产值千万元以上的中型企业不到5%，多数是十几到几十人的小微企业。然而，小微企业几乎能提供市场上所有耗材和配件。一部分产品质量可以满足售后服务的基本要求，大部分仍然属于低质低价产品。近些年，在各地方政府的规范下基本消除了无照经营和销售的个体户，但仍以十人左右的企业居多。很多销售企业兼营耗材销售和打印、复印等文件制作业务。

（2）国内兼容办公耗材企业特点

在办公设备和办公耗材行业内部，提到兼容办公耗材企业时，多指狭义概念产品的生产企业，指那些占企业总数的比例不大、产量和产值总数却相对较高的有一定规模的生产企业。但是，提到办公耗材行业时，则泛指所有兼容办公耗材和零部件生产企业、办公耗材营销和服务企业。其中占比较大的众多小微企业几乎不入国家或地方的统计数据。

办公耗材产品可细分材料、零件和部件三大类。我国兼容办公耗材行业的特点是三大类产品都有生产企业，具体情况可概括如下。

1) 在兼容材料方面，主要有墨粉、载体、OPC 鼓、色带、油墨、蜡纸等生产企业，此外还应包括这些产品的上游基础材料的生产企业。

2) 在兼容零件方面，主要有刮板、充电辊、显影辊、定影辊、定影膜、定影带、刮板、齿轮、芯片等生产企业。

这两类生产企业的特点表现为产品专业化程度高、投资比较大、技术水平和管理应至少达到一定水平、企业具有专业研究能力的技术人员和专门的管理人才。这些企业的产品多以大包装形式销售，几乎不直接面对零售市场，所以基本不接触终端客户。这些企业受到原装产品制造商知识产权指控的比例比较低。

3) 在兼容部件方面，主要有成像卡盒、显影组件、定影组件、喷墨墨盒、针打色带盒等企业。其中最量大面广的是静电成像卡盒、喷墨墨盒这两种产品。生产这类产品的投资相对较低，作业以组装装配为主。生产一般替代品的门槛较低，而产品要达到或接近原装产品水平则很难。兼容部件生产企业又可分为新品制造和再制造两类。新品制造有知识产权侵权和产品质量风险。再制造除了具有这两项风险外，还有生产过程中清洗和拆解的工作量大、劳动密集型作业的劳资问题，以及生产产生的废弃物的处理和对环境带来的负面影响等长期以来困扰发展的瓶颈问题。兼容部件产品批发或零售都要直接面对市场和终端客户，频繁遭遇商标、标识等知识产权指控和产品质量投诉，几乎承担了整个产业链的，包括专利、商标、产品质量、价格、商业信誉，以及政策变化带来的全部风险。

(3) 国内兼容办公耗材企业现状

经过几十年的发展，国内兼容办公耗材企业已形成三个层次。

第一个层次是"正规"企业：正式登记注册企业法人，有固定的生产场地，有自己的品牌和标识，有自主知识产权，有满足国家标准或行业共识的现代管理体系，能依规生产和守法经营。有些企业成功上市，有些企业多年入围政府采购清单，有些企业已成为家喻户晓的优秀品牌企业。这类企业经过原始积累和艰难发展的初级阶段，已经基本步入良性循环的轨道。第三个层次是"非正规"企业：在外力推动下，正式登记注册了企业法人，有规章制度，但形同虚设；有固定生产场地，但生产管理随意性强，缺少质量管控，有偷工减料情况；虽持有专利，但缺乏核心技术；有自己的品牌和标识，但品牌没有市场空间，甚至模仿或直接冒用原装产品的商标。这类企业或观念老旧不能与时俱进，或起步较晚、起点较低，或管理不善。第二层次的企业是介乎于前两者之间的企业。

4．办公设备与办公耗材的关系

（1）办公设备与办公耗材产品之间的关系

在使用层面，办公设备与办公耗材之间基本上是一一对应的配套关系，至多在同一系列机型之间耗材和配件可以通用。不同系列机型的产品之间几乎不存在"通用"关系。以成像方法中最复杂的静电成像产品为例，在整整80年的发展过程中，无数企业和个人倾情投入，对静电成像六个步骤的每个环节都做出了大量的发明创造和技术革新，形成了几十万份专利、学术和技术研究报告。目前，各家知名企业都拥有各自的独特技术和专利技术，用自己的专有技术和方法避开别人的专利，设计机器、制造零部件和生产材料。所以，在现阶段"各种机器统一使用一种通用墨粉"只能是一厢情愿的设想。引申到机器维修或机器和零部件再制造，也必须遵守这种"一把钥匙开一把锁"的规律。事实上，"兼容"比"通用"距现实更近，而"通用"比"兼容"只是更具推销产品的卖点。

（2）办公设备与办公耗材企业之间的关系

办公设备整机生产企业与办公耗材生产企业之间有三种关系。第一种关系，品牌机器制造商自有的整机生产企业与自有的耗材配件生产企业之间，或委托的第三方整机代工企业、耗材与配件生产企业之间是上下游产品之间的合作关系。第二种关系，各品牌机器制造商之间首先是竞争关系，其次是协作关系。第三种关系，各品牌机器制造商与兼容耗材与配件企业之间是不合作的竞争关系，在某些特定情形下，还是一种排斥和对立关系。所以，在开发市场、制订政策和或管理方案时，不能忽视各类企业之间的相容、接受的可能性，或相互排斥性。

四、办公设备再制造的基本特征

1. 具有工业化生产的全部特征

办公设备再制造过程与办公设备新产品的制造过程一样，包括从原材料到成品之间相互联系的多个工业化劳动过程。

办公设备新产品制造是一种复杂的、现代化的，有利于零部件和产品标准化、通用化和系列化的，有利于提高劳动生产率和降低成本的专业生产过程。例如一台复印机的外壳、金属支架、电机、高压发生器、电线电缆、轴承，以及各种与成像有关的关键元件、零部件和耗材，其至各种型号的螺钉分别由若干个分散的专业化工厂生产制造，最后集中到主机厂完成复印机产品的装配。

办公设备新产品的制造过程主要包括生产技术准备过程、生产工艺过程、辅助生产过程和生产服务过程等。生产技术准备过程包括产品投产前的市场调查分析、产品研制、技术鉴定等。生产工艺过程包括毛坯制造，零件加工，部件和产品装配、调试、检验和包装等。辅助生产过程指为使基本生产过程能正常进行必须提供的辅助设计和设施等，例如工艺装备的设计制造、能源供应、设备维修等。生产服务过程包括原材料采购运输、保管、供应及产品包装、销售等。

2. 具有某些独立的特点

在理论上和实践中，办公设备再制造过程与新品生产又存在着明显的差别，它具有以下五个方面独立的特点。

1）办公设备再制造并不是办公设备新品制造简单的逆向工程。

2）办公设备再制造与办公设备新品制造的原材料不同。

3）办公设备再制造研发的重点和技术文件的内容差异较大。作为原材料的废旧产品状态较高的不确定性，使再制造的生产计划和管理活动比新品制造要复杂很多，使再制造工程中的鉴定、加工、调整以及质量控制等方面技术难度增大。

4）办公设备再制造的某些过程是新品制造不需要的，生产中产生的废弃物的管理和处置要求也高于新品制造。

5）用于再制造办公设备的零部件可以是再利用件、修复件、原装配件或升级的可替代的配件，也可以是兼容配件。

五、办公设备再制造的意义

1．资源循环利用的一种新型经济模式

废旧办公设备几乎浑身是宝，可再利用的资源很多。一台办公设备整机的材料重量比大约是：金属件占 50% 左右，塑料件占 40% 左右，橡胶件和其他材料各占约 5% 左右。以目前我国大多数再制造企业作为"原材料"的废旧机器的"成色"分析，采用全新再制造、再生再制造或翻新再制造等不同层次的方式处理整机后，与制造全新产品比较，可节能 60%，可节材 75% ~ 85%，可减少近 70% 的二氧化碳排放量，可节约制造成本 60% 以上。

再制造过程中产生的固体废物很少，基本不包含危险废弃物。办公设备再制造有利于形成"资源—产品—废旧产品—再制造产品＋资源化再生材料"充分利用的资源循环的新型经济模式，对保护生态环境和节约资源都具非常积极的社会效益和经济效益。

2．一个新的经济增长点

办公设备再制造是一项具有回报率的生产活动。办公设备再制造产业发展可以推进制造业与现代服务业、回收和再利用产业、零部件制造和修复工业、流通等领域的沟通与融合。2013—2018 年间，我国以再制造为目的进口的旧复印机和打印机年均达到 40 万 ~ 50 多万台。2014 年我国办公设备（主要指打印机、复印机和数字式多功能一体机等）的社会保有量达到 8000 万台，其中有较大量产品接近报废期限。被淘汰或退役的废旧办公设备中一部分可以成为再制造的原材料。对废旧办公设备进行再制造技术处理，实现新的使用价值，可为社会提供就业机会，成为一个新的经济增长点。

3. 拥有广泛的客户群

办公设备再制造产品主要用于快印服务、租赁服务、自助服务等需要文字图像输出的各类办公场所，拥有非常广泛的客户群。近些年，尽管国内外经济发展趋势放缓，但是国际社会和我国办公设备的社会保有量仍呈平稳增长势态，对办公设备再制造产品的需求也不断增加。近些年，我国市场年均可消化再制造办公设备整机40万~50多万台，再制造耗材几万t。推广使用再制造办公设备和耗材，可让用户用上物美价廉的中高档办公设备，更早地了解发达国家和地区流行的办公设备设计水平，对于提升我国办公设备的普及程度、推动社会技术进步和提高人员素质等也将起到积极的作用。

第三节 办公设备再制造发展现状

一、办公设备主要品牌

当前，绝大多数办公设备是跨国公司制造的国际知名品牌产品，只有少量的中国品牌产品。以下排名不分先后地列出常见办公设备产品的品牌名称，主要有佳能、惠普、富士施乐、理光、柯尼卡美能达、爱普生、夏普、京瓷、理想、兄弟、富士通、联想、映美、得实、奔图、荣大、震旦等。这些品牌的制造商，有的专注于一种成像方式的产品，有的则生产多种成像方式的产品，有的甚至在相关或相近领域都具有优势产品，例如计算机、照相机、医学影像设备等。这些品牌多数在我国都有制造工厂和销售公司。表7-8列出了影响力较大的29个办公成像设备整机产品品牌，以及在我国的39家办公设备生产场地的名称。

表7-8 办公成像设备整机主要品牌、相应的主要产品和在我国的生产企业

主要投资方	数量	主要品牌	主要办公成像产品	在我国的生产企业
日本	15	佳能	静电成像：激光打印机、数字式多功能一体机 喷墨成像：喷墨打印机、数字式多功能一体机 热成像：热升华打印机	佳能（苏州）有限公司 佳能（中山）办公设备有限公司 佳能精技立志凯高科技（深圳）有限公司 佳能大连办公设备有限公司
		理光	静电成像：激光打印机、激光传真机、数字式多功能一体机 针式打印机：宽幅面高速打印机 模板成像：数字式一体化速印机	理光（深圳）工业发展有限公司 理光高科技（深圳）有限公司 东北理光（福州）印刷设备有限公司
		富士施乐	静电成像：激光打印机、激光传真机、数字式多功能一体机	富士施乐高科技（深圳）有限公司 上海富士施乐有限公司
		柯尼卡美能达	静电成像：激光打印机、喷墨打印机、数字式多功能一体机	柯尼卡美能达商用科技（无锡）有限公司 柯尼卡美能达商用科技（东莞）有限公司
		爱普生	喷墨成像：喷墨打印机、数字式多功能一体机 热敏成像：热敏传真机、热转印打印机 针式打印机	爱普生技术（深圳）有限公司 福建爱普生普生有限公司
		兄弟	静电成像：激光打印机、激光传真机、数字式多功能一体机 喷墨成像：喷墨打印机、数字式多功能一体机	兄弟高科技（深圳）有限公司宝龙分公司 兄弟高科技（深圳）有限公司

	品牌	成像方式及产品	公司名称
	京瓷	静电成像：激光打印机、数字式多功能一体机	京瓷办公设备科技（东莞）有限公司
	夏普	静电成像：激光打印机、数字式多功能一体机	夏普办公设备（常熟）有限公司
	东芝	静电成像：激光打印机、数字式多功能一体机	东芝泰格信息系统（深圳）有限公司
	OKI冲电气	静电成像：数字式大幅面多功能一体机、针式打印机	冲电气实业（深圳）有限公司
	松下	静电成像：激光传真机、热敏成像：热转印传真机	三洋电子（东莞）有限公司
	理想	模板成像：数字式一体化速印机、喷墨成像：数字式彩色多功能一体机	理想（中国）科学工业有限公司（珠海）
	德宝DUPLO	模板成像：数字式多功能一体机	迪普乐（山东）办公设备有限公司（济南）
	富士通	热成像：热敏打印机/传真机、针式打印机	南京富士通电子信息科技股份有限公司富士通先端科技（上海）有限公司
	富士	热成像：热升华打印机	无
美国 3	惠普	静电成像：激光打印机、激光传真机、数字式多功能一体机、喷墨成像：喷墨打印机、数字式多功能一体机	惠普（重庆）有限公司威海惠普数码打印机有限公司
	柯达	静电成像：数字式多功能一体机、热成像：热升华打印机	无
	捷普电子	静电成像：数字式多功能一体机	捷普电子（广州）有限公司

(续)

主要投资方	数量	主要品牌	主要办公成像产品	在我国的生产企业
中国	11	奔图/利盟	静电成像：激光打印机、数字式多功能一体机	珠海奔图电子有限公司
		方正	静电成像：激光打印机、数字式多功能一体机	东莞方正科技电脑有限公司
		联想	静电成像：激光打印机 喷墨成像：喷墨打印机	惠阳联想电子工业有限公司
		天津光电	静电成像：激光传真机 热成像：热敏打印和传真机	天津光电通信技术有限公司
		佳博	热成像：热敏打印机和传真机	珠海佳博科技股份有限公司
		映美	针式打印机	新会江裕信息产业有限公司
		实达	针式打印机	福建实达电脑设备有限公司
		汉印	针式打印机 热成像：热敏打印机	厦门汉印电子技术有限公司
		荣大	模板成像速印机 热成像：证卡打印机（热敏）	宁波荣大昌办公设备有限公司
		震旦	静电成像：激光打印机、数字式多功能一体机	宁波荣大昌证卡技术有限公司 震旦集团（台湾）
		诚研科技(HiTi)	热成像：热升华打印机（照片）	诚研科技（台湾）

二、我国办公设备市场现状

1. 产量和进出口额

根据国家统计局发布的信息，中国文化办公设备制造行业协会整理的 2010—2017 年在我国境内复印机和打印机生产企业数量为 50～55 家，其中含有小胶版印刷机的生产企业。2016 年环境保护部土壤环境管理司组织了"办公设备整机和耗材生产行业固体废物专项调查"，中国文化办公设备制造行业协会对这次调查未涉及省份的企业状况进行了补充调查，办公设备整机制造工厂为 37 家。2010—2017 年，我国复印机和打印机年均总产量近 7000 万台，其中 A3 幅面的复印机（含多功能一体机）占 10% 左右。年均进口额 70 多亿美元，年均出口额 160 多亿美元。近几年产量、进出量均呈整体下降趋势。

2. 销售模式

我国办公设备销售有扁平化销售、批发商代理销售、租赁和电子商务多种模式。

(1) 扁平化销售

在产品、价格及广告日益趋于同质化的时代，单凭产品的独有优势已难以在市场上赢得竞争优势。扁平化营销渠道不仅可以拉近生产者与消费者的时空距离，还可以加快各种信息的交流、加快资金流动和直接传递制造商提供的优质服务等。这是现代电子电器产品营销的主要模式，但是销售成本相应比较高，办公设备制造商采取这种销售模式的不多。

(2) 批发商代理销售

批发销售是通过各地富有销售和维修能力的规模较大的专业营销企业为核心和骨干，辐射地域内中小销售企业，将产品在市场上迅速铺开，实现资金快速回笼。与早期的多层次架构的多层代理（全国代理—省级代理—市/县级代理），最终到分销商的垂直调控的传统批发零售销售模式相比变化很大。这种模式是当前办公设备制造商采取的主要销售模式。

(3) 租赁

租赁模式是办公设备在国际社会比较普遍采用的，由制造商自营租赁销售，或由第三方机构提供租赁中高速办公设备，并向用户全程提供耗材补充和维修保养服务的一种营销模式。办公设备用户每年（次）以办公费用和服务费用方式支出经费，既可解决复印和打印的刚性需求，也省去了将办公设备作为固定资产投资、设备管理和维修保养人员的费用。近些年这种销售模式在我国也逐渐被认同和采纳。

(4) 电子商务

电子商务/在线电商配送服务的销售模式是近些年推动打印机和小型数字式多功能一体机市场发展的一股强劲的力量。目前办公设备在线电商配送服务主要由第三方电商的专业平台运作，例如苏宁易购、国美、京东和淘宝网等，以及一些专业从事办公设备和办公用品网上销售的专业公司，例如得力、齐心、晨光、史泰博、欧迪、易优百等。在线电商配送的销售模式还有一个潜在的优势，就是可利用网络销售渠道开展废旧产品的逆向回收业务。

3. 消费水平和消费特点

多年来，一直有舆论宣称中国是办公设备的消费大国，办公设备普及率突飞猛进地增长。实际上，我国办公设备的消费起始时间和普及时间均晚于发达国家和地区30多年。20世纪80年代末期我国复印机的年销售量（含进口量）只有一万台左右，由于没有电脑，打印机几乎没有销售。20世纪90年代，几家知名品牌复印机的年销售量（含进口量）也只有2万~3万台，全年销售总量也只有10万~20万台。全社会普及办公设备大约在2000年前后。至2004—2006年办公设备社会保有量增长达到峰值，激光打印机、激光传真机、喷墨打印机、喷墨传真机和热敏传真机等小型数字式办公设备开始普遍出现在个人办公桌上和进入家庭。所谓突飞猛进地增长是以我国20世纪80~90年代办公设备普遍装备低水平为基点。目前，我国办公设备消费和更新的总体水平处于国际社会的中下等。

在我国，购买中高速打印和复印等办公设备和购买办公设备维修保养服务的主体是机关事业单位、各类学校和各类大中型企业，以及一些专业从事快印服务的店铺。个人、家庭和小微企业多购买低速低值的办公设备。

"新三年，旧三年，缝缝补补又三年"是我国民众的传统消费习惯，也是办公设备的消费特点。在我国，无论是单位还是个人，中高速办公设备只要"印品质量"过得去，一般都会使用下去。使用年限一般可达8～10年，甚至更长。打印机等小型办公设备无论是桌面办公用还是家庭用，一般也都会使用5～8年，甚至更长。还有一个值得注意的现象是，很多发达地区淘汰的办公设备会在不断地淘汰中逐步流向偏远地区。业内人士对于多年前被北京或上海这样的发达城市淘汰的一台办公设备，几经辗转出现在新疆或贵州这样的偏远地区丝毫不感到惊奇，所以办公设备的整体更新速度比发达国家和地区要慢很多，而且最终被淘汰的机器基本不能再工作了。

4. 国内市场销售量

由于市场竞争日益激烈，几乎没有任何一类销售企业愿意公开自己的销售业绩，所以在公开的信息资料里很难找到年度销售量或可以推导出年度销售量的有关数据，例如某类产品的销售额等。中国文化办公设备制造行业协会多年跟踪和调研得出的结论是，国内很多智库给出的数据缺乏基本的依据，没有真实的背景资料作为分析和结论的支撑。某些外国权威调查机构尽管投入较多人力和物力，但是获得的第一手数据并不多。在汇集大小经销商销售数据的过程中，始终无法避免人为地夸大或削减销售量数据，也难以判断或估算不真实数据所占的比例。

我们试根据国家统计局给出的复印机进出口额进行推算，进口产品中高速机器较多，有些机型价格高达几十万或百万元，按中高速打印机和复印机平均进口价5万元/台（套）计，我国2012—2017年的年均进口额为80亿美元，故大约进口复印机15万～16万台（套）。我国2012—2017年的年均出口额为200亿美元，出口产品中低中速复印机较多，按平均每台 3000 元出口价计，约合计 4400 万台。年出口数量约占国内平均产量 7100 万台的 62%，则国产打印机和复印机约占 38% 的内销比例，总销量约 2800 万台/年。其中 A3 幅面静电复印机和数字式（静电）多功能一体机销售量 100 万~120 万台左右（含进口量）。其余是 A4 幅面激光打印机和数字式（静电）多功能一体机，销售量约 2700 万台，其中桌面小型机占 60% 以上。

三、办公耗材与零部件再制造

1．办公耗材再制造企业与产品现状

目前，我国办公耗材与零部件再制造企业分为两类，一类是出口加工型企业；另一类是从国外进口、在国内回收旧产品翻新，或以再制造名义生产全新耗材，再以各种方式销售到国内市场的企业。后一类企业中不乏认真开展耗材再制造的优秀企业。但是，也有众多不规范的企业。有些企业没有工业化的作业场地，将旧耗材和零部件拆解后，产生的废弃物随意丢弃或倾倒。有些企业为了降低产品成本采用低劣品质的更换件，加工过程缺乏检测手段，或基本不做检测。有些企业为了促销，冒用原装产品的标识标志等。长期以来，再制造名义的办公耗材（含再生）产品始终是困扰消费者、扰乱办公耗材市场的难题。

2．办公设备关键零部件与再制造耗材和零部件的关系

在 GB/T 34868—2017《废旧复印机、打印机和速印机再制造通用规范》中表 2 是废旧复印机、打印机和速印机的关键零部件分类表。将这个表引用在本文中，即表 7-9。表中列有关键部件和关键材料与零件两级，可指引企业开展整机再制造时特别注意这些零部件对产品质量的影响。在办公耗材和零部件再制造过程中，列入的材料和零部件也是被关注的重点，但其中只有很少数的零部件有再制造的价值和潜质。目前开展再制造较多的是：①墨粉的鼓粉盒（成像卡盒）、墨粉盒（筒）、光导鼓组件；②显影器；③定影器；④喷墨墨盒。

表7-9 废旧复印机、打印机和速印机的关键零部件分类

Ⅰ 产品类别	Ⅱ 产品名称	Ⅲ 关键部件	Ⅳ 关键零件和材料
静电成像	激光打印机 LED打印机 静电复印机 数字式多功能静电一体机 工程图纸静电复印机	带有墨粉的墨粉盒（成像卡盒）、墨粉盒（筒）、光导鼓组件 灯类（直管荧光灯、紧密型荧光灯、荧光灯、高密度放电灯，包括高压钠灯和金属卤化物等、低压钠灯、发光二极管等） CIS扫描头 激光打印头 扫描组件 充电组件 转印组件 显影器 定影器 清洁组件	材料： 　墨粉 　载体 零件： 　LED 　激光二极管 　反光镜 　镜头 　充电辊 　光导鼓 　显影辊 　转印带 　转印辊 　定影膜 　定影辊

(续)

I 产品类别	II 产品名称	III 关键部件	IV 关键零件和材料
静电成像	工程图纸静电复印机	印制电路板 液晶显示屏、操作面板	定影灯 加热组件 清洁辊
喷墨成像	喷墨打印机	墨水盒 供墨系统 打印头	材料： 墨水 零件： 墨水导管 打印头清洁器
喷墨成像	数字式多功能喷墨一体机	CIS 扫描头 印制电路板 液晶显示屏、操作面板	材料： 墨水 零件： 墨水导管 打印头清洁器
喷墨成像	宽幅喷墨复印机	CIS 扫描头 印制电路板 液晶显示屏、操作面板	材料： 墨水 零件： 墨水导管 打印头清洁器
数字式制版（模板）成像设备	数字式一体化速印机	CIS 扫描头 滚筒 热敏打印头 印制电路板 液晶显示屏、操作面板	材料： 蜡纸 油墨 零件： 废蜡纸回收

3. 办公耗材和零部件再制造过程与要求

(1) 办公耗材再制造模式

办公耗材再制造包括零部件再制造。办公耗材再制造模式也称为办公耗材再制造作业方式，只有全新再制造一种。多数再制造的办公耗材与零部件都与成像关系密切，其中涉及的消耗品和易损件比较多。消耗品、易损件和密封条等均属于一次性用品，再制造时应该采用同等质量的新品更换才能够保证产品质量。

(2) 办公耗材再制造过程

办公耗材再制造过程不是办公耗材新品制造工程简单的逆向。在一系列活动中，首先是将废旧办公设备的耗材和关键零部件全部拆解，充分分解至均质的不可拆分的零件，采用先进的再制造技术和生产工艺，装配制造的满足全新产品标准要求的耗材和零部件的过程。先进的再制造技术和生产工艺包括对废旧耗材和零部件进行专业化拆解、检测、清洗或清理、修复、更换零部件、重新装配、成品检测等。不满足上述生产过程要求的，不能称为耗材再制造。不能达到新品质量要求的，不应称为再制造耗材产品。

1) 作业方式。办公耗材与零部件再制造作业方式，或称为办公耗材与零部件再制造生产过程，应至少包括以下工艺过程，并达到以下目标。

① 对废旧耗材与零部件进行分类。

② 按型号类别进行充分拆解。所谓充分，就是将耗材与零部件分解成均质的不可拆分的零件，达到最大程度的拆解。只有充分拆解，才能做到对每个零件逐一进行检测。

③ 按零件类别对拆解物逐一进行质量检查。只有逐一检测，才能保证每个零部件的质量，重新装配的产品质量才能达到全新产品的水平。

④ 合格的零件进行清洁、清洗并烘干，之后再次检验其质量，满足要求的，用于再制造装配；可以通过修复达到要求的，送去修复，之后

再次检验，满足要求的，用于再制造装配；不能满足要求的，必须更换合格的新零件。

⑤将合格零件或经过修复后检验合格的零件重新装配成产品，之后进行调试、检测、包装等作业。

⑥密封胶条、刮板、墨粉、载体等拆解物分类报关，做最终废弃物，交给有资质的企业做无害化处理。

2）产品品质管理与检验。再制造办公耗材和零部件产品的技术要求、检验标准和检验方法应满足新产品涉及的国家的法律法规，有关国家标准、行业标准、地方标准或团体标准的全部标准要求。即再制造的办公耗材与零部件的标准应该与新产品等同。一般办公耗材与零部件不直接涉及产品电气安全性能、电磁兼容性能、能效等要求。但是，有环境保护要求、材料和包装的有害元素限量要求，以及产品性能等要求。如果新品有认证要求，就应通过认证，进入市场的产品还应加贴认证的标志和标识。

四、办公设备与耗材再制造管理

办公设备和办公耗材再制造的管理有技术管理和行政管理两种方式。原国家质量监督检验检疫总局（以下简称国家质检总局）和商务部多次针对进口旧复印机和打印机，以及旧成像卡盒等发布文件，提出进口申请或备案要求和程序，对进口再制造企业提出基本资质要求，进行规范和监管。管理文件发布大致可分为以下三个阶段。

1. 第一阶段：许可备案阶段

2001年12月20日，国家对外贸易经济合作部、海关总署、国家质检总局发布《机电产品进口管理办法》（外经贸部、海关总署、国家质检总局[2001]第10号令）。

2002年12月31日，国家质检总局发布，自2003年5月1日起施行《进口旧机电产品检验监督管理办法》，再次明确旧复印机和打印机进口适用于该管理办法。

2003年7月15日,国家质检总局办公厅会同商务部办公厅发布了《关于进口旧机电产品备案与办理进口许可工作的衔接问题的通知》(质检办检联[2003]279号),通知指出:

一、国家对进口的旧机电产品实施备案管理。进口旧机电产品的收货人或者其代理人应当在旧机电产品入境前及时向国家质检总局或其设在各地的直属检验检疫局申请办理备案手续。

二、对须由商务部签发进口证明文件的进口旧机电产品,其收货人或者其代理人应当在办理进口许可手续前,向国家质检总局申请办理备案手续。

三、对须由地方、部门机电产品进出口管理机构签发进口证明文件的进口旧机电产品,其收货人或者其代理人应当在办理进口许可手续前,向所在地直属检验检疫局申请办理备案手续。

文件还说明了,国家质检总局及直属检验检疫局受理备案时书面审核的内容是:备案申请材料的真实性、完整性和一致性,进口旧机电产品是否符合我国有关安全、卫生、环境保护等国家有关技术规范的强制性要求,以及国家进口质量许可制度和强制性产品认证制度的有关要求等。

据此,2003年,南京田中机电有限公司通过江苏省质检局完成向国家质检总局的备案,成为我国首家具有旧复印机和打印机进口用于再制造资质的企业。

2. 第二阶段:商检审批阶段

2008年5月1日,商务部、海关总署、国家质检总局联合发布《机电产品进口管理办法》(商务部、海关总署、国家质检总局令[2008]第7号),宣布替代此前发布的所有旧机电产品进口管理相关文件。

2008年4月9日,上述三部委又以2008年第37号公告发布了《重点旧机电产品进口目录》(简称《目录》)。《目录》根据《机电产品进口管理办法》(7号令)和《重点旧机电产品进口管理办法》(5号令)编制，纳入《进口许可证管理货物目录》，包含12类旧机电产品，总计99个10位海关商品编码。与办公设备和办公耗材有关的有两项。《目录》于2008年6月1日起执行，每年发布一次。十年来，办公设备和办公耗材部分没有变化，见表7-10。

表7-10 重点旧机电产品进口目录中办公设备和办公耗材部分

种类	序号	商品编码	商品名称及备注	单位
九、印刷类	83	8443198000	未列名印刷机（网式印刷机除外，用税目84.42项下商品进行印刷的机器）	台
十二、硒鼓	99	8443999010	其他印刷（打印）机、复印机及传真机的硒鼓	kg

注：此处硒鼓应指静电成像卡盒——编者注。

在这个阶段中，国家质监总局多次发布有关旧机电产品监管文件。2008年2月12日，发布《关于规范入境再制造用途旧机电产品检验监管工作的通知》。2010年1月4日，发布《国家质量监督检验检疫总局关于调整进口旧机电产品检验监管工作的通知》（国质检检[2009]605号），通知规定：再制造和专业维修，应当由再制造、维修企业向所在地检验检疫机构申请，报经总局同意并经所在地检验检疫机构考核合格后，报总局批准登记。各直属检验检疫局应按照《关于规范进口再制造用途旧机电产品检验监管工作的通知》（质检检函[2008]109号）相关规定进行检验监管。2017年7月14日，质检总局发布《关于公布继续有效规范性文件和废止部分规范性文件的公告》（2017年第54号），废止的文件中包括国质检检[2009]605号。

3. 第三阶段：商检评估备案阶段

2013年4月3日，国家质检总局以质检检函[2013]129号发布《关于推进维修/再制造用途入境机电产品检验监管工作若干要求的通知》和《入境维修/再制造用途机电产品检验检疫工作指南》。《通知》提出，为配合国家宏观产业政策的调整，促进循环经济发展，构建资源节约型、环境友好型社会，总局于2008年下发了《关于规范入境再制造用途旧机电产品检验监管工作的通知》（质检检函[2008]109号），各直属检验检疫局选择了部分行业中高技术含量、高附加值的项目开展维修/再制造用途入境试点业务，用来解决从事机电产品入境再制造企业（以下简称再制造企业）原料短缺问题，促进从事机电产品入境维修企业（以下简称维修企业）健康发展，并为探索制定此类业务的检验监管模式进行了有益的尝试，积累了一定的经验。为进一步推进维修/再制造用途入境机电产品检验监管工作，现提出如下要求：一、开展维修/再制造业务应遵守国家有关安全、卫生、环境保护和循环经济等法律、行政法规的规定，符合国家产业政策。二、各直属检验检疫局对维修/再制造企业实施能力评估。三、通过能力评估的维修/再制造企业，其申请备案的维修/再制造用途入境机电产品的数量、规格应与其维修/再制造能力相匹配，产品的原始状态须符合我国相关技术规范要求。四、各直属检验检疫局应结合产品风险和检验监管情况，确定是否对申请备案的维修/再制造用途入境机电产品实施装运前检验。五、企业所在地检验检疫机构对再制造用途入境机电产品实施到货检验，包括再生利用件核查管理、再制造过程控制管理及再制造成品检验管理，通过对再制造过程全过程监管判定再制造产品成品是否合格；对维修用途入境机电产品实施到货检验，包括待维修件核查管理及维修成品检验管理。六、再制造企业涉及的能力评估条件、监督管理要求，再制造用途入境机电产品检验监管中涉及的技术、利用率、工艺等要求，还应符合总局检验监管司制定的相应的再制造用途入境机电产品检验监管指南要求。七、各直属检验检疫局应按照维修/再制造用途入境机电产品检验监管指南要求，结合辖区维修/再制造工作开展情况，制定相关检验监管作业指导书，所在地检验检疫机构对辖区内通过能力评估的维修/再制造企业实行日常监督管理和年度审查，及时积累、总结经验。

2015年6月17日，国家质检总局、商务部、海关总署发布《关于旧机电产品进口管理有关问题的公告》（2015年第76号），该公告的主要内容有：

一、关于调整进口旧机电产品的备案管理。1) 不再执行2008年《重点旧机电产品进口管理办法》《机电产品进口自动许可实施办法》和《机电产品进口管理办法》涉及进口旧机电产品备案管理的相关规定。检验检疫机构在对符合条件的产品出具《入境货物通关单》时，备注栏内标注"旧机电产品"字样。2)《机电产品进口自动许可实施办法》第六条第（四）款规定的"进口旧机电产品的，应提供国家质检总局授权或许可的检验检疫机构出具的进口产品的预检验报告"。如需要预检验报告，按照《质检总局关于调整进口旧机电产品检验监管的公告》（质检总局2014年第145号）中《进口旧机电产品检验监管措施清单》管理措施表执行。

二、关于加强进口旧机电产品现场检验。纳入《应逐批实施现场检验的旧机电产品目录》的旧机电产品（原生产厂售后服务维修除外），由口岸检验检疫机构逐批依据相关产品国家技术规范的强制性要求实施现场检验。经检验，凡不符合安全、卫生、环境保护要求的，由检验检疫机构责令收货人销毁，或出具退货处理通知单并书面告知海关，海关凭退货处理通知单办理退运手续。

表7-11是2015年第76号文件的附件《应逐批实施现场检验的旧机电产品目录》中有关办公设备的部分。

表 7-11 《应逐批实施现场检验的旧机电产品目录》中有关办公设备的部分

序号	商品编码	商品名称
5	8443.3211－8443.3219	打印机
18	8443.3911－8443.3924	复印机

五、办公设备质量再制造率

办公设备再制造水平的衡量指标有很多种，其中一个比较重要的指标是产品的质量再制造率。此处的质量是习惯所说的重量，而不是产品的品质指标。在 GB/T 34868—2017 给出了质量再制造率的定义："单位废旧复印机、打印机和速印机的零部件经过再制造生产加工，所获得的合格零部件质量之和占对应产品总质量的百分比。其中不含包装物的质量。"办公设备再制造的质量再制造率可以通过对产品和零部件称重结果进行计算，计算单位是千克（kg）。

GB/T 28619—2012《再制造 术语》和 GB/T 28620—2012《再制造率的计算方法》两项标准中都有质量再制造率的术语，办公设备质量再制造率在其基础上改写而来，并引用了 GB/T 28620—2012 的质量再制造率的计算公式和计算方法。GB/T 28619 和 GB/T 28620 两项标准由同一标准化技术委员会、同一起草组同期编制，同时发布。GB/T 28620—2012 给出了数量再制造率、质量再制造率、价值再制造率、产量再制造率、价值不随时间变化和价值随时间变化的产值再制造率六个再制造率的计算方法。表 7-12 是办公设备质量再制造率与通用术语的比较。

表7-12 办公设备质量再制造率与通用术语的比较

序号	比较项目	GB/T 28620—2012	GB/T 34868—2017
1	术语序号	3.1	3.8
2	术语名称	质量再制造率	（办公设备）质量再制造率
3	术语原文	单位再制造毛坯经过再制造生产加工，所获得的合格再制造零部件数量总数量、质量之和、价值之和占对应产品总数量、总质量、总价值的百分比。分别称为数量再制造率、质量再制造率和价值再制造率	单位废旧复印机、打印机和速印机的零部件经过再制造生产加工，所获得的合格零部件质量之和占对应产品总质量的百分比。其中不含包装物的质量
	4.1 再制造对象	单位再制造毛坯	单位废旧复印机、打印机和速印机的零部件
	4.2 再制造手段	经过再制造生产加工	经过再制造生产加工
	4.3 再制造产出	所获得的合格再制造零部件	所获得的合格零部件
4			分析：省略了不会有歧义的定语"再制造"
	4.4 百分比内容	数量之和、质量之和、价值之和占对应产品总数量、总质量、总价值的百分比。分别称为数量再制造率、质量再制造率和价值再制造率	质量之和占对应产品总质量的百分比。仅采用"质量"进行计算
			分析：

5	4.5 附件说明	无	其中不含包装物的质量 分析：涉及具体产品，规定是否包括包装物更为严谨
	5.1 计算公式编号	(2)	(1)
	5.2 计算公式内容	式中 RR_w——质量再制造率 w_{ri}——第 i 件再制造产品中的再制造零部件的质量，$i=1,2,\cdots,n$，n 为再制造产品的数量 W——每件再制造产品总的零部件质量，即每件再制造产品的质量	$$RR_w = \frac{\sum_{i=1}^{n} w_{ri}}{nW} \times 100\% \quad (1)$$
6	定义之外的规定	无	1）正文 5.1 标题"产品质量（重量）再制造率" 分析：加上（重量）更加明确指称重的质量 2）正文 5.1 中规定："单位为千克（kg）" 分析：明确计算单位

第四节
办公设备再制造产业分析

一、办公设备再制造模式

1. 办公设备整机三种再制造模式

办公设备整机再制造的模式是由整机再制造的作业方式决定的,如前所述,有全新再制造、再生再制造和翻新再制造三种。三种再制造模式并不是 GB/T 34868—2017 标准的创造,而是在充分调查研究的基础上,结合国内外办公设备再制造产业特点和作业方式,对生产实践做出的归纳和总结。

对应于不同作业方式或生产模式,产出的产品不同。根据 GB/T 34868—2017 中的 3.9,分别是全新再制造机、再生再制造机、翻新再制造机。后两者简称为再生机和翻新机。

办公设备再制造整机产品的定义是:再制造整机产品(Remanufactured Products)是对废旧复印机、打印机和速印机进行再制造加工,获得的满足相关标准要求的产品。根据不同作业方式,产品分为全新再制造机、再生机和翻新机。

这一定义是在 GB/T 27611—2011《再生利用品和再制造品通用要求及标识》中 3.2 的基础上改写的。其中"进行再制造加工,获得的满足相关标准要求的产品"取自原定义。

2. 办公耗材唯一的再制造模式

办公耗材再制造方式也是由一系列活动组成的，与整机再制造一样，主要包括对废旧耗材和零部件进行专业化拆解、检测、清洗或清理、修复、更换零部件、重新装配和成品检测等。办公耗材再制造作业的过程只有全新再制造一种模式。常见的往静电成像卡盒中加墨粉，向喷墨墨盒中注墨水，甚至在加粉和注墨过程中简单地更换几个零件都不能称为再制造。

截至2018年，国内外还没有一部关于办公耗材再制造的国家标准或行业标准，也没有国际标准，但有某些产品零部件再制造的地方标准和企业标准。

二、办公设备产品比较分析

1. 产品基本构造

几十年来，高新科学技术推动了静电成像、喷墨成像、热成像、针式打印和模板成像技术的发展和应用，产生了种类繁多可满足各类文件不同需求的复制和输出的办公设备。最终输出的图文载体介质以纸质文件为主，其他硬拷贝还包括塑料薄膜、布、塑料、金属、木材等。这些产品有很多相同之处，例如，很多设备还都有光电扫描部件、图像处理和色彩处理部分、输纸系统等，多采用硬质阻燃塑料外壳，金属支架作为内部骨架，电气部分都有驱动电机、电线电缆和电源插头、印制电路板、计数器等，都有液晶显示操作面板等。由于工作原理不同，在产品结构、成像部件、关键零部件和耗材等方面还存在非常大的差异，例如耗材、配件，以及细分的使用目标等。表7-13是办公成像设备产品基本构造的简要分析表，意在给出各种成像产品异同之处的宏观概念。

表 7-13 办公成像设备产品基本构造简略分析表

成像方式		所有产品共有零部件								部分产品共有零部件			特殊零部件和耗材
		塑料外壳	金属机架	电机	电线电缆	电源插头	印制电路板	液晶操作面板	输纸系统	图像采集	色彩管理	光学扫描系统	
静电成像		◎	◎	◎	◎	◎	◎	◎	◎	◎	◎	◎	充电部件、显影器、数值部件、定影器、清洁部件、感光鼓、墨粉、载体、成像卡盒
喷墨成像		◎	◎	◎	◎	◎	◎	◎	◎	◎	◎	◎	喷墨打印头、墨盒、墨水
热成像	热敏	◎	◎	◎	◎	◎	◎	◎	◎	—	—	—	热敏打印头、热敏纸
	热转印	◎	◎	◎	◎	◎	◎	◎	◎	—	—	—	热转印打印头、热转印带
	热升华	◎	◎	◎	◎	◎	◎	◎	◎	—	—	—	热升华打印头、色卷
针式		◎	◎	◎	◎	◎	◎	◎	◎	—	—	—	针式打印头、打印针、色带
模板成像		◎	◎	◎	◎	◎	◎	◎	◎	◎	—	◎	滚筒、蜡版、油墨

注：◎表示相同或相近。

2. 耗材和零部件的替代性

在实现静电成像、喷墨成像、热成像、针式打印和模板成像产品商品化的激烈竞争中产生了近百万项发明创造。据统计，1968—1987 年仅美国专利商标局批准的静电成像显影剂（含墨粉、载体和设备）专利就有 3.4 万件，之后每年以 8%～10% 的速度连续增长了近 15 年。2000 年前后日本佳能公司在美国已获得了 12 万件专利。据珠海耗材协会统计，至 2016 年仅办公耗材在中国专利局的申请量已达 4500 件。

浩如烟海的发明创造使每一种成像方法都产生了很多技术分支和技术解决方案。每一个分支的产品又因结构和技术指标不同而形成不同系列、不同档次和不同型号。某些外观看似相同的产品，细节上却存在很大差异的实例比比皆是，用一把钥匙开一把锁比喻不同成像原理的产品之间、同一成像原理不同分支的产品之间、同一分支不同系列的产品之间，甚至同一系列不同型号之间的关键零部件和耗材的关系并不为过。例如，最常用的光导鼓、墨粉、打印头、墨水等关键部件和耗材的型号与机器的型号基本上是一一对应关系。

3. 商品名称与产品内涵

基于多种原因，不同成像原理的办公设备商品名称相近或一样，参见表 7-13。而相同或相似工作原理产品的商品名称却不一定相同，举例如下。

(1) 静电成像产品

基于静电成像原理产品的商品名称有：激光打印机、激光传真机、静电复印机、数码复合机与数字式（静电）多功能一体机。商品名称与主要功能的关系如下。

1) 单功能产品

静电复印机：有原稿稿台，主要功能是复印。

激光打印机：没有原稿稿台，主要功能是与电脑联机打印。

2）多功能产品

激光传真机：没有原稿稿台，主要有与电话线连接的传真和电话功能，与电脑联机的打印和扫描功能。

数字式（静电）多功能一体机：有原稿稿台，主要有复印功能，与电脑联机的打印和扫描功能，与电话线连接的传真功能，与网络连接的远程打印功能等。所以也可以认为这种设备是多功能的静电复印机，或多功能的激光打印机。

激光多功能打印机：没有原稿稿台，增加了传真等功能的激光打印机。

在市场上，数字式（静电）多功能一体机和激光多功能打印机都统称为数字式多功能一体机。数码复合机来自于日语，是数字式（静电）多功能一体机的另一种表述方式。

（2）喷墨成像产品

基于喷墨成像原理产品的商品名称有：喷墨打印机、喷墨传真机、数字式（喷墨）多功能一体机，以及喷绘机和工程图纸复印机等。商品名称与主要功能的关系如下。

1）单功能产品

喷墨打印机：没有原稿稿台，主要功能是与电脑联机打印。

2）多功能产品

喷墨传真机：没有原稿稿台，主要有与电脑联机的打印和扫描功能和与电话线连接的传真功能，即主要有传真、电话、打印和扫描等功能。

数字式（喷墨）多功能一体机：有原稿稿台，主要有复印功能，与电脑联机的打印和扫描功能，与电话线连接的传真功能，与网络连接的远程打印功能等。

（3）多功能打印机与多功能复印机

多功能打印机与多功能复印机是销售层面用语。静电成像设备和喷墨成像设备都有多功能产品，分别称为数字式（静电）多功能一体机和数字式（喷墨）多功能一体机。有原稿稿台的产品也称为多功能"复印"一体机。没有原稿稿台的产品也称为多功能"打印"一体机。

（4）产品型号与工作原理的关系

随着科学技术的进步和办公事务性工作的细分对办公成像设备的功能细节不断提出新需求，各类办公设备发展日新月异，更新换代不断加速，新产品层出不穷，新型号不断增加。但是到目前为止，新产品和新型号均未离开上述成像原理应用的技术轨道，均可以根据已有的工作原理分类方法给产品进行分类。换句话说，目前市场上尚未出现过超出上述五种成像原理以外的办公成像设备。例如，近几年出现的使用液态墨或半流质墨（蜡质）的打印机和多功能一体机，液态墨表面看更接近于喷墨的液体墨水，而半流质墨（蜡质）看上去像是全新的产品。判断产品和进行分类的基本原则是工作原理，追根溯源可发现，其成像过程都是静电成像产品。

根据上述五种成像原理制造的办公设备均属于以精密装配为作业方式，集机械、电子、电器、光学与化学材料于一体的耐用设备。在我国，早期划分在机械工业的光学仪表行业，现在的产品越来越多地表现出机电一体化设备的特点，但设备中很多零部件仍然具有价值高昂而且坚固耐用的特点，所以不应简单地视这些设备等同于快速消费的电子产品。在世界各地的各类办公室中都可以偶尔见到不同年代、不同成像方式的办公设备仍在服役，这在办公设备行业中不足为怪。

三、办公设备的动态变化与分析

1. 纸张消耗量与产品社会保有量同步增长

一般来说，打印复印纸不作为打印或复印耗材来讨论。

自 20 世纪 70 年代末期未来学家提出无纸化办公以来，随着要求提交纸质打印和复印文件场合增多和对文件质量要求的提高，全世界打印复印纸张的消耗量，在无纸化的喧嚣中大幅度地持续增长了近40年。

纸张消耗量与办公设备的社会保有量总是呈现同步增长关系。但是每个时期对社会保有量做出贡献的办公设备种类不同。

2004年以前，模拟式静电复印机和喷墨打印机社会保有量最大。2004年以后，激光打印机、喷墨打印机、各类传真机和数字式（静电）多功能一体机的社会保有量增长最快。

2010年以前，数字式产品开始普及，可多台电脑共用一台多功能一体机，因此多功能一体机成为机关事业单位和大中型公司等部门的采购热点。同期，采购电脑或采购多套耗材时免费赠送一台小型彩色喷墨打印机的销售策略使办公桌上和家庭中喷墨打印机的保有量大增。

2010年至今，小型台式激光打印机和中低速静电或喷墨多功能一体机的性价比更具优势，以及具有轻印刷功能的中高速静电和喷墨产品不断受到政府、金融机构以及学校等事业单位青睐，均成为销售量增速较大的产品。

2. 产品系列和型号多变化

产品系列和型号的变化多端是办公成像设备的产品特征。同一款产品在不同国家或地区表现为不同型号，相关的配套耗材和零部件的型号或代码也会因地区不同而有变化。

从历年来用于再制造目的进口旧机器的型号和款式统计分析，发达国家和地区先于发展中国家和地区使用更先进的产品。中高速设备的使用量和废弃量也远远高于我国。

3. 成本驱使减产和减员

2008年以来，由于国际社会经济危机，国内企业劳动力成本、各种管理成本和收费项目增加幅度比较大，国内外市场需求量相对减少。出于提高作业质量和降低成本的目的，很多企业不断提高生产自动化水平，在生产线上引入机器人和机械手，还有一些企业直接将产能转移到更欠发达的国家和地区，使企业减产和减员问题日益凸显。

4．某些产品悄然退市

传真机是受市场挤压最严重的一款办公设备。20 世纪 80 年代中期，热敏纸传真机在发达国家和地区办公用已经非常普及，20 世纪 90 年代中期达到销售高峰。同期，传真机在我国也开始广泛应用，2000 年到 2007 年的六七年间是购销两旺的黄金时期。据统计，我国各类办公机构中有高达 72% 的单位至少配备一台传真机。但自 2004 年以来，电子邮件、QQ 和具有传真功能的多功能一体机对传真机市场产生严重的冲击，使有些原本生产传真机的企业也提出，为适应数字式多功能一体机市场的细化，以无纸化办公设备替代传真机。2013 年以来，传真机又再次受到手机的冲击。特别是手机照拍和微信发送功能，以及与微信电脑网页版下载功能的结合，基本上就取代了传真机的所有功能。

5．技术发展以螺旋式攀升

技术发展总是螺旋式上升的，没有一跃就达到完美的产品。以模板成像技术为例，早期的油印机经历了手动、电动和全自动几个阶段。在打字机和复印机等设备开始普及之后，油印机便处于被淘汰的状态。但是，日本理想和理光等公司为其引入了扫描、自动控制等多项先进技术，创造发明了制版印刷一体化速印机，不仅发挥了油印质优价廉的优势，又引入原稿图文复制印刷、接收印刷电脑文件、双色套印、双面印刷等打印机和复印机才具有的功能，使其重新焕发活力，从 20 世纪 80 年代中期至今，始终是机关、学校等单位购买的主要办公设备之一。又如，热敏技术和热转印技术虽然在传真机领域日渐失去市场，但在金融器具、标签印刷等领域得到了更广泛的应用。

四、办公设备再制造知识产权

废旧产品再制造是国际社会普遍认可的做法。废旧产品再制造的主体有三种，第一种是原产品制造商或生产企业对自己制造的产品在废弃后开展再制造；第二种是原产品制造商或生产企业委托专业再制造企业对自己制造的产品在废弃后开展的再制造；第三种是与原产品制造商或生产企业毫无关联的独立的再制造企业对废旧产品开展的再制造。原产品在研发和生产中涉及很多专利或核心技术，其中绝大多数在知识产权的保护范围之内。显而易见，第一种和第二种情况的再制造基本不会发生侵犯原制造商知识产权问题，而第三种情况的再制造则有必要逐一厘清每项知识产权相关条款的规定和边界，以防范或避免发生知识产权侵权行为。

多年来，各方面都很关注办公设备再制造知识产权法律法规的底线在哪儿这一问题。GB/T 34868—2017提出，办公设备再制造企业应尊重原制造商的原创技术和产品的知识产权，包括专利权、商标权、商号和原产品型号、软件著作权、集成电路布图设计权、原产地标记和生产场地标记、原产品说明书等，明确了再制造企业必须遵守和注意事项，它既是以法律为准绳，为再制造企业规定的事前边界，也是维护制造商、生产者和消费者各方利益的基本要求。这是我国已发布的国家标准中首次明确提出知识产权保护条款，在编制过程中参考和对照了现行法律法规，还广泛查阅了发达国家的相关规定，参考了社会执法实践，还多次征求日美韩等在我国的生产企业或销售机构的意见，特别是多次与日本办公设备与信息系统产业协会（JBMIA）工业产权委员会开展了深入的研讨和技术交流。具体要求和释义如下。

1. 专利权

"再制造企业不得侵犯原产品制造商及其产品的专利权，包括发明专利、实用新型和外观设计。不经原产品制造商授权不得复制、仿制或改造原装产品。"

原产品制造商及其产品的专利权，指根据《中华人民共和国专利法》，经过国家知识产权专管部门审查、批准、获得的在有效期内且有效维持的专利权。

2. 商标权

"再制造企业不得侵犯原产品制造商的商标专用权。"

原产品制造商的商标专用权，指根据《中华人民共和国商标法》，经过国家商标专管部门核准注册，在有效期内受商标法保护的商标，包括商品商标和服务商标。

3. 商号和原产品型号等技术信息

根据我国《企业名称登记管理规定（2012年修正本）》和《企业名称登记管理实施办法》（2017年）对商号权（商事名称权/厂商名称权）释义，铭牌是固定在产品上的厂家商标、品牌、产品参数铭记等信息的标牌。铭牌主要用来记载生产厂家及额定工作情况下的一些技术数据，以供正确使用而不致损坏设备。铭牌应印刷清晰、美观、经久耐用、不生锈。制作铭牌的材料有金属类和非金属类两类。金属类有铝、不锈钢、锌合金、铜、铁等。非金属类有塑料、亚克力有机板、PVC、PC、纸等。

GB/T 34868—2017规定，办公设备再制造"产品上应保留原产品制造商的铭牌，并应在原制造商铭牌的相邻位置固定再制造产品的铭牌"。这一规定的出发点有两个，第一，方便商品进出口管理机构查验、核对和追溯进口的废弃办公设备和再制造情况；第二，消费者可以根据原产品铭牌标记的信息，了解设备的原始信息，方便消费者选择耗材和服务。同时还规定，未经原产品制造商授权，再制造产品外观不应再保留铭牌之外的原产品制造商的所有信息，包括但不限于商标、注册标识和认证标志等。

4. 著作权

《中华人民共和国著作权法》（2010年4月1日修订后实施）第三条规定：所称的作品，包括以下列形式创作的文学、艺术和自然科学、社会科学、工程技术等作品。其中包括（七）工程设计图、产品设计图、地图、示意图等图形作品和模型作品和（八）计算机软件。

GB/T 34868—2017 规定：再制造企业不得侵犯原产品制造商和产品的软件著作权，直接利用机器中原有的中文操作信息和界面除外。操作面板界面汉化需要源代码技术时，应与原产品制造商技术合作，或取得原产品制造商许可。

GB/T 34868—2017 还规定：再制造企业不应以盈利为目的全部或部分复制或翻译原产品的说明书。如果废旧产品随机带有说明书，无论何种文字的说明书，再制造厂商可以将其保留在再制造产品包装中，供用户参考。

GB/T 34868—2017 还规定：再制造企业不应以盈利为目的复制、刻录原产品的光盘。

5. 集成电路布图设计权

GB/T 34868—2017 规定：再制造企业禁止复制原产品的电路板。2001 年中华人民共和国国务院令第 300 号《集成电路布图设计保护条例》（2001 年 10 月 1 日起实施）提出，保护集成电路布图设计专有权。

6. 原产地标记和生产场地标记

GB/T 34868—2017 规定：允许再制造产品上保留原产品制造商的原产地和原生产场地的标记，例如 Made in China，或 Made in ××Company。

国家出入境检验检疫局以国检法[2001]51 号，印发了《原产地标记管理规定》和《原产地标记管理规定实施办法》的通知，并于 2001 年 4 月 1 日起实施。目前原产地标记和生产场地标记尚未列入知识产权保护范围，但受《企业名称登记管理规定》和《中华人民共和国反不正当竞争法》等法律保护。

第五节
我国办公设备与办公耗材再制造实践

一、富士施乐（中国）有限公司的生产者责任延伸

日本富士施乐公司是复印机再制造的先驱和积极的倡导者。早在1995年前后，日本富士施乐公司就从产品设计、使用、回收和处理各个环节进行与产品再制造有关的探索和研究，掌握了成熟的技术，积累了丰富的经验，并形成了标准化作业方式。2006年12月，日本富士施乐公司在苏州工业园建立了以实现"零填埋""零污染"和"无非法丢弃"为目标的全资子公司——富士施乐爱科制造苏州有限公司（以下简称苏州爱科）。

苏州爱科2008年1月正式投产，占地面积1.67万 m^2，员工185人。是目前为止中国境内唯一一家针对打印机复印机产品回收、拆解、再制造、资源化处理等全产业链资源综合循环利用的工厂。富士施乐（中国）有限公司在全国范围内利用销售网络创建和布局逆向回收渠道，回收的废弃办公设备和耗材都运送到苏州爱科集中处理。处理方式包括本品牌废弃复印机、打印机、多功能一体机等和办公设备整机与耗材和关键部件再制造、关键零部件再利用、部分零部件资源化完全拆解，以及将一些废弃物转移到有资质的处理企业进一步专业处理等。再制造和再利用产品主要用于租赁和维修。目前，苏州爱科年资源化处理整机1.5万多台，年生产50万支成像卡盒（俗称硒鼓）、墨粉盒、废粉盒等关键部件，循环利用率达到99.9%。富士施乐废弃产品回收处

理运作流程如图7-1所示。

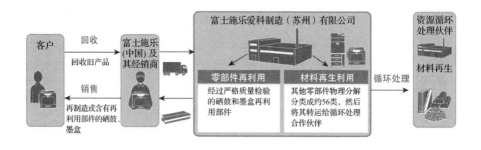

图7-1 富士施乐废弃产品回收处理运作流程

整机和耗材的回收过程是由用户致电富士施乐（中国）客服中心提出交回废弃产品，富士施乐（中国）供应链部门通知物流公司，物流公司上门至客户处回收废旧产品，再将废弃产品运到指定的仓库集中存放，再集中运送到苏州爱科工厂。由苏州爱科工厂进行分类、拆解、分选、再利用、再制造及再资源化利用。

苏州爱科的再利用和再制造是将回收的废弃产品彻底分解，经过严格的检验、清洁和再检验，将具有新品品质的零部件再利用或用于再制造。经过检查合格的再利用产品或再制造产品再次投入使用。苏州爱科整机再制造采取小组作业单台组装的方式，耗材再制造采用生产线方式。

苏州爱科的再资源化利用是废弃产品拆解后，不可再利用部分按照铁、铜、铝、塑料和玻璃等56类原材料分拣和归类，然后交给具有高端技术和可靠信誉的资源化合作伙伴进行处理。

苏州爱科在生产过程中注重产品质量、环境友好和信息安全的平衡。采用现代化的数据库高效管理系统，对整个生产流程数据记录和监控，在废弃产品拆解和再制造过程中多个环节精确称重，确保废弃产品的原始重量与最后被分解的零部件、材料和废弃物的总重量保持完全一致。苏州爱科的厂区、仓库及生产现场如图7-2所示。

图 7-2 苏州爱科的厂区及生产现场

二、福州理光公司在中国的复印机再制造实践

日本理光在福建自贸区投资建设的东北理光（福州）印刷设备有限公司（以下简称福州理光）是一家专业从事办公设备制造的企业，于 2015 年 7 月 22 日正式投产，产能 1.5 万台，员工 70 人。多年前，日本复印机再制造产业就已兴起，福州理光一直期待在中国也能充分利用这些资源，复印机再制造后以较低的价格再次供给市场。

日本理光公司再制造本部为福州理光提供全面的技术支持。从选择适合中国市场的产品型号开始，检验和选择再制造"原材料"，批量集中配货，针对每一型号产品设计再制造方案和生产流程，编制生产管理文件、作业指导书、质量管理和检验指导书，每个新产品上线前派出技术团队进行技术培训，直到产出合格品。福州理光每一个系列产品的再制造文件都有几大本，总计近千页，图文并茂地给出零部件的名称、代码、材质、尺寸、外形图片、拆解要领和工具、拆解注意事项、拆解后的检测要求、检验方法和规程、合格判定标准和判定方法、弃用零部件的放置和处置方法、合格零部件更换和安装方法、安装部位和程序、安装注意事项等。福州理光复印机再制造采用生产线方式，为了保证流水作业的顺畅，每个零部件拆解、检验和安装的操作时间在作业指导书中严格精确到秒。

福州理光选择再制造的原材料非常严苛。如果新机器额定使用寿命的复印量是900万张，日本理光再制造本部选择原材料时，就会要求每台用于再制造旧机器的剩余复印量不低于450万张，并为每台原材料机器配备全面的"体检报告"，记录整机和各个零部件的运转和使用情况，例如光导鼓转动了多少圈，充电辊多少次充电、某个金属轴使用了多长时间等。福州理光还会将入厂检验不能满足要求的机器，返回到机器的发货基地。

理光品牌复印机都有一个代表性的机型，在产品投放市场之后不断进行更新改进、提高升级，最终衍生出一系列产品。以某款有几代产品的高速（65张/min）系列复印机为例，日本理光再制造本部的生产指导文件中明确规定：这个系列的产品作为一种型号的再制造产品在福州理光生产，每台机器（几千个零件）中有138个零件（含要求定期必须更换的易损件）必须更换；380多个零件先检查，不达标的必须更换。用于替换的零件全部是最新一代机型所用的可靠性最高的零件。

福州理光复印机再制造生产线上，除了旧机器的机架没有完全拆解，全部零部件都经过专业拆解、检测、清洗或清理、修复、更换零部件、再检测等程序，几乎接近GB/T 34868—2017《废旧复印机、打印机和速印机再制造通用规范》规定的全新再制造技术要求。再制造机器的外观和各项技术指标与新机器相差无几，而价格仅为新机器的1/5。

目前，福州理光还承接在中国境内回收的旧复印机的再制造，限于回收能力，量还比较小。图7-3所示是福州理光再制造车间的几个场景。

a）复印机再制造生产车间

b）复印机再制造流程

c）拆解机器

d）单元组装件除尘

e）除尘作业区和除尘设备

f）完全拆解至机架

g）采用不同清洗剂的多个不同清洗槽

h）清洗水净化后用于浇花

图7-3 福州理光再制造车间的几个场景

i）消除硬盘的信息装置　　j）OPC光导鼓表面修复装置

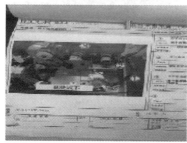 

k）一页作业指导书　　l）车间一角的会议区（桌凳均为包装木制成）

图7-3　福州理光再制造车间的几个场景（续）

三、湖南至简复印机再制造有限公司复印机再制造

湖南至简复印机再制造有限公司（以下简称湖南至简）在北京和广州设有两家直营子公司，在全国各地拥有"至简"品牌经销商80余家，是目前国内再制造运营体系最完善、规模最大的复印机再制造企业。现有员工390多人，具有月再制造整机3000台的能力。2018年产销3.5万台，其中一部分由国内回收的旧机器再制造而成。

湖南至简创始团队的每一位成员在复印机再利用领域均有十多年的深耕经历，对全球市场有着深刻的理解，从再制造产品规划、采购、生产、售后、回收再利用各个环节进行了深入的探索和研究，积累了丰富的经验并形成了标准化、科学化的运营体系。湖南至简还与经销商共同建立国内旧机器回收渠道，努力将"绿色"和"品质"的理念融入每一名员工的血液。

湖南至简高度重视产品科学管理,建立了从采购到售后各个环节的完整记录体系,可以很便捷地查找到全部生产过程,零部件更换、维修以及售后服务等情况,真正实现"追本溯源"。在进口旧复印机环节,把采购源头的品质管控作为重中之重,采取"高价格、严准入"的采购策略,将可能产生较多报废零部件的机器挡在国门之外。目前,进口旧复印机非消耗性质零部件的再利用比例达到90%,国内回收旧复印机非消耗性质零部件的再利用比例为60%左右。在再制造生产流程中,每一个操作、检测节点均按型号编制了质量文件,并不断更新、完善,还强化训练操作人员,按照作业指导书,严格进行标准化操作,确保产品品质稳定。在保障产品使用安全方面,每一台产品均进行电气安全指标的例行检验,详细记录检测数据。为了实现对出厂设备的跟踪管理,自主研发了一套设备远程信息采集系统,可实时收集设备的使用状态和数据。

湖南至简基本实现了再制造过程的零污染物排放,工业用水实现循环使用,不达标不排放。每一个作业点均设置粉尘回收装置,生产区的粉尘均统一回收、统一处置。为保证员工健康,整个厂区配备新风系统。图7-4所示是湖南至简再制造车间的6个场景。

a) 机器拆解

b) 除尘车间

图7-4　湖南至简再制造车间的6个场景

c）激光清洗外壳

d）零部件再制造加工

e）零部件件组装

f）机器效果调试

图 7-4　湖南至简再制造车间的 6 个场景（续）

四、北海琛航电子科技有限公司办公设备再制造

北海琛航电子科技有限公司（以下简称北海琛航）是一家专业从事办公设备维修和再制造的科技型有限责任公司。北海琛航拥有两幢现代化标准厂房，生产和办公场所共计 2.3 万 m^2，2018 年再制造复印机 1.5 万台，产值 9470 万元。

北海琛航树立了高质量的发展目标。取得了 ISO 9001 质量管理体系、ISO 14001 环境管理体系和 OHSAS 18001 职业健康安全管理体系三合一认证。生产实行封闭式管理，产品从原材料入库到成品销售，全程电子监控，实现有效管理和问题追溯。进口的旧复印机经过"通电测试—除尘—清洗—整机和零部件拆解—判别—创新和更换零部件—重新组装—分系统测试—整机测试（性能和安全）—包装—入库"等一系列严格的工艺步骤，使再制造复印机产品的图像质量接近于新品的质量水平。

北海琛航在生产过程中严格把控产品质量，对每台机器认真进行例行检验，批量抽检，每年送样品到第三方专业检验机构进行检测。

北海琛航高度重视标准化工作，制定了数字式多功能黑白静电再制造复印机和打印机技术、彩色多功能一体机等多项企业标准，作为主要起草单位起草了 GB/T 34868—2017《废旧复印机、打印机和速印机再制造通用规范》和广西地方标准 DB45/T 1912—2018《电子电器企业废弃物分类、储存和处理技术规范》。

北海琛航重视技术研发和技术创新，拥有多项专利技术，以及琛航打印机 NV 图形转换系统、琛航激光打印机分析监控系统、琛航激光打印机控制管理系统等多项软件著作权。图 7-5 所示是北海琛航再制造车间的 4 个场景。

a）电源板修复和电路板改造升级试验

b）生产区

图 7-5　北海琛航再制造车间的 4 个场景

c）成品区　　　　　　　　d）再制造产品

图7-5　北海琛航再制造车间的4个场景（续）

五、威海康威智能设备有限公司复印机再制造

威海康威智能设备有限公司（以下简称威海康威）是一家中美韩合资企业，是国家质检总局于2006年批复的进口复印机再制造试点单位。威海康威始终贯彻企业效益与社会效益并重的经营理念，集复印机专业再制造、技术开发、销售、设备租赁与维修服务、办公设备维修工职业技能培训、人才培养等多功能于一体，凭借技术优势，编写了60余种型号的复印机维修手册、10余种复印机维修教材，建有办公设备维修工实际操作培训场地，具有办公设备职业技能考试资质，是机械工业职业技能定点第223考试站。威海康威不断拓展分层次和直销多种营销渠道，再制造产品具有较高的市场地位，畅销国内外各大中城市，并积极支援偏远地区的发展建设。

威海康威致力于稳定的富有竞争性的原材料机器资源开发和物料采购，严格控制再制造生产过程和成品出入库，有采购控制程序、材料机、物料检验规程、生产过程检验规程、成品检验规程和各个工位的作业指导书等质量文件。每台产品的随工单都严格记录产品在各个生产阶段的状态、生产过程及检验结果，具有可追溯性，也为企业持续改进和不断完善再制造管理和标准化作业积累了数据和经验。在生产过程中还非常注重环境保护，对产生的废墨粉、墨粉包装物及沾染墨粉的物品等均分类收集、专用容器存放、分别储存，再批量移交到有资质的处理企业。

六、武汉必胜复科技有限公司复印机再制造

武汉必胜复科技有限公司（以下简称武汉必胜复）是一家专业以复印机再制造为主的高科技民营企业，注册资本 1000 万元，拥有一支富有朝气且技术精湛的研发、测试技术团队，70% 以上具有大学本科及以上学历及相关软硬件工程师技术职称。车间建筑面积 6000 余 m^2，设有多种型号复印机再制造生产线，并配备了大型的配件分类仓库以及专业的复印耗材加工设备，能够满足广大客户一站式采购需求。

武汉必胜复一直致力于改变复印机再制造高污染、高成本、低产能、低品质的行业现状，始终坚持核心价值观，围绕品质管理，设计并完善了一套完整的拆装、清洁、维修、调试、检测、包装、仓储等生产流程工序。通过不断完善上游供应链，建设了成熟的国外直接采购系统，为保证产品的质优价廉提供了保障。

七、珠海名图/联合天润静电成像卡盒再制造

湖北鼎龙控股股份有限公司全资子公司珠海名图科技有限公司成立于 2004 年，其旗下珠海联合天润打印耗材有限公司（以下简称珠海名图/联合天润）是目前全球最大的静电成像卡盒等办公耗材再制造企业。2016 年获得工业和信息化部发布的机电产品再制造试点示范企业称号，2017 年获得机械工业品牌战略委员会和中国文化办公设备制造行业协会颁发的优质品牌荣誉称号。生产和仓储面积 4.5 万 m^2，职工 700 余人，拥有完善的机械加工中心和高精度的测量和检测设备，以及智能化的装配设备，月产再生静电成像卡盒 5 万支，以"名图"和"赛格"两个品牌销售再制造产品，在国内外具有非常高的知名度和广阔的市场。

1. 生产和存储场地

珠海名图/联合天润的生产和存储场地均装备中央空调和中央除尘系统。中央除尘系统可自动吸尘，自动回收生产线、拉线和车间空间的墨粉或粉尘。图7-6所示是珠海名图/联合天润的生产和存储场地。

a）中央除尘系统：自动吸尘　　b）中央除尘系统：操控台

c）中央除尘系统/除尘塔无害排放　　d）车间中央空调（局部）

e）仓库/仓储环境温度和湿度控制：除湿

图7-6　珠海名图/联合天润的生产和存储场地

2. 旧件拆解

珠海名图/联合天润在装有自动吸尘装置的生产线上，用专用的拆解工具、修复工具和设备拆解成像卡盒、鼓粉盒、墨粉盒等带有墨粉的部件。用人工操作自动吸尘器清除和收集盒内的残余墨粉。图 7-7 所示是珠海名图/联合天润旧件拆解过程。

a）测试成像卡盒的图像质量

b）在盒体背面打孔

c）计算机雕刻机铣改成通用部件

d）气枪吹去残余墨粉入中央除尘系统

e）激光烫除回收硒鼓原厂标记

f）自动工装烫除回收硒鼓原厂标记

图 7-7 珠海名图/联合天润旧件拆解过程

3. 旧件清洗

珠海名图/联合天润对废弃的或用过的充电辊、显影辊、清洁刮刀和供粉刮刀等零部件，根据表面磨损、油污、粘黏杂质的状况进行外观分选、清洗和清洁。图7-8所示是珠海名图/联合天润旧件清洗过程。

a）工装式清洁充电辊　　　　b）工装式清洁显影辊

c）手工用无尘布清洁、挑选清洁刮刀　　d）烘干去除清洗部件残留的水分

图7-8　珠海名图/联合天润旧件清洗过程

4. 旧件质量检测

珠海名图/联合天润对再制造产品关键零部件进行特性检测，保证作为原材料的旧产品提交生产线的合格率。这些检测项目（图7-9）包括对充电辊、磁辊、显影辊等的电松弛检测，对感光鼓的光敏特性、接受电荷能力和暗衰特性、涂层厚度检测，对墨粉的带电量、粒径分布、

流动性及软化点检测,对清洁刮刀和供粉刮刀的弹力检测,以及对零部件的几何参数、力学性能的无损检测等。

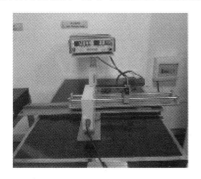
a)激光测充电辊、感光鼓、磁辊、显影辊直径及跳动量

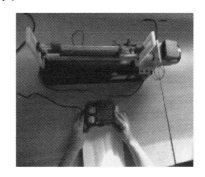
b)测试胶辊类部件的线性电阻

图 7-9　旧件质量检测

5.零部件修复与修理

珠海名图/联合天润静电成像卡盒再制造的关键技术包括磁辊喷砂,感光鼓复涂与表面修复,充电辊的修理、表面修复和尺寸改制等。替换和补充的全新部件具有专利技术和创新研发设计。对旧成像卡盒的芯片进行重新编程和重写。珠海名图/天润还采用本公司的专利技术对重要的旧五金零部件进行清洁及机械修复。图 7-10 所示是珠海名图/联合天润对胶件的修复工艺和效果。

a)工装修复胶件局部部位

b)工装修复胶件局部部位后效果

图 7-10　珠海名图/联合天润对胶件的修复工艺和效果

6. 成像卡盒再制造过程和产成品检测

珠海名图/联合天润的装配车间主要进行零配件组装和成像卡盒成品组装。技术部门预先设计并编制各型号产品的生产工艺流程，提出岗位人工操作规程和作业指导书。生产流程主要包括：

1）拆解→除去残留墨粉→打孔→贴封条→灌墨粉→抬起粉仓刮片→加墨粉→装出粉刀→装显影辊→测导电性。

2）装清洁刮刀/显影辊/充电辊→抬起废粉仓刮片→装刮刀→装充电辊→装感光鼓。

1）和2）合并→打印测试→吸粉→清洁/包装→抽检→入库。

珠海名图/联合天润对再制造产品的关键零部件，例如芯片、感光鼓、清洁刮刀、供粉刮刀、充电辊、显影辊、磁辊等分别进行在线检测，主要指标有导电性、打印图像品质等。对产成品成像卡盒进行抽样测量，主要指标有色密度、底灰、打印寿命等。产成品成像卡盒还要模拟在不同环境条件下，例如高温/高湿、低温/低湿等条件进行图像品质测试（图7-11）。

a）恒温恒湿试验　　　b）步入式高低温湿热试验系统

图7-11　成像卡盒产成品检测

c）电热恒温干燥设备

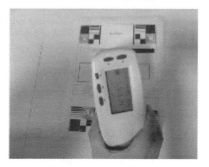

d）测试打印样张的色密度

e）跌落测试　　　　　　　　f）真空测试

图 7-11　成像卡盒产成品检测（续）

7. 成像卡盒再制造的自动化装配

珠海名图/联合天润采用自动化装配方式提升生产效率和产品质量，如图 7-12 所示。

a）智能机械手自动化生产线　　　b）智能机械臂

图 7-12　成像卡盒再制造的自动化装配

8.废墨粉回收技术

珠海名图/联合天润将收集的残余墨粉回收，过筛后作为原料再利用。目前已形成了一套成熟的生产工艺流程：回收旧成像卡盒、鼓粉盒、墨粉盒中的残余墨粉→初筛→精选→成分检测→分离筛过筛→添加SiO_2或金属盐等添加剂→成品检测→包装入库→送专业墨粉再生工厂重新造粒、分级，制成成品，如图 7-13 所示。

a）废墨粉回收筛选　　　　b）废墨粉回收分级

图 7-13　废墨粉回收技术

c）废墨粉回收干燥

d）显微镜测试墨粉颗粒度

图 7-13　废墨粉回收技术（续）

八、北海绩迅喷墨墨盒再制造

湖北鼎龙控股股份有限公司控股子公司北海绩迅电子科技有限公司（以下简称北海绩迅）成立于 2001 年，是中国打印耗材再制造产业的践行者、倡导者和创新者，广西壮族自治区高新技术企业、瞪羚企业、北海市企业技术中心，是中国市场占有率最大的墨盒再制造生产企业。拥有 1.8 万 m^2 厂房，境内外员工 600 余人，其中研发人员 70 人。获得生态环境部"十环"认证、中国信息系统及产品质量监督认证、ISO 9001 质量管理体系认证、ISO 14001 环境管理体系认证、OHSAS 18001 职业健康管理体系认证、邓白氏注册认证企业、英标（BSI）管理体系指定供应商认证单位、美国 IPL 测试机构认证、美国 GRCI 测试机构实验室认证、STMC 美国标准测试认证、德国 TUV 莱茵实验室认证、欧洲联盟指令 CE 认证等。通过近 20 年在打印耗材再制造领域的探索和发展，在产品开发、回收、生产、销售、处置、知识产权等方面都拥有竞争力和建立了产业生态链，形成了产业闭环。

1. 回收体系

北海绩迅在欧洲、中国和东南亚建立了回收体系。在欧洲有 2 万个回收点和5000m²的分拣中心，每月可回收近50多万个墨盒。在中国和东南亚正复制和建设同样的回收渠道。

2. 生产体系

北海绩迅经过多年生产经验的积累，于2015年成功开发建设了国内首条墨盒再制造自动化流水线，现有10条自动化生产线已投入使用。

3. 处理处置

再制造产业是一个资源循环再利用的产业，北海绩迅通过产品和技术开发，不断提高回收耗材的再使用率，目前再使用率达到90%以上。同时，北海绩迅建设了可容纳500t和日处理100t的污水处理系统，处理后的污水达到国家二级排放标准。固体废弃物处理交给有环保资质的处置企业处置。

4. 知识产权

北海绩迅在尊重原制造商知识产权的同时，在产品开发和设备开发方面通过不断研究和创新，已拥有发明及实用新型专利103项，近几年以每年50项的要求设立研究/开发项目和申报（图7-14～图7-17）。

图7-14 自主研发的喷墨墨盒生产线

图 7-15　污水处理车间

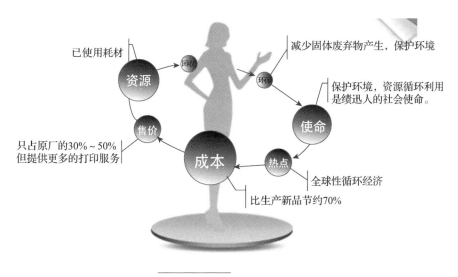

图 7-16　产业形成的闭环

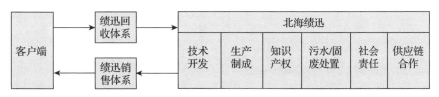

根据中国计算机打印耗材协会提供数据测算，绩迅近20年来，通过墨盒/硒鼓再制造为社会：
① 节约石油消耗5335万L
② 减少碳排放14762万kg
③ 减少固体物填埋25000m³（仅单次填埋，不包含再生使用后再次再制造）
④ 为消费者节约使用资金115亿元

图 7-17　北海绩迅的生态链

园区篇

第八章 示范基地及产业园区

2009年,工业和信息化部印发《机电产品再制造试点单位名单(第一批)》,确定了湖南浏阳制造产业基地、重庆市九龙工业园区(已主动放弃)两个再制造产业集聚区。2012年底,工业和信息化部以工信部节函[2012]616号文批复上海临港产业区建设国家机电产品再制造产业示范园。2016年,工业和信息化部印发《机电产品再制造试点单位名单(第二批)》,确定了彭州航空动力产业功能区、马鞍山市雨山经济开发区、合肥再制造产业集聚区三个再制造产业集聚区。

2011年,国家发展改革委同意张家港开展建设国家再制造产业示范基地前期工作,拉开了再制造产业示范基地建设工作的序幕。2013年,张家港国家再制造产业示范基地和长沙(浏阳、宁乡)国家再制造产业示范基地获国家发展改革委批复,成为国内首批国家再制造产业示范基地。2015年,上海临港再制造产业示范基地评审通过。2017年,河间市京津冀国家再制造产业示范基地项目建设正式启动。

2012年6月,经国家质检总局与上海市政府批准,由上海市发展改革委牵头,选取临港产业区重点发展入境再制造产业,获批全国入境再利用产业检验检疫示范区。2017年6月,北海综合保税区创建的北海国家高新技术产品全球入境维修/再制造示范区,通过国家质检总局验收。

近年来,在国家政策支撑及有效规范下,我国再制造产业获得了持续稳定的发展。目前,国家工业和信息化部确定的"国家机电产品再制造产业示范园(或集聚区)"有5家,国家发展改革委批复的"国家再制造产业示范基地"有四家,原国家质检总局批复的与再制造相关的示范区有两处,其中,上海临港再制造产业示范基地获三部门批复,湖南浏阳制造产业基地获国家发展改革委、工业和信息化部两部门批复。

一、长沙(浏阳、宁乡)国家再制造产业示范基地

2009年,工业和信息化部将湖南浏阳制造产业基地确定为机电产品再制造产业集聚区。湖南浏阳再制造产业基地位于长沙市东线经济走廊,地处长株潭城市群腹地,为长株潭"两型社会"建设的重要组团之一,是围绕湖南工程机械、汽车主机企业进行产业配套,以工程机械和汽车零配件为主导产业、湖南省内目前唯一主攻发展再制造产业的专业工业园区。2013年,长沙(浏阳、宁乡)再制造产业示范基地成功获国家发展改革委批复。

长沙(浏阳、宁乡)再制造产业示范基地建设拟在现有的"一体两翼"总体工业布局上,以长沙市为主体,依托"两翼"中的浏阳再制造专区和宁乡再制造专区,按"一体两翼"、资源互补、差异化发展的模式发展再制造产业。东翼为浏阳再制造产业专区,规划控制面积 $4.5 km^2$,着力发展工程机械零部件和汽车零部件再制造产业;西翼为宁乡再制造产业专区,规划控制面积 $6.2 km^2$,着力发展机床零部件和医药设备零部件再制造。同时,东西两翼还将共享拆解清洗中心、监测与鉴定中心、表面处理中心、产业发展中心、产业孵化中心等公共服务平台。以浏阳、宁乡为代表的长沙再制造产业基地培育了29家主要再制造企业,2015年再制造产值达40亿元。

二、上海临港再制造产业示范基地

2012年,工业和信息化部文批复上海临港产业区建设国家机电产品再制造产业示范园。2015年,上海临港再制造产业基地通过国家发展改革委的评审,成为第三个再制造国家示范基地。临港产业区规划面

积241km^2，地理位置优越，紧邻洋山保税港区，拥有国际公共口岸码头，交通物流非常便捷。以中船集团、中国商用飞机公司、中航工业集团、上海电气、上海汽车、卡特彼勒、西门子、沃尔沃等一批国内外大型龙头企业为核心，上海临港产业区已经形成了新能源装备、汽车整车及零部件、船舶关键件、海洋工程、工程机械、航空发动机等重大装备研制基地，2012年总产值超过500亿元。上海市经济和信息化委员会积极会同相关部门在政策试点、项目建设、人才引进、公共服务平台等方面给予积极支持，力争把临港地区打造成全国领先的再制造产业集聚区，逐步形成"企业集群、产业集聚"发展态势。

园区正在建设再制造产品与旧件检测认证平台、技术研发中心、人才实训基地、集中清洗与固危废处理中心、信息数据中心、展示中心、营销服务中心、创业创新孵化中心等公共服务平台。

三、张家港国家再制造产业示范基地

2013年，张家港国家再制造产业示范基地由国家发展改革委批准建立。基地配套齐全，设有招商、展示、综合服务公司、逆向物流、清洗及污水处理、电商和教育以及专业再制造研究院等功能平台。基地拥有国家级再制造产品检测检验中心，为再制造企业提供产品检测和技术服务。基地设有再制造产业研究院，与清华大学、武汉理工大学、重庆理工大学等大专院校合作，专业为国家再制造产业在标准体系研究、再制造专用技术研发和产业化应用等方面提供支持。

基地以汽车零部件再制造为核心，已培育了富瑞特装、西马克、那智不二越等一批全球再制造领军型标杆企业，初步形成以汽车发动机再制造为主，冶金设备、精密切削工具再制造为辅的产品体系。2015年，张家港清研再制造产业研究院正式揭牌，张家港清研首创再制造产业投资有限公司同时揭牌，再制造产业投资基金、张家港清研再制造检测中心、再制造研究院与重庆理工大学等合作开展再制造技术研发工作、再

制造教育培训平台等四个项目签约。2016 年，国家再制造汽车零部件产品质量监督检验中心正式揭牌。

四、彭州航空动力产业功能区

2016 年 2 月，工业和信息化部确定彭州航空动力产业功能区为机电产品再制造产业集聚区。彭州航空动力产业功能区成立于 2013 年 9 月，位于四川省彭州市以西 5.8km、成都市西北 30km 处的丽春镇。规划总面积 12.1km^2，其中已建成 2.3km^2。

功能区的建设受惠于当地航空动力产业及 3D 打印产业基础，功能区的发展以成都航利集团的科技资源、品牌优势和产业基础为依托，以再制造技术在航空领域的应用为牵引，做强做大航空动力维修及再制造、航空产品制造产业，集群发展汽车零部件再制造、节能环保装备制造、电子信息、复合材料等高新技术产业，配套发展航空文化博览、会展、物流等产业，形成以航空动力产业为核心、增材制造为特色的产业功能区。

五、马鞍山市雨山经济开发区

2016 年 2 月，工业和信息化部确定安徽省马鞍山市雨山经济开发区为机电产品再制造产业集聚区。马鞍山市雨山经济开发区起源于雨山工业园，是 2002 年 5 月经市政府批准设立的市级工业园。现由雨山工业园、三台创业园、滨江汇翠名邸楼宇经济区、采石河南片区和高新技术产业集中区五部分组成。雨山经济开发区规划面积 32km^2，已建成面积 5km^2。

雨山经济开发区是雨山区经济建设的主战场和产业强区的发动机，科技实力雄厚，园区内已有国家级高新技术企业 18 家，国家级重点实验室、院士工作站、博士后工作站等各类研发机构 26 家，规模以上工业企业 80 家，国家高新技术企业 22 家。已逐渐发展成电子信息、智能装备制造、节能环保三大主导产业集群，已形成国家级再生资源集散市场。

六、合肥再制造产业集聚区

2016年2月，工业和信息化部确定合肥再制造产业集聚区为机电产品再制造产业集聚区，集聚区涵盖合肥及周边马鞍山、蚌埠、滁州等市周边从事再制造行业的企业，涉及工程机械、发动机、机床、冶金行业再制造等多个门类。2016年，全国首台使用国产主轴承的再制造盾构机在合肥顺利下线，结束了我国在盾构再制造领域主轴承制造空白的历史。

七、河间市京津冀国家再制造产业示范基地

2017年3月，河间市京津冀国家再制造产业示范基地项目建设正式启动，主要打造集逆向物流、拆解清洗、分类处理、再制造、检测、产品销售、创新研发、电子商务、售后服务等于一体的京津冀国家再制造产业示范基地。基地建成后，将成为京津冀地区唯一的国家级示范基地和北京高新技术成果转化基地。

河北省河间市再制造产业起步较早，主要集中在汽车配件和石油钻采行业。现有汽车配件再制造企业150余家，产品有10余个种类、上千种规格，其中起动机、发电机年产量突破400万台，占全国市场份额80%以上，30%的产品出口到欧美、日本、中东等国家和地区，已成为世界较大的汽车发电机、起动机再制造基地。PDC钻头、金刚石钻头等再制造产品占国内市场份额近10%，年产值达6亿元，并远销中东、非洲、东欧等多个地区。在《"十三五"时期京津冀国民经济和社会发展规划》第三节推动绿色智能发展中，明确强化河间再制造基地等引领作用。基地启动后，广州欧瑞德汽车发动机再制造项目、河北物流集团、上海利曼汽车零部件有限公司、手拉手汽配城再制造旧件交易平台

等六个再制造项目正式入驻。

八、北海综合保税区

北海综合保税区（原北海出口加工区）规划面积 2.28km^2，位于北海市区西侧，毗邻北海港，地理位置优越。自 2005 年起开展国产出口机电产品入境维修/再制造业务，先后引进了北海绩迅、北海琛航等一批办公设备与办公耗材再制造企业。北海绩迅作为国家质检总局批复的墨盒再制造企业，已经发展成为再制造墨盒行业全球第三、全国第一的领头企业。

2017 年 6 月，北海综合保税区创建的北海国家高新技术产品全球入境维修/再制造示范区，通过国家质检总局验收，成为全国第三个、西南地区及全国地级市首个国家高新技术产品入境再制造/全球维修示范区，是北海市制造业由传统型向服务型转变升级的重要平台，促进并加快了北海制造业的发展。目前园区已培育了 6 家再制造企业，主要开展办公设备、办公耗材和服务器等产品检测、维修和再制造业务，初步形成一个产业特色鲜明、产业链完整、具有核心竞争力、绿色循环发展的再制造产业基地。2018 年再制造产业实现规模以上工业总产值 5.68 亿元，占园区产值近 10%。未来，园区将在现有保税维修再制造业务的基础上，大力引进移动智能终端产品以及工程机械、汽车发动机、中高端医疗设备等高技术含量、高附加值机电产品全球维修再制造项目，延伸产业链，打造"检测维修中心"，把全球维修再制造产业打造成为综保区新的经济增长点。

法规篇

第九章 再制造相关国家政策

以下列出了一些主要的与再制造相关的国家政策。

序号	发布时间	发布机构	名称	相关内容
1	2005年4月	交通部 2005年第7号	机动车维修管理规定	机动车维修经营者应当将原厂配件、副厂配件和修复配件（含再制造件）分别标识，明码标价，供用户选择
2	2005年6月	国务院 国发〔2005〕21号	关于做好建设节约型社会近期重点工作的通知	（六）推进节约资源科学技术进步。可回收利用材料和回收拆解技术、流程工业能源综合利用技术、重大机电产品节能降耗技术、绿色再制造技术以及可再生能源开发利用技术等，努力取得关键技术的重大突破
3	2005年7月	国务院 国发〔2005〕22号	关于加快发展循环经济的若干意见	（六）重点环节。四是再生资源产生环节要大力回收和循环利用各种废旧资源，支持废旧机电产品再制造；建立垃圾分类收集和分选系统，不断完善再生资源回收利用体系
4	2005年10月	发展改革委、环保部、科技部、财政部、商务部、统计局 发改环资〔2005〕2199号	关于组织开展循环经济试点（第一批）工作的通知	（十二）深化循环经济试点。继续推进汽车零部件和机械设备再制造试点 （三十一）健全法律法规。积极开展节约用水、废旧轮胎回收利用、包装物回收利用和汽车零部件再制造等方面立法准备工作

（续）

序号	发布时间	发布机构	名称	相关内容
5	2006年2月	发展改革委、科学技术部、国家环境保护总局 公告2006年第9号	汽车产品回收利用技术政策	第十四条 条件成熟时国家将推进汽车生产企业或进口汽车总代理商选择其品牌销售商或特约维修店进行旧零部件的翻新、再制造等业务，翻新、再制造零部件质量必须达到相应的质量要求，并标明翻新或再制造零部件
6	2006年9月	科学技术部 国科发计字[2006]376号	关于印发《国家科技支撑计划"十一五"发展纲要》的通知	选择典型行业研究绿色设计、绿色工艺、绿色回收处理与再制造等一批重点关键技术 开发并推动形成废旧产品绿色回收处理、绿色再制造等绿色制造相关的新兴产业
7	2007年5月	国务院 国发[2007]15号	关于印发节能减排综合性工作方案的通知	—
8	2007年7月	发展改革委 发改高技[2007]3662号	关于印发高技术产业化"十一五"规划的通知	（九）循环经济领域 绿色再制造技术的产业化
9	2007年12月	发展改革委 发改环资[2007]3420号	关于组织开展循环经济示范试点（第二批）工作的通知	第二批试点总体考虑资源综合利用领域选择再生资源拆解加工利用集散市场、废旧金属再生利用、装备再制造、废旧电池及城市生活垃圾资源化等有典型示范意义的相关企业和地方政府开展试点
10	2008年3月	发展改革委 发改办环资[2008]523号	汽车零部件再制造试点管理办法	—

（续）

序号	发布时间	发布机构	名称	相关内容
11	2008年4月	科技部 财政部 国家税务总局 国科发火〔2008〕172号	关于印发《高新技术企业认定管理办法》的通知	4. 绿色制造关键技术 绿色基础材料及其制备技术，高效、节能、环保和可循环的新型制造工艺及装备，机电产品表面修复和再制造技术，绿色制造技术在产品开发、加工制造、销售服务及回收利用等产品全生命周期中的应用
12	2008年8月	全国人民代表大会 中华人民共和国主席令 第四号	中华人民共和国循环经济促进法	第四十条 国家支持企业开展机动车零部件、工程机械、机床等产品的再制造和轮胎翻新。销售的再制造产品和翻新产品的质量必须符合国家规定的标准，并在显著位置标识为再制造产品或者翻新产品
13	2009年1月	农业部办公厅 农办机〔2009〕2号	关于宣传推广农机维修节能减排技术的通知	九、轴类零件再制造技术 十、壳体类零件再制造技术
14	2009年6月	工业和信息化部 工信厅节〔2009〕128号	关于组织开展机电产品再制造试点工作的通知	—
15	2009年12月	工业和信息化部 工信部节〔2009〕663号	关于印发《机电产品再制造试点单位名单（第一批）》和《机电产品再制造试点工作要求》的通知	—

（续）

序号	发布时间	发布机构	名称	相关内容
16	2010年2月	发展改革委 发改环资〔2010〕294号	关于启用并加强汽车零部件再制造产品标志管理与保护的通知	—
17	2010年4月	发展改革委、人民银行、银监会、证监会 发改环资〔2010〕801号	关于支持循环经济发展的投融资政策措施意见的通知	（一）明确信贷支持重点。废旧汽车零部件、工程机械、机床等产品的再制造和轮胎翻新等再利用项目
18	2010年5月	发展改革委、科技部等11部委 发改环资〔2010〕991号	《关于推进再制造产业发展的意见》	—
19	2010年6月	工业和信息化部 工信部节〔2010〕303号	关于印发《再制造产品认定管理暂行办法》的通知	—
20	2010年10月	工业和信息化部 工信厅节〔2010〕192号	关于印发《再制造产品认定实施指南》的通知	—
21	2010年10月	国务院 国发〔2010〕32号	国务院关于加快培育和发展战略性新兴产业的决定	（一）节能环保产业。加快资源循环利用关键共性技术研发和产业化示范，提高资源综合利用水平和再制造产业化水平
22	2010年12月	工业和信息化部 工信部节函〔2010〕528号	关于山东泰山建能机械集团公司等单位再制造试点实施方案的批复	—

（续）

序号	发布时间	发布机构	名称	相关内容
23	2011年1月	工业和信息化部 工信厅节〔2011〕14号	关于组织推荐再制造工艺技术及装备的通知	—
24	2011年3月	全国人民代表大会 2011年3月14日第十一届全国人民代表大会第四次会议批准	国民经济和社会发展第十二个五年规划纲要	资源循环利用关键技术装备
25	2011年6月	发展改革委、教育部、财政部、国家旅游局 发改办环资〔2011〕1552号	关于组织开展循环经济教育示范基地建设的通知	被推荐单位应满足以下条件： 1. 被列为国家循环经济（含再制造）试点示范单位或国家循环经济试点省市的省级试点单位
26	2011年8月	工业和信息化部 公告2011年第22号	再制造产品目录（第一批）	—
27	2011年9月	发展改革委 发改办环资〔2011〕2170号	关于深化再制造试点工作的通知	—
28	2011年12月	商务部 商建发〔2011〕489号	关于促进汽车流通业"十二五"发展的指导意见	推动回收拆解行业结构优化。 鼓励现有回收拆解企业加强联合、优化重组，支持具有雄厚资金、技术和人才实力的大型企业通过参股、控股、并购等方式与回收拆解企业合作，引导回收拆解企业与汽车生产、零部件再制造企业建立长期合作关系

(续)

序号	发布时间	发布机构	名称	相关内容
29	2012年2月	工业和信息化部公告2011年第45号	再制造产品目录（第二批）	—
30	2012年4月	科技部 国科发计〔2012〕231号	关于印发绿色制造科技发展"十二五"专项规划的通知	重点突破绿色设计、绿色工艺、绿色回收资源化、再制造、绿色制造技术标准等关键共性技术，推动技术、标准、产品、产业协同发展
31	2012年6月	工业和信息化部 工信部联节〔2012〕198号	关于印发《机电产品再制造技术及装备目录》的通知	—
32	2012年6月	国务院 国发〔2012〕19号	"十二五"节能环保产业发展规划	专栏2 资源循环利用产业关键技术 再制造表面工程技术用于汽车零部件、工程机械等机电产品再制造。研发重点是旧件寿命评估技术、环保拆解清洗技术及激光熔覆喷涂技术
33	2012年6月	发展改革委、环保部、科技部、工业和信息化部公告2012年第13号	国家鼓励的循环经济技术、工艺和设备名录（第一批）	11. 废旧机械零部件自动化纳米电刷镀再制造技术及设备 12. 废旧机械零部件柔性修复技术及设备 13. 废旧轧辊感应电渣熔覆包覆层再制造技术及设备 14. 打印耗材再制造技术及设备
34	2012年7月	财政部、发展改革委 财建〔2012〕616号	循环经济发展专项资金管理暂行办法	（四）再制造。本办法所称再制造是指对废旧汽车零部件、工程机械、机床等进行专业化修复的批量化生产过程，

(续)

序号	发布时间	发布机构	名称	相关内容
34	2012年7月	财政部、发展改革委 财建[2012]616号	循环经济发展专项资金管理暂行办法	再制造产品达到与原有产品相同的质量和性能 重点支持可再制造技术进步、旧件回收体系建设、再制造产品推广及产业化发展等 第十条 支持再制造的专项资金，在构建完善质量保证体系的前提下，主要采取补贴的方式支持旧件回收及再制造产品的推广及产业化发展
35	2013年1月	国务院 国发[2013]5号	循环经济发展战略及近期行动计划	（四）推进社会层面循环经济发展，完善回收体系，推动再生资源利用产业化，发展再制造，推进餐厨废弃物资源化利用，实施绿色建筑行动和绿色交通行动，推行绿色消费，实施大循环战略，加快建设循环型社会
36	2013年1月	发展改革委 发改办环资[2013]191号	关于印发再制造单位质量技术控制规范（试行）的通知	—
37	2013年2月	国务院 国发[2013]5号	关于印发循环经济发展战略及近期行动计划的通知	第三节 发展再制造
38	2013年2月	发展改革委 发改办环资[2013]506号	关于确定第二批再制造试点的通知	—

(续)

序号	发布时间	发布机构	名称	相关内容
39	2013年7月	发展改革委发改环资〔2013〕1303号	关于印发再制造产品"以旧换再"试点实施方案的通知	—
40	2013年8月	工业和信息化部公告2013年第40号	再制造产品目录（第三批）	—
41	2013年8月	国务院国发〔2013〕30号	关于加快发展节能环保产业的意见	提升再制造技术装备水平。提升再制造产业创新能力，推广纳米电刷镀、激光熔覆成形等产品再制造技术。研发无损拆解、表面预处理、零部件疲劳剩余寿命评估等再制造技术装备。重点支持建立10～15个国家级再制造产业聚集区和一批重大示范项目，大幅度提高基于表面工程技术的装备应用率 培育再制造服务产业。支持专业化公司利用表面修复、激光等技术为工矿企业设备的高值易损部件提供个性化再制造服务，建立再制造旧件回收、产品营销、溯源等信息化管理系统。推动构建废弃物逆向物流交易平台
42	2013年10月	国家质检总局总局令第150号	家用汽车产品修理、更换、退货责任规定	第十五条 用于家用汽车产品修理的零部件应当是生产者提供或者认可的合格零部件，且其质量不低于家用汽车产品生产装配线上的产品。其中，包括再制造件

(续)

序号	发布时间	发布机构	名称	相关内容
43	2013年11月	工业和信息化部 工信部节[2013]406号	关于印发《内燃机再制造推进计划》的通知	—
44	2014年7月	工业和信息化部 公告2014年第50号	再制造产品目录（第四批）	—
45	2014年9月	发展改革委、财政部、工业和信息化部、商务部、国家质检总局 发改办环资[2014]2202号	关于印发再制造产品"以旧换再"试点实施有关文件的通知	—
46	2014年12月	工业和信息化部 工信厅节函[2014]825号	关于进一步做好机电产品再制造试点示范工作的通知	—
47	2014年12月	交通运输部等十部委 交运发[2014]186号	关于促进汽车维修业转型升级提升服务质量的指导意见	贯彻落实《反垄断法》和《消费者权益保护法》有关规定，保障所有维修企业、车主享有同质配件维修汽车的权利，促进汽车维修市场公平竞争，保障消费者的自主消费选择权。同质配件包含再制造件
48	2015年1月	发展改革委、财政部、工业和信息化部、质检总局 2015年第1号	再制造产品"以旧换再"推广试点企业的确定通知	—
49	2015年4月	发展改革委 发改环资[2015]769号	2015年循环经济推进计划	四、推动社会层面循环经济发展 （三）积极稳妥推进再制造

（续）

序号	发布时间	发布机构	名称	相关内容
50	2015年5月	国务院 国发[2015]28号	关于印发《中国制造2025》的通知	大力发展再制造产业，实施高端再制造、智能再制造、在役再制造，推进产品认定，促进再制造产业持续健康发展
51	2015年5月	国务院 国办发[2015]66号	关于印发加快海关特殊监管区域整合优化方案的通知	（四）重点任务。在大力发展高端制造业的基础上，促进区内产业向研发、物流、销售、维修、再制造等产业链高端发展 （十一）优化贸易方式。鼓励区内企业开展高技术含量、高附加值项目的境内外维修、再制造业务
52	2015年8月	交通运输部 2015年第17号	关于修改《机动车维修管理规定》的决定	托修方、维修经营者可以使用同质配件维修机动车。同质配件是指，产品质量等同或者高于装车零部件标准要求，且具有良好装车性能的配件
53	2015年8月	国务院 国发[2015]49号	关于推进国内贸易流通现代化建设法治化营商环境的意见	推动绿色循环低碳发展模式创新。促进商贸流通网络与逆向物流体系（即商品废弃后，经消费端回到供应端的活动及过程，包括废物回收、再制造再加工、报废处理等）共享
54	2015年12月	工业和信息化部公告2015年第77号	再制造产品目录（第五批）	—
55	2016年1月	工业和信息化部 工信部节[2016]30号	关于公布通过验收的机电产品再制造试点单位名单（第一批）的通告	—

（续）

序号	发布时间	发布机构	名称	相关内容
56	2016年2月	工业和信息化部 工信部节〔2016〕53号	关于印发《机电产品再制造试点单位名单（第二批）》的通知	—
57	2016年5月	发展改革委、财政部 发改环资〔2016〕965号	关于印发国家循环经济试点示范典型经验的通知	（七）以定向修复、专业维护、后期承包为特点的再制造技术服务发展模式 要点：为解决大型工业装备再制造过程中的运输难，专业化、定向化特点不突出的问题，支持再制造服务企业对设备使用状况进行全程跟踪，开展智能检测与故障诊断，定期回访收集信息，建立信息服务体系数据库，把设备的相关设计、制造（包含再制造）、销售（包括售后服务）、用户档案纳入信息服务体系，促进资源管理和优化配置；积极发展移动式修复设备，由集中再制造向现场再制造发展；通过出租再制造产品使用权、承包产品后期维护维修等创新商业模式，降低产品使用成本，提高再制造的便利性和操作性，拓展再制造空间
58	2016年5月	发展改革委 发改办环资〔2016〕1362号	关于开展第二批再制造试点验收工作的通知	—

(续)

序号	发布时间	发布机构	名称	相关内容
59	2016年6月	工业和信息化部 工信部规〔2016〕225号	关于印发《工业节能与绿色标准化行动计划（2017—2019年）》的通知	积极发展再制造。围绕传统机电产品、高端装备、在役装备等重点领域，实施高端、智能和在役再制造示范工程，打造若干再制造产业示范区。加强再制造技术研发与推广，研发应用再制造表面工程、疲劳检测与剩余寿命评估、增材制造等关键共性技术工艺，开发自动化高效解体、零部件绿色清洗、再制造产品服役寿命评估、基于监测诊断的个性化设计和在役再制造关键技术。引导再制造企业建立覆盖再制造全流程的产品信息化管理平台，促进再制造规范健康发展。推进产品认定，鼓励再制造产品推广应用
60	2016年7月	国务院 国发〔2016〕43号	关于印发"十三五"国家科技创新规划的通知	三、发展智能绿色服务制造技术 发展绿色制造技术与产品，重点研究再设计、再制造与再资源化等关键技术，推动制造业生产模式和产业形态创新
61	2016年8月	商务部、发展改革委、财政部 公告2016年第47号	鼓励进口服务目录	二、节能环保服务 （三）再制造技术服务及相关咨询 服务描述：如机电产品再制造服务和相关咨询服务
62	2016年12月	工业和信息化部 公告2016年第67号	再制造产品目录（第六批）	—

(续)

序号	发布时间	发布机构	名称	相关内容
63	2017年4月	发展改革委 发改办环资[2017]654号	关于印发第二批再制造试点验收情况的通知	—
64	2017年4月	工业和信息化部,发展改革委,科技部 工信部联装[2017]53号	关于印发《汽车产业中长期发展规划》的通知	(四)加速跨界融合,构建新型产业生态 3. 推动全生命周期绿色发展。 逐步扩大汽车零部件再制造范围,提高回收利用效率和效益
65	2017年4月	商务部 商务部令2017年第1号	汽车销售管理办法	第十七条 经销商、售后服务商销售或者提供配件应当如实标明原厂配件、质量相当配件、再制造件、回用件等,明示生产商(进口产品为进口商)、生产日期、适配车型等信息,向消费者销售或者提供原厂配件以外的其他配件时,应当予以提醒和说明 本办法所称再制造件,是指旧汽车零部件经过再制造技术、工艺生产后,性能和质量达到原型新品要求的零部件
66	2017年10月	国务院办公厅 国办发[2017]84号	关于积极推进供应链创新与应用的指导意见	3. 建立逆向物流体系。优化供应链逆向物流网点布局,促进产品回收和再制造发展
67	2017年10月	工业和信息化部 工信部节[2017]265号	关于印发《高端智能再制造行动计划(2018—2020年)》的通知	—

（续）

序号	发布时间	发布机构	名称	相关内容
68	2018年1月	工业和信息化部公告2018年第3号	再制造产品目录（第七批）	—
69	2018年7月	国务院办公厅国办发〔2018〕53号	转发商务部等部门关于扩大进口促进对外贸易平衡发展意见的通知	加快推进汽车平行进口试点。积极推进维修、研发设计、再制造业务试点工作。支持边境贸易发展
70	2018年12月	发展改革委第22号令	汽车产业投资管理规定	（二）其他投资项目包括汽车发动机、动力蓄电池、燃料电池和车身总成等汽车零部件，专用汽车、挂车，以及动力电池回收利用、汽车零部件再制造投资项目
71	2019年1月	国务院国发〔2019〕3号	关于促进综合保税区高水平开放高质量发展的若干意见	15. 支持再制造业。允许综合保税区内企业开展高技术含量、高附加值的航空航天、工程机械、数控机床等再制造业务。（商务部、发展改革委、工业和信息化部、海关总署负责）
72	2019年3月	发展改革委发改环资〔2019〕293号	关于印发《绿色产业指导目录（2019年版）》的通知	1.3.5 汽车零部件及机电产品再制造装备制造
73	2019年5月	国务院国务院令第715号	报废机动车回收管理办法	第十二条 拆解的报废机动车"五大总成"具备再制造条件的，可以按照国家有关规定出售给具有再制造能力的企业经过再制造予以循环利用；不具备再制造条件的，应当作为废金属，交售给钢铁企业作为冶炼原料

Chapter 10

第十章 再制造相关地方政策

以下列出了一些有代表性的与再制造相关的地方政策。

省市	发布时间	发布机构	名称	相关内容
北京	2011年4月	北京市人民政府办公厅 京政办发〔2011〕19号	关于印发北京市十二五时期节能降耗与应对气候变化综合性工作方案的通知	以废纸、废聚酯、废纸塑包装物（利乐包）、废旧家电拆解、报废汽车回收拆解与零部件为重点，建设一批技术适用、模式先进的高端再制造项目
北京	2012年9月	北京市人民政府 京政发〔2012〕31号	关于贯彻国务院质量发展纲要（2011—2020年）的实施意见	积极应用减量化、资源化、再循环、再利用、再制造等绿色环保技术，大力发展低碳、清洁、高效的生产经营模式
北京	2016年12月	北京市经济和信息化委员会 京制创组发〔2016〕1号	北京制造业创新发展领导小组关于印发《北京绿色制造实施方案》的通知	（四）完善绿色回收处理系统 围绕传统产品、机电设备、高端装备等重点领域，建立完善包括退役产品回收、拆解、分选、回收利用、再制造、废弃物处理在内的绿色回收处理系统。大力研发和推广再制造技术，引导再制造企业建立产品信息化管理平台，促进再制造过程规范化发展，提高产品回收利用率

（续）

省市	发布时间	发布机构	名称	相关内容
北京	2017年12月	北京市质量技术监督局 京质监发〔2017〕81号	关于印发2017版北京市重点发展的技术标准领域和重点标准方向的通知	机电产品再制造标准
天津	2010年8月	天津市发展和改革委员会 津发改环资〔2010〕848号	关于组织申报天津市2011年循环经济项目的通知	（一）循环经济。采用循环经济链接技术、工艺，形成资源共享、副产品互用、污染物减排的园区、企业循环化改造项目；汽车零部件、工程机械、机床、轮胎再制造项目；餐厨废弃物资源化项目；农业循环经济示范项目
天津	2011年10月	天津市发展和改革委员会 津发改环资〔2011〕1051号	关于组织申报第四批市级循环经济示范试点的通知	对汽车零部件、工程机械等进行再制造产业化示范，对重大循环经济共性、关键技术和设备生产、应用示范等资源循环利用技术装备进行产业化示范
天津	2012年9月	天津市人民政府办公厅 津政办发〔2012〕99号	关于转发市经济和信息化委拟定的天津市加快创建国家新型工业化产业示范基地工作实施意见的通知	（三）促进园区绿色发展。要引导园区内企业加快实施节能、节水、清洁生产、资源综合利用和污染防治技术改造，开展共性、关键清洁生产技术应用示范，提高工业"三废"集中处理和循环利用能力，鼓励开展产品再制造
天津	2014年3月	天津市人民政府办公厅 津政办发〔2014〕23号	关于转发市发展改革委、市经济和信息化委、市环保局拟定的天津市加快发展节能环保产业	4. 再制造产业化工程。以临港经济区、南疆港机械装备制造基地、市开发区、西青区等汽车制造产

（续）

省市	发布时间	发布机构	名称	相关内容
天津	2014年3月	天津市人民政府办公厅 津政办发〔2014〕23号	关于转发市发展改革委、市经济和信息化委、市环保局拟定的天津市加快发展节能环保产业	业基地为依托，以汽车零部件、工程机械、机电产品、金属制品及其包装物等再制造为重点，培育一批示范企业，推动再制造的规模化、产业化发展
天津	2015年12月	天津市人民政府办公厅 津政办发〔2015〕101号	关于转发市发展改革委等八部门拟定的天津市绿色供应链管理暂行办法的通知	第三条 绿色供应链产品是按照绿色标准生产，经第三方机构审核认定，纳入国际、国家、地方、行业相关目录或清单的产品，包括亚太经合组织环境清单产品，国家的环境标志产品、能效标识产品、再制造产品和低碳产品，国际互认机制安排项下的环保节能低碳和再制造产品以及本市按照本办法规定公布的绿色供应链产品
天津	2016年3月	天津市工业和信息化委员会 津工信节能〔2016〕1号	关于印发天津市2016年节能与综合利用工作要点的通知	20. 加强再生资源综合利用。组织机电产品再制造试点，推动再制造产业发展
天津	2016年5月	天津市发展和改革委员会 津发改体改〔2016〕374号	关于印发天津市全面深化改革扩大开放三年行动计划（2016—2018年）的请示	推动绿色供应链体系建设。创新绿色标准理念，推动绿色设计、采购、贸易、制造、消费、回收和再制造，形成绿色供应链标准体系，加强标准和产品的认证核证和评级评价，实现"天津标准中国化，中国标准国际化"

(续)

省市	发布时间	发布机构	名称	相关内容
天津	2016年7月	天津市人民政府办公厅津政办发〔2016〕65号	关于印发天津市促进外贸回稳向好和转型升级工作措施的通知	积极拓展海关特殊监管区保税维修业务,重点推进境内外航空维修和再制造业务工作,探索船舶、医疗器械等其他机电产品的维修和再制造业务
天津	2016年11月	天津市工业和信息化委员会	天津市工业经济发展"十三五"规划	4. 大力发展循环经济。依托天津子牙循环经济产业区,加快发展资源综合利用和再制造产业,着力推进汽车零部件、机电产品的再制造,培育再制造骨干企业,打造国家资源综合利用产业示范基地
天津	2017年1月	天津市商务委员会津商务〔2017〕1号	关于印发2017年天津市商务工作要点的通知	9. 大力发展外贸新业态。提升汽车平行进口优势,推进平行进口汽车整备中心建设。拓展保税维修再制造业务试点范围,以航空维修再制造业务试点为契机,探索开展船舶、医疗器械、大型工程机械等领域的维修和再制造业务
天津	2017年1月	天津市人民政府办公厅津政办发〔2017〕3号	关于促进我市加工贸易创新发展的实施意见	3. 拓展维修再制造业务试点范围。以航空维修再制造业务试点为契机,进一步加大招商引资力度,力争聚集一批有影响力的航空维修再制造企业;积极探索和争取以海关特殊监管区域内外联动方式开

（续）

省市	发布时间	发布机构	名称	相关内容
天津	2017年1月	天津市人民政府办公厅 津政办发〔2017〕3号	关于促进我市加工贸易创新发展的实施意见	展船舶、医疗器械、大型工程机械等领域的检测维修和再制造业务；创新完善维修再制造业务通关、检验检疫监管模式，简化入境检验及后续监管流程，带动拉升我市加工贸易整体水平
天津	2017年3月	天津市工业和信息化委员会	关于印发天津市资源综合利用"十三五"规划的通知	（四）再制造产业壮大行动 以汽车零部件、工程机械、大型工业装备、办公设备为重点，推动重点产品再制造。加快再制造关键技术研发与应用，不断扩大再制造应用领域。以临港经济区、南港工业区、开发区、西青区等汽车制造产业等基地为依托，以汽车零部件、工程机械、机电产品、金属制品及其包装物等再制造为重点，继续开展试点工作，培育一批示范企业，将制造与修复、回收与利用、生产与流通进行有机结合，形成"资源－产品－废旧产品－再制造产品"的循环模式，实现再制造规模化、市场化、产业化发展，力争到2020年，全市再制造产业规模达到10亿元以上

(续)

省市	发布时间	发布机构	名称	相关内容
天津	2017年9月	天津市商务委员会 津商务市场〔2017〕20号	关于下发天津市商务委员会致汽车供应商、经销商告知书的通知	（二）经销商、售后服务商销售或者提供配件应当如实标明原厂配件、质量相当配件、再制造件、回用件等，明示生产商（进口产品为进口商）、生产日期、适配车型等信息，向消费者销售或者提供原厂配件以外的其他配件时，应当予以提醒和说明
河北	2011年2月	河北省人民政府 冀政〔2011〕27号	关于加快推进工业企业技术改造工作的实施意见	节能环保。加快高效节能节水技术和装备、先进环保技术和装备产业发展，不断提高技术水平、扩大生产规模。积极推进大宗工业固体废弃物综合利用、二次能源回收利用。推进再制造工艺、技术装备和循环经济技术发展
河北	2011年3月	河北省人民政府 冀政函〔2011〕40号	关于印发河北省环首都新兴产业示范区开发建设方案的通知	（三）怀来示范区 2．产业定位。节能环保产业重点发展先进环保、资源循环利用技术和装备、智能除尘设备、环境监测仪、环保材料、节能环保服务业和再制造产业等
河北	2011年7月	河北省人民政府 冀政函〔2011〕112号	关于印发河北省"十二五"节能减排综合性实施方案的通知	四、推进工程性节能减排 （三）实施循环经济重点工程。实施资源综合利用、废旧商品回收体系、"城市矿产"示范基地、再制造

（续）

省市	发布时间	发布机构	名称	相关内容
河北	2011年7月	河北省人民政府冀政函〔2011〕112号	关于印发河北省"十二五"节能减排综合性实施方案的通知	产业化、餐厨废弃物资源化、产业园区循环化改造、清洁生产等循环经济重点工程，开展资源节约环境友好型企业试点示范。推进循环经济示范工程，抓好3个示范市、20个示范县、50个示范园区企业和50个示范项目建设 五、推进循环性节能减排 （四）推动再生资源产业化利用。加快建设城市社区和乡村回收站点、分拣中心、集散市场"三位一体"的再生资源回收体系，抓好5个"城市矿产"示范基地建设，推进再生资源规模化利用。完善再制造旧件回收体系，重点发展汽车零部件及机电产品再制造，推动再制造产业化发展
河北	2011年9月	河北省人民政府办公厅冀政办函〔2011〕28号	关于印发河北省工业和信息化发展"十二五"规划的通知	加快大宗工业固体废弃物综合利用和再制造、再利用产业发展，着力抓好承德国家级大宗工业固废综合利用示范基地、中航工业再生战略金属及合金基地建设，积极推进尾矿资源、冶金渣、煤矸石、粉煤灰、电石渣、脱硫石膏等综合利用示范区建设，培育一批废旧资源再制造、再利用示范基地

(续)

省市	发布时间	发布机构	名称	相关内容
河北	2011年12月	河北省人民政府冀政〔2011〕147号	印发关于加快培育和发展战略性新兴产业意见的通知	（六）节能环保技术产业化工程。重点推进高效输变电传输设备、高效电机、余热余压利用、节能监测等先进节能技术和产品的开发应用，发展生物处理、环境监测、大气和水污染防治、清洁生产等环保技术和产品，促进共伴生矿产资源、工业固体废弃物综合利用，汽车零部件及机电产品再制造、再生资源的回收利用和建筑、生活废物的资源化利用
河北	2012年11月	河北省人民政府冀政函〔2012〕157号	关于印发河北省质量发展规划的通知	2. 提高企业质量管理水平。积极应用减量化、资源化、再循环、再利用、再制造等绿色环保技术，大力发展低碳、清洁、高效的生产经营模式
河北	2012年12月	河北省人民政府冀政〔2012〕98号	印发关于加快发展节能环保产业实施意见的通知	3. 再制造。重点研发旧件无损检测与寿命评估技术、激光熔覆喷涂技术、环保拆解清洗技术及高效环保清洗设备；加快推广纳米颗粒复合电刷镀、高速电弧喷涂、等离子熔覆等关键技术和装备；着力推进汽车零部件、冶金机械、机床等机电设备再制造产业化

（续）

省市	发布时间	发布机构	名称	相关内容
河北	2012年12月	河北省人民政府办公厅 冀政办函［2012］27号	关于印发《河北省节能减排"十二五"规划》的通知	（四）"3255"循环经济示范工程。抓好固体废物综合利用、"城市矿产"示范基地、再制造示范企业、餐厨废弃物资源化试点工作，实现减量化、再利用、资源化。大力推进3个循环经济示范市、20个示范县、50个示范园区和50个示范项目建设。到2015年，全省工业固体废弃物综合利用率达到70%左右
河北	2013年4月	河北省发展改革委 冀发改技术［2013］569号	关于做好2013年省战略性新兴产业发展项目申报工作的通知	节能环保。汽车零部件及机电产品再制造
河北	2013年11月	河北省人民政府 冀政［2013］68号	印发关于进一步加快发展节能环保产业十项措施的通知	资源循环利用产业。围绕满足促进资源循环利用水平、提高资源产出率需求，扩大汽车、风机、汽轮机旋转轴等机械零部件再制造产量；推广大型废钢破碎剪切和废旧电器破碎技术，扩大再生资源、战略金属回收利用规模，促进大宗固体废弃物、尾矿伴生矿综合利用及城市餐厨废弃物资源化、规模化利用

（续）

省市	发布时间	发布机构	名称	相关内容
河北	2013年11月	河北省国资委	关于深入贯彻落实河北省工业转型升级攻坚行动意见的通知	实施工业固体废物再制造、再利用工程 以废旧机电产品、废旧金属、废旧轮胎、废旧家电回收利用为重点，争取建成资源综合利用示范基地，培育开滦铁拓重型机械制造等再制造重点企业
河北	2015年3月	河北省工业和信息化厅、河北省发展改革委、河北省科学技术厅、河北省财政厅冀工信装〔2015〕39号	关于印发《促进河北省装备制造业加快发展实施方案》的通知	建成中航工业柔性智能工艺装备研制中心、数控机床再制造及备件中心、航空专用装备及航空产品制造生产基地，力争2016年底投产 鼓励在汽车、能源、机械加工、修复与再制造等领域开展3D打印制造应用示范
河北	2015年5月	河北省发展改革委发改办案字〔2015〕第157号	对政协河北省第十一届委员会第三次会议第537号提案的答复	5. 节能环保产业。重点推进高效输变电传输设备、高效电机、余热余压利用、节能监测等先进节能技术和产品的开发应用，发展生物处理、环境监测、大气和水污染防治、清洁生产等环保技术和产品，促进共伴生矿产资源、工业固体废弃物综合利用，汽车零部件及机电产品再制造、再生资源的回收利用和建筑、生活废物的资源化利用。加快承德、唐山、邢台、邯郸、张家口等尾矿资源、冶金渣、煤矸石、粉煤灰等综合利用示范区建设

(续)

省市	发布时间	发布机构	名称	相关内容
河北	2015年11月	河北省人民政府 冀政发〔2015〕42号	关于深入推进《中国制造2025》的实施意见	专栏6 "互联网+"协同制造工程 着力开展工业废弃物、废旧产品和材料回收利用,发展资源再生产业和再制造产业 专栏7 绿色制造工程 开展重大节能环保、资源综合利用、再制造、低碳技术产业化示范。实施重点区域、流域、行业清洁生产水平提升计划
河北	2015年12月	河北省人民政府 冀政发〔2015〕49号	关于贯彻落实环渤海地区合作发展纲要的实施意见	2. 大力发展循环经济。在大中城市周边就近建设建筑废弃物资源化利用项目,进一步推进城市矿产资源高值化、产业化开发利用,建设一批再制造试点示范工程
河北	2015年12月	河北省人民政府办公厅 冀政办字〔2015〕156号	关于印发加快海关特殊监管区域整合优化实施方案的通知	(六)发展海关特殊监管区域贸易新业态。鼓励监管区域内企业开展高技术含量、高附加值项目的境内外维修、再制造业务
河北	2016年2月	河北省人民政府 冀政发〔2016〕8号	关于印发河北省建设京津冀生态环境支撑区规划(2016—2020年)的通知	五、实施生态建设攻坚行动 专栏14 循环经济示范工程 4. 再制造工程。唐山瑞兆激光、长城汽车、省物产集团再制造试点建设

（续）

省市	发布时间	发布机构	名称	相关内容
河北	2016年2月	河北省人民政府冀政发〔2016〕8号	关于印发河北省建设京津冀生态环境支撑区规划（2016—2020年）的通知	七、创新生态环境建设体制机制 （六）推动生态文明试点示范 加快环首都现代农业示范带建设，积极争取国家在我省增加设立循环经济示范区、再制造产业化基地、海绵城市、低碳城市等试点
河北	2018年2月	河北省人民政府冀政发〔2018〕4号	关于加快推进工业转型升级建设现代化工业体系的指导意见	鼓励发展节能环保服务产业和再制造产业；加快推进河间国家再制造产业示范基地；加快电机、发动机、变速器等再制造产品发展
上海	2009年12月	上海市经济和信息化委员会沪经信节〔2009〕782号	关于加强本市"打印耗材再制造"行业管理工作的通知	—
上海	2011年12月	上海市人民政府办公厅沪府办发〔2011〕62号	市政府办公厅关于转发市发展改革委等制订的上海市加快高效电机推广促进高效电机再制造工作方案	《上海市加快高效电机推广促进高效电机再制造工作方案》
江苏	2013年2月	江苏省人民政府苏政发〔2013〕8号	省政府关于进一步加快发展循环经济的意见	促进资源再生利用产业化 以汽车零部件、工程机械、办公信息设备产品再制造为重点，培育一批再制造示范企业 推行"以旧换再"行动

(续)

省市	发布时间	发布机构	名称	相关内容
江苏	2013年2月	江苏省人民政府苏政发〔2013〕8号	省政府关于进一步加快发展循环经济的意见	计划,扩大再制造产品使用范围 研究制定再制造产品、再利用产品和产业废弃物等循环经济产品标准 重点支持废物资源化利用技术以及可回收利用材料处理技术、再制造技术、"零排放"技术等关键技术和装备研发与产业化示范 积极引导外资投向新能源、新材料、生物技术与新医药等战略性新兴产业和城市矿产、再制造等循环经济新兴产业,鼓励符合条件的境外投资者参与重点行业循环化发展,参与循环经济重大示范工程的实施
江苏	2013年4月	江苏省人民政府办公厅苏政办发〔2013〕43号	江苏省"十二五"环境保护和生态建设规划重点工作部门分工方案	13.实施资源综合利用、废旧商品回收体系、城市矿产示范基地、再制造产业化、餐厨废弃物资源化、资源化利用技术示范推广等循环经济重点工程
江苏	2013年11月	江苏省人民政府办公厅苏政办发〔2013〕173号	关于印发省有关部门和单位支持苏南现代化示范区建设目标任务的通知	7.加快再制造试点示范工程建设,打造工程机械及办公信息设备再制造产业基地
江苏	2013年12月	江苏省人民政府苏政发〔2013〕163号	关于进一步加强企业技术改造的意见	(五)提升绿色制造水平。加快推广应用先进节能节水节材技术,对生产系统进行技术改造,不断提升绿色、循环、低碳发

（续）

省市	发布时间	发布机构	名称	相关内容
江苏	2013年12月	江苏省人民政府苏政发〔2013〕163号	关于进一步加强企业技术改造的意见	展水平。以源头减量化、废弃物资源化、机电产品再制造为重点，组织实施节能和循环经济改造工程，提高能源资源利用效率
江苏	2015年3月	江苏省人民政府苏政发〔2013〕29号	关于更大力度实施技术改造推进制造业向中高端迈进的意见	（四）加快企业绿色化改造推进循环再利用，提高大宗工业固体废弃物、废旧金属、废旧轮胎、废弃电子产品等废物转化为再生资源的能力，以汽车零部件、内燃机、工程机械、机床等为重点，推进再制造产业发展 （七）加快实施重点示范工程 实施再制造示范工程，支持企业开展汽车发动机、变速器、发电机等零部件再制造和工程机械、工业电机设备、机床、矿采机械、铁路机车装备、船舶及办公信息设备等再制造
江苏	2015年4月	江苏省人民政府苏政发〔2015〕41号	关于加快发展生产性服务业促进产业结构调整升级的实施意见	（十一）节能环保服务 积极发展再制造专业技术服务，建立再制造旧件回收、产品营销、溯源等信息化管理系统
江苏	2015年4月	江苏省经济和信息化委员会、江苏省财政厅苏经信综合〔2015〕174号	关于组织2015年度省工业和信息产业转型升级专项资金项目申报的通知	节能环保 4.再制造：汽车发动机、发电机再制造，盾构机再制造，电机及办公信息设备再制造

(续)

省市	发布时间	发布机构	名称	相关内容
江苏	2015年9月	江苏省人大 江苏省十二届人大常委会第十八次会议	江苏省循环经济促进条例	公民应当自觉履行节约资源和保护环境的义务,合理消费,减少资源消耗,抑制废弃物的产生。鼓励和引导家庭、个人使用节能、节水、节材和有利于保护环境的产品及再生利用、再制造产品 第三十七条 地方各级人民政府应当鼓励和支持再制造产品的生产和使用。支持符合国家再制造相关标准规范的企业,开展再制造业务。支持再制造旧件拆解、清洗、无损检测、装配再制造品检测等技术和装备推广。鼓励专业化旧件回收企业为再制造单位提供符合要求的旧件 机动车零部件、工程机械、机床等产品的再制造,应当符合国家规定的质量标准,并在显著位置标识为再制造产品
江苏	2016年2月	江苏省人民政府 苏政发〔2016〕10号	关于印发江苏省企业互联网化提升计划的通知	(三)推进购销经营平台化 鼓励企业建设再制造、再生资源等行业专业交易平台,带动关联产业发展
江苏	2016年8月	江苏省人民政府 苏政发〔2016〕105号	关于促进外贸回稳向好的实施意见	十、更大力度开拓国际市场 积极推动开展国际分拨、入境维修和再制造、国际保税租赁等新型业务

（续）

省市	发布时间	发布机构	名称	相关内容
江苏	2016年8月	江苏省经济和信息化委员会 苏经信科技〔2016〕441号	关于印发江苏省"十三五"企业技术进步规划的通知	5. 培育和发展技术进步新业态。 建设再生资源回收体系和废弃物逆向物流交易平台，积极发展再制造专业技术服务
江苏	2016年10月	江苏省经济和信息化委员会 苏经信运行〔2016〕558号	关于印发《江苏省"十三五"工业设计产业发展规划》的通知	工程机械。顺应工程机械绿色化、大型化、智能化的发展趋势，加快优化液压系统、整机减振降噪设计，提高结构件强度，提升整机可靠性、舒适性和操作协调性，满足施工工艺多样性需求。加快零部件标准化设计，发展工程机械再制造
江苏	2016年12月	江苏省人民政府 苏政发〔2016〕161号	关于推进制造业与互联网融合发展的实施意见	（四）发展制造企业电子商务。实施企业电商拓市提升计划，推进工业企业电商普及应用。支持规模以上企业自建电商平台或应用第三方平台，开展线上购销、供应链管理和创新服务，支持大中型企业构建与上下游企业对接的互联网+供应链管理系统，优化供应链管理服务。加快提升重点细分行业垂直电商平台和大宗产品电子交易平台规模，鼓励企业建设再制造、再生资源等行业专业交易平台

(续)

省市	发布时间	发布机构	名称	相关内容
江苏	2016年12月	江苏省人民政府办公厅 苏政办发〔2016〕137号	关于印发江苏省"十三五"战略性新兴产业发展规划的通知	3. 资源循环利用。大力推动城市矿产开发、工业固废和农林废弃物回收综合利用，加快发展再制造产业，夯实资源循环利用基础设施，推动资源循环利用产业发展壮大。再制造重点围绕着汽车零部件及机电产品再制造利用，着力攻克关键技术，推动智能化纳米复合再制造设备、自动化再制造成形加工系统等研发与产业化，实现装备再制造加工一体化
江苏	2017年3月	江苏省人民政府 苏政发〔2017〕25号	关于加快发展先进制造业振兴实体经济若干政策措施的意见	（十八）发展工业循环经济。推进工业园区实施循环化改造，培育绿色工业示范园区。推动工业固体废物资源综合利用和可再生资源回收利用，开展电器电子产品生产者责任延伸试点，发展再制造产业，对取得明显成效的企业授予示范标杆企业并给予奖补。支持创建国家高新技术产品入境维修再制造监管示范区
江苏	2018年4月	江苏省人民政府办公厅 苏政办发〔2018〕35号	关于推进供应链创新与应用培育经济增长新动能的实施意见	建立逆向物流体系。优化再生资源产业链，鼓励建立基于供应链的废旧资源回收利用平台。加快再生资源回收体系建设，创新再生资源回收模式，依

(续)

省市	发布时间	发布机构	名称	相关内容
江苏	2018年4月	江苏省人民政府办公厅 苏政办发〔2018〕35号	关于推进供应链创新与应用培育经济增长新动能的实施意见	托线上线下开展再生资源回收，建设线上废弃物和再生资源交易市场。重点针对电子、电器、汽车、轮胎、蓄电池、包装物等产品领域，落实生产者责任延伸制度，促进产品回收和再制造发展。(省发展改革委、省经济和信息化委、省商务厅负责)
江苏	2018年4月	江苏省经济和信息化委员会 苏经信运行〔2018〕204号	关于组织申报2018年度江苏省服务型制造示范企业的通知	(四) 全生命周期管理。制造企业延伸服务链条，从主要提供产品制造向提供产品和服务转变。通过整合产业链上下游生产与服务资源，提升研发设计、生产制造、维护管理、产品再制造和回收处置能力，实施产品全生命周期管理服务
安徽	2011年11月	合肥市人民政府 合政秘〔2011〕117号	关于印发合肥市"十二五"节能综合性工作方案的通知	开展汽车零部件和机电产品再制造等试点、示范工作
安徽	2012年1月	合肥市人民政府 合政〔2011〕199号	关于印发庐江县巢湖市和合肥巢湖经济开发区加快工业发展总体方案的通知	1. 汽车及零部件制造。做长产业链，建设面向全国的汽车及零部件生产基地。依托奇瑞汽配、东风精铸件、曙光车桥及汽车悬架、雅克西零部件等重点项目，发展汽车底盘、发动机缸体和缸盖、变速器壳、后桥壳、减速器壳、悬挂件等零部件产品，并积极介入汽车零部件再制造领域

(续)

省市	发布时间	发布机构	名称	相关内容
安徽	2014年7月	合肥市人民政府合政秘〔2014〕110号	关于规范和促进报废汽车回收拆解利用产业发展的若干意见（试行）	（四）鼓励消费者和汽车修理企业使用报废汽车除"五大总成"以外的其他回收利用件。支持报废汽车回收拆解企业制定回收利用件产品标准，并报市质监部门备案。报废汽车除"五大总成"以外的其他零部件，依照国家有关规定可用于再制造的，应交售给再制造企业，以提高报废汽车拆解回收率和再利用率
安徽	2015年1月	合肥市人民政府合政秘〔2015〕1号	关于进一步加强再生资源回收利用体系建设的实施意见	（三）加快建设静脉产业基地。其中，庐江静脉产业综合基地重点发展报废汽车拆解及再制造 （七）积极培育壮大龙头企业。重点围绕废旧金属、电子废弃物、废玻璃、废纸、废塑料等领域，培育、引进一批专业性回收加工企业和再制造利用企业
安徽	2015年6月	合肥市发展和改革委员会发改资环〔2015〕661号	关于组织申报资源节约和环境保护中央预算内投资备选项目的紧急通知	（三）循环经济方面。主要包括：再制造产业化示范项目，"城市矿产"项目，资源循环利用技术装备产业化示范项目，生产过程协同资源化处理废弃物示范项目，废电池以及园林废弃物资源化利用项目，农业循环经济项目，循环型服务业示范项目

(续)

省市	发布时间	发布机构	名称	相关内容
安徽	2015年12月	安徽省人民政府皖政〔2015〕106号	关于印发《中国制造2025安徽篇》的通知	5. 节能环保 发展重点：余热余压利用设备、高效节能锅炉、垃圾焚烧发电设备、高效节能变压器、节能电机、节能建材、半导体照明等节能技术产品，"三废"处理装备和技术、环境监测仪器等环保技术产品，资源循环回收利用、绿色再制造业、节能环保服务等
安徽	2017年11月	合肥市人民政府合政〔2017〕160号	关于印发"十三五"节能减排综合性工作方案的通知	（二十四）促进资源循环利用产业提质升级。积极促进资源再生利用企业集聚化、园区化、区域协同化布局，提升再生资源利用行业清洁化、高值化水平。推行生产者责任延伸制度。推动太阳能光伏组件、动力蓄电池、碳纤维材料、生物基纤维、复合材料和节能灯等新品种废弃物的规范回收处理和利用。依托国家级再制造产业集聚区，大力推动工程机械、汽车零部件及大型工业装备、办公设备等产品再制造。规范再制造服务体系，鼓励专业化再制造服务公司与钢铁、冶金、化工、机械等生产制造企业合作，开展设备寿命评估与检测、清洗与强化延寿等再制造专业技术服务

(续)

省市	发布时间	发布机构	名称	相关内容
安徽	2019年1月	合肥市人民政府办公厅 合政办〔2018〕60号	关于扩大进口促进外贸平衡发展的实施意见	依托海关特殊监管区域平台，支持开拓期货保税交割、融资租赁、维修、研发设计、再制造等新型贸易，加快建设进口大宗商品保税集散中心
湖南	2015年11月	湖南省人民政府 湘政发〔2015〕44号	关于落实"三互"加强口岸工作的实施意见	促进区内产业向研发、物流、销售、维修、再制造等产业链高端发展，促进新技术、新产品、新业态、新商业模式发展
湖南	2017年9月	湖南省人民政府办公厅 湘政办发〔2017〕53号	关于转发省长株潭两型试验区管委会等单位《长株潭两型试验区清洁低碳技术推广实施方案（2017—2020年）》的通知	（五）资源循环利用技术推广。再制造技术，包括废旧件清洗、拆解技术，零部件激光喷涂和磁记忆无损修复技术，工程机械液压系统再制造技术，再制造装配技术。再制造产业产值超过90亿元

标准篇

第十一章 再制造相关标准名录

以下列出了一些主要的与再制造相关的国家标准。

标准号	标准名称
GB/T 36538—2018	再制造/再生静电复印（包括多功能）设备
GB/T 35977—2018	再制造　机械产品表面修复技术规范
GB/T 35978—2018	再制造　机械产品检验技术导则
GB/T 35980—2018	机械产品再制造工程设计　导则
GB/T 19832—2017	石油天然气工业　钻井和采油提升设备的检验、维护、修理和再制造
GB/T 34868—2017	废旧复印机、打印机和速印机再制造通用规范
GB/T 34631—2017	再制造　机械零件剩余寿命评估指南
GB/T 34595—2017	汽车零部件再制造产品技术规范　水泵
GB/T 34596—2017	汽车零部件再制造产品技术规范　机油泵
GB/T 34600—2017	汽车零部件再制造产品技术规范　点燃式、压燃式发动机
GB/T 33947—2017	再制造　机械加工技术规范
GB/T 33518—2017	再制造　基于谱分析轴系零部件检测评定规范
GB/T 33221—2016	再制造　企业技术规范
GB/T 32809—2016	再制造　机械产品清洗技术规范
GB/T 32803—2016	土方机械　零部件再制造　分类技术规范
GB/T 32805—2016	土方机械　零部件再制造　清洗技术规范
GB/T 32810—2016	再制造　机械产品拆解技术规范
GB/T 32811—2016	机械产品再制造性评价技术规范
GB/T 32801—2016	土方机械　再制造零部件　装配技术规范
GB/T 32802—2016	土方机械　再制造零部件　出厂验收技术规范

(续)

标准号	标准名称
GB/T 32804—2016	土方机械 零部件再制造 拆解技术规范
GB/T 32806—2016	土方机械 零部件再制造 通用技术规范
GB/T 32222—2015	再制造内燃机 通用技术条件
GB/T 31208—2014	再制造毛坯质量检验方法
GB/T 31207—2014	机械产品再制造质量管理要求
GB/T 30462—2013	再制造非道路用内燃机 通用技术条件
GB/T 28675—2012	汽车零部件再制造 拆解
GB/T 28676—2012	汽车零部件再制造 分类
GB/T 28677—2012	汽车零部件再制造 清洗
GB/T 28678—2012	汽车零部件再制造 出厂验收
GB/T 28679—2012	汽车零部件再制造 装配
GB/T 28672—2012	汽车零部件再制造产品技术规范 交流发电机
GB/T 28673—2012	汽车零部件再制造产品技术规范 起动机
GB/T 28674—2012	汽车零部件再制造产品技术规范 转向器
GB/T 28615—2012	绿色制造 金属切削机床再制造技术导则
GB/T 28618—2012	机械产品再制造 通用技术要求
GB/T 28619—2012	再制造 术语
GB/T 28620—2012	再制造率的计算方法
GB/T 27611—2011	再生利用品和再制造品通用要求及标识
QC/T 1070—2017	汽车零部件再制造产品技术规范 气缸体总成
QC/T 1074—2017	汽车零部件再制造产品技术规范 气缸盖
JB/T 12993—2018	三相异步电动机再制造技术规范
JB/T 13326—2018	再制造内燃机 机油泵工艺规范
JB/T 13327—2018	再制造内燃机 水泵工艺规范
JB/T 13339—2018	再制造内燃机 机体工艺规范
JB/T 13340—2018	再制造内燃机 缸盖工艺规范
JB/T 12732—2016	再制造内燃机 发电机工艺规范
JB/T 12733—2016	再制造内燃机 飞轮工艺规范

(续)

标准号	标准名称
JB/T 12734—2016	再制造内燃机　连杆工艺规范
JB/T 12735—2016	再制造内燃机　零部件表面修复工艺规范
JB/T 12736—2016	再制造内燃机　喷油泵总成工艺规范
JB/T 12737—2016	再制造内燃机　喷油器总成工艺规范
JB/T 12738—2016	再制造内燃机　气缸套工艺规范
JB/T 12739—2016	再制造内燃机　气门工艺规范
JB/T 12740—2016	再制造内燃机　曲轴工艺规范
JB/T 12741—2016	再制造内燃机　凸轮轴工艺规范
JB/T 12742—2016	再制造内燃机　压气机工艺规范
JB/T 12743—2016	再制造内燃机　增压器工艺规范
JB/T 12744—2016	再制造内燃机　起动机工艺规范
JB/T 12265—2015	激光再制造　轴流风机　技术条件
JB/T 12266—2015	激光再制造　螺杆压缩机　技术条件
JB/T 12267—2015	激光再制造　高炉煤气余压透平发电装置动叶片　技术条件
JB/T 12268—2015	激光再制造　高炉煤气余压透平发电装置静叶片　技术条件
JB/T 12269—2015	激光再制造　烟气轮机叶片　技术条件
JB/T 12272—2015	激光再制造　烟气轮机轮盘　技术条件
SN/T 3837.3—2016	进口再制造用途机电产品检验技术要求　第3部分：汽车起动机、发电机
SN/T 4245—2015	进出口汽车再制造零部件产品鉴定规程
SN/T 4247—2015	自贸试验区进口再制造用途机电产品检验规程
SN/T 3837.1—2014	进口再制造用途机电产品检验技术要求　第1部分：鼓粉盒
SN/T 3837.2—2014	进口再制造用途机电产品检验技术要求　第2部分：载重汽车轮胎
SN/T 3696—2013	进口再制造用途机电产品检验风险评估方法指南
SN/T 2878.2—2011	进口再制造用机电产品检验规程和技术要求　第2部分：工程机械轮胎

参考文献

[1] 全国绿色制造技术标准化技术委员会. 再制造 术语：GB/T 28619—2012 [S]. 北京：中国标准出版社，2012.

[2] 全国绿色制造技术标准化技术委员会. 机械产品再制造 通用技术要求：GB/T 28618—2012 [S]. 北京：中国标准出版社，2012.

[3] 中国机械工程学会再制造工程分会. 再制造技术路线图 [M]. 北京：中国科学技术出版社，2016.

[4] 朱胜. 再制造技术与工艺 [M]. 北京：机械工业出版社，2011.

[5] 王庆锋，高金吉，李中，等. 机电设备在役再制造工程理论研究及应用 [J]. 机械工程学报，2018，54（22）：1-7.

[6] 曹华军，杜彦斌. 机床装备在役再制造的内涵及技术体系 [J]. 中国机械工程，2018，29（19）：2357-2363.

[7] 中国标准化委员会. 再制造 机械产品拆解技术规范：GB/T 32810—2016 [S]. 北京：中国标准出版社，2016.

[8] 王玉鑫，李晓海，李杰，等. 工程机械再制造产业化发展方向的研究 [J]. 机械工业标准化与质量，2017（8）：36-39.

[9] 徐工. 促进绿色发展 探索工程机械再制造新模式 [J]. 表面工程与再制造，2017，17（Z1）：39-40.

[10] 张潇卓. 机床再制造正蓬勃壮大 推动行业新发展 [J]. 表面工程与再制造，2017，17（01）：35-37.

[11] 中国机电装备维修与改造技术协会. 机床再制造产业技术及工程实践 [M]. 北京：化学工业出版社，2017.

[12] 胡耀岭. 机床再制造产业发展国际比较及其启示 [J]. 再生资源与循环经济，2012，5（2）：41-44.

[13] 刘斌. 潍柴中速机厂普通车床数控再制造及工艺应用 [D]. 天津大学，2013.

[14] 吴煊鹏. 中国盾构工程科技进展 [M]. 北京：人民交通出版社股份有限公司，2016.

[15] 王以栋，史浩田. 浅析盾构机再制造 [J]. 城市建设理论研究（电子版），2014，(23)：2334-2335.

[16] 卢晓莉. 中国工程机械再制造产业发展模式研究 [J]. 赤峰学院学报（自然科学版），2018，34（1）：89-90.

[17] 全国电工电子产品与系统的环境标准化技术委员会. 废旧复印机、打印机和速印机再制造通用规范：GB/T 34868—2017 [S]. 北京：中国标准出版社，2017.